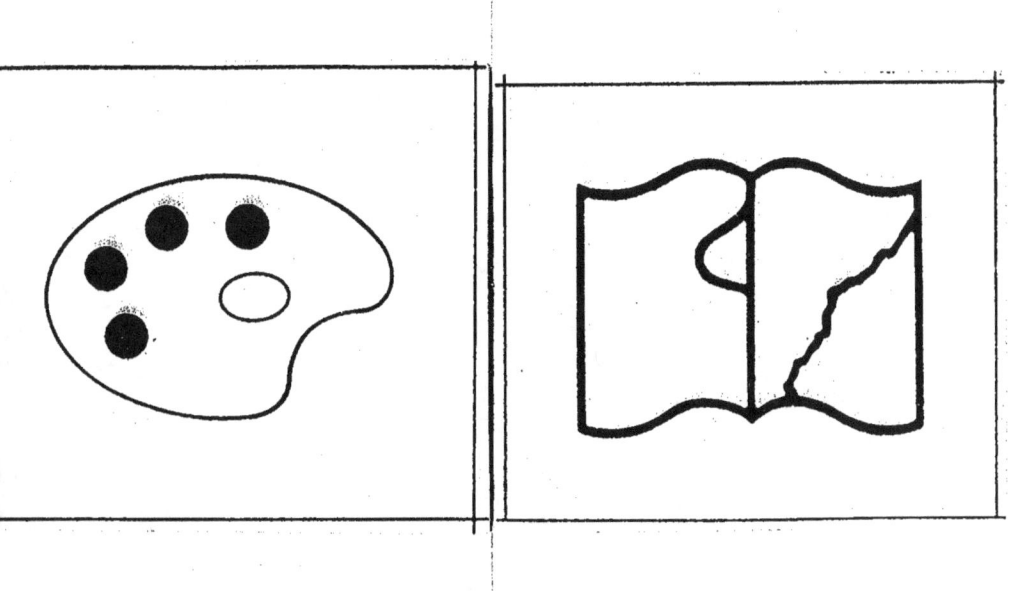

GUSTAVE LARROUMET

MEMBRE DE L'INSTITUT

—

L'ART ET L'ÉTAT

EN FRANCE

ACHATS, COMMANDES ET ENCOURAGEMENTS DE L'ÉTAT
L'ARCHITECTURE. — LA PEINTURE. — LA SCULPTURE
L'ART DÉCORATIF
L'ENSEIGNEMENT DES ARTS DU DESSIN
LES MUSÉES
LE CONSERVATOIRE ET LES THÉATRES NATIONAUX
RAPPORTS GÉNÉRAUX DE L'ART ET DE L'ÉTAT

PARIS

LIBRAIRIE HACHETTE ET Cie

79, BOULEVARD SAINT-GERMAIN, 79

—

1895

L'ART ET L'ÉTAT

EN FRANCE

C. Commiers. — Imp. PAUL BRODARD. — 628-95.

GUSTAVE LARROUMET

MEMBRE DE L'INSTITUT

L'ART ET L'ÉTAT

EN FRANCE

PARIS

LIBRAIRIE HACHETTE ET Cᵢₑ

79, BOULEVARD SAINT-GERMAIN, 79

1895

A

M. ÉDOUARD LOCKROY

DÉPUTÉ DE LA SEINE

ANCIEN MINISTRE DE L'INSTRUCTION PUBLIQUE

ET DES BEAUX-ARTS

AVANT-PROPOS

Dans les études qui forment le présent ouvrage, je me suis effacé le plus que je l'ai pu derrière mon sujet. Si le lecteur y voyait une intention d'apologie personnelle, il se tromperait. Ici, je demande la permission de me mettre en scène. J'indiquerai ensuite le motif qui m'y a décidé.

Le 31 mars 1888, je préparais une conférence sur le *Barbier de Séville*, lorsqu'un de mes plus anciens et de mes plus intimes amis entra dans mon cabinet. Ses premiers mots furent pour m'annoncer que le ministère

Tirard venait de tomber et qu'un ministère Floquet allait prendre les affaires. J'avoue que, sans professer l'indifférence politique, mais blasé comme beaucoup de Français sur les crises ministérielles, la nouvelle me laissa froid. Je m'étonnai donc que, fort occupé lui-même et demeurant à l'autre bout de Paris, mon visiteur eût sauté en voiture pour me l'apprendre. Il ne s'arrêta pas à l'interruption et ajouta que M. Édouard Lockroy, appelé au ministère de l'Instruction publique et des Beaux-Arts, me donnait rendez-vous pour le lendemain matin.

Quinze ans auparavant, étudiant à Aix, tandis que M. Lockroy était à Sainte-Pélagie pour délit de presse, j'avais fait le coup de poing dans une réunion publique où *les blancs,* comme on disait encore en Provence, s'étaient jetés sur *les rouges,* à la suite d'un véhément discours en faveur du candidat parisien prononcé par un de nos camarades de l'École de droit, aujourd'hui président de tribunal. Ç'avait été une belle bataille, mais j'y avais joué un rôle anonyme. Ce ne pouvait être un titre suffisant à l'attention du nouveau grand maître de l'Université.

Depuis, la vie parisienne ne m'avait jamais rapproché de lui. Je savais seulement d'Édouard Lockroy ce que le public sait d'un homme en vue. Pourtant, aujourd'hui que j'ai l'honneur d'être son ami, je puis bien dire que cette physionomie originale et composite d'artiste et d'archéologue, de journaliste et de soldat, d'orateur et d'écrivain, brave avec simplicité et spirituel avec aisance, m'avait inspiré pour mon député de 1873 une sympathie fort vive, mais destinée à rester secrète. Je me rendais donc le lendemain, à l'heure indiquée, chez notre nouveau ministre, avec beaucoup de curiosité.

Mon ami ne m'avait guère donné de détails sur les intentions de M. Lockroy. Il

était fort pressé, car il faisait, lui, de la
politique active, et il allait reprendre sa
place près de M. René Goblet. Il m'avait dit
simplement qu'avant d'aller rue de Grenelle,
le ministre voulait causer avec quelques professeurs.

Introduit près de lui, M. Lockroy me mit à
l'aise avec sa bonne grâce et sa simplicité
habituelles. Il savait, me dit-il, mon goût
aussi vif pour l'art que pour la littérature;
cette sorte de professeur qui aimait à la fois
les livres, les tableaux et le théâtre lui avait
semblé originale. Il voulut bien ajouter qu'il
m'avait lu. Notre conversation dura deux
heures, qui me semblèrent courtes. Rien ne
m'indiquait que la conclusion dût m'ouvrir
une porte sur l'administration, que je ne
connaissais guère et que j'aimais peu. Je me
levais pour prendre congé, lorsque le ministre
me déclara qu'il me prenait comme chef de
cabinet. Malgré ma chaire à la Sorbonne,

une série de conférences et un livre commencés, j'acceptai avec grand plaisir cette
proposition flatteuse. J'étais sûr de retrouver
tout cela peut-être bientôt et, en tous cas,
j'apprendrais assez dans mes nouvelles fonctions pour ne pas regretter l'interruption de
« mes chères études ».

Dans notre microcosme politique, c'est
une physionomie particulière que celle d'un
chef de cabinet. Il est placé près d'un homme
qui peut beaucoup et il ne peut rien lui-
même, mais il est dans la confidence de
toutes les décisions grandes ou petites. Son
premier devoir est d'éclairer son ministre et
de le mettre en garde contre les difficultés
du dehors ou du dedans; il connaît donc bien
des dessous de cartes. Il reçoit les solliciteurs
qui ne peuvent arriver jusqu'au ministre et
il subit les assauts désespérés de l'intérêt
personnel. Il accompagne le ministre à la
Chambre et se mêle aux conversations de

couloirs; il y est tâté et caressé avec un
amusant mélange de dédain et de flatterie,
car sa fonction est subalterne et, cependant,
il peut être un auxiliaire précieux. Le premier arrivé au cabinet, et le dernier parti,
il doit patienter et faire attendre. Son rôle
est souvent de donner des renseignements
qui n'apprennent rien et de prendre des
mesures qui réservent tout. Un tel poste
est fatigant entre tous, mais il est une excel-
lente école. Près d'une nature égoïste et
despotique, il serait le pire des esclavages;
près d'un homme de cœur et d'esprit, il
engendre vite l'affection, car il n'est rien de
tel que le pouvoir pour montrer le fond d'un
caractère.

Je regrette aujourd'hui que les circonstances m'aient fait abandonner le mien au
bout de trois mois. Du moins, j'ai eu le temps
d'apprendre auprès de M. Lockroy que l'on
peut être fin et franc, connaître les hommes

et se dévouer à une cause, n'être dupe de
rien et rester confiant, avoir l'esprit sceptique
et le cœur chaud. Je ne sais si beaucoup
d'hommes politiques, arrivés au pouvoir, ont
assez le sentiment du bien public pour subordonner toujours leur intérêt personnel, et
même celui de leurs amis, à l'intérêt général,
mais je réponds que j'en ai connu un.

Le 9 mai, M. Lockroy recevait le personnel
du ministère. Il était assisté de ses directeurs, parmi lesquels celui des Beaux-Arts,
Castagnary. Je connaissais peu celui-ci et son
administration. Installée au Palais-Royal, la
direction des Beaux-Arts n'avait pas avec le
cabinet du ministre des rapports aussi étroits
que les bureaux de la rue de Grenelle. On
la plaisantait même sur l'avantage qu'elle
trouvait à cet éloignement géographique, qui
lui permettait de vivre à part et de fonc-
tionner avec indépendance. Dans cette plaisanterie, il y avait une part de vérité, et

personne ne s'en rendait mieux compte que
M. Lockroy, ancien rapporteur du budget des
Beaux-Arts et fort au courant des affaires de
la maison. En outre, Castagnary était malade
et se déplaçait avec peine. Pendant la réception, il semblait encore plus fatigué qu'à
l'ordinaire et, en sortant, un de ses collègues
faisait cette réflexion : « Castagnary a l'air
d'un homme qui sera mort demain ». Il ne
croyait pas prédire aussi juste. Deux jours
après, en arrivant au ministère, j'apprenais
que le directeur des Beaux-Arts était mort
dans la nuit.

Les Beaux-Arts sont une si grosse maison
et les affaires courantes, sans parler de l'imprévu, y sont si nombreuses, que, avant
même de rendre les derniers devoirs au directeur, il fallait assurer le service. M. Lockroy
me prescrivit donc d'aller aussitôt au Palais-
Royal annoncer aux chefs de bureau la
mort de leur directeur et de les informer

que l'expédition des affaires serait assurée par le chef du secrétariat des Beaux-Arts au cabinet du ministre, sous l'autorité du chef du cabinet. J'étais loin de prévoir alors qu'un mois après, jour pour jour, le ministre me renverrait au Palais-Royal pour remplacer celui dont je venais arrêter ainsi la succession administrative.

Grâce à l'expérience et à l'habileté du chef du secrétariat, M. Georges Hecq, j'eus d'abord à m'occuper fort peu des affaires intérieures du service. Mais les Beaux-Arts ont autant à faire au dehors qu'au dedans, surtout à l'époque de l'année où nous étions. La commission chargée des achats de l'État se rendait chaque semaine au Salon et il lui fallait un président. Le prendre parmi le personnel des Beaux-Arts aurait eu l'inconvénient de sembler une désignation pour le poste vacant de directeur.

Car, déjà, la succession de Castagnary

mettait beaucoup d'ambitions en mouvement.
Rue de Valois, quiconque avait à peu près
des titres était plus ou moins candidat,
avoué ou secret. Ces candidatures n'agréaient
guère au ministre. Il voulait faire des réformes
dans l'administration des Beaux-Arts et il
estimait qu'un fonctionnaire de la maison,
déjà plié aux pratiques du service et tenu
par ses relations antérieures, n'aurait pas
une liberté suffisante. Au dehors, il ne voyait
personne que désignât suffisamment un
programme déclaré sur l'action de l'État en
matière d'art. D'un autre côté, cet homme
politique ne voulait pas faire une nomination politique; il estimait que, dans le cas
présent, il n'y avait pas de services politiques à rendre, mais seulement à assurer
le bien d'un service, sans épithète. Il attendait donc, réservant sa liberté, et, chaque
jour, il revenait de la Chambre avec de nouveaux noms, plus ou moins appuyés.

Cependant, il fallait pourvoir au fonctionnement de la commission d'achat. « Puisque les affaires des Beaux-Arts sont rattachées au cabinet, me dit M. Lockroy, prenez la présidence de cette commission. » J'affirme que non seulement le désir, mais la pensée, de recueillir moi-même la succession de Castagnary ne m'avait pas effleuré l'esprit. Je crois aussi que, à ce moment, le ministre ne pensait pas davantage à cette solution. Les bureaux du Palais-Royal se chargèrent de nous en donner l'idée. Le jour même où le rattachement provisoire avait été décidé, la tendance administrative à chercher dans toute mesure la part de l'intérêt personnel avait fait soupçonner une intention profonde chez le chef de cabinet. Dès que parut au *Journal officiel* l'arrêté qui me déléguait la présidence de la commission, ce fut, rue de Valois, l'avis général que le nouveau chef de l'administration était désigné du même coup. Lors-

b

que je présidai la commission pour la première fois, un de ses membres me dit à la fin de la séance : « Monsieur le Président, quand vous appellerons-nous Monsieur le Directeur? » Je lui répondis de très bonne foi qu'il n'était question de rien de pareil, mais je vis bien qu'il me croyait plus fin que je n'étais.

Quelques jours se passèrent encore. Au Palais-Royal, des paris étaient engagés et je faisais prime. Le bruit de ce petit jeu arrivait au cabinet, et dans les couloirs de la Chambre il avait le même écho. Le ministre, lui, continuait son enquête, très attentive sans qu'il y parût, écoutait tout le monde et ne disait rien de ses intentions.

Nous étions arrivés au commencement de juin ; non seulement le Salon allait fermer et il importait que, avant la clôture, un directeur des Beaux-Arts en titre prît les mesures nécessaires pour les derniers achats, les affectations aux musées, les récompenses, etc., mais la préparation de l'Exposition universelle se trouvait arrêtée. Un soir, en présentant au ministre les affaires de la journée, je lui dis l'urgence d'une nomination. Il m'écouta, en fumant son éternel cigare, et conclut : « Enfin, qui voyez-vous ? » Je citai divers noms. Il les écarta, puis il me dit à brûle-pourpoint : « Au fait, pourquoi pas vous ? »

Ceci devenait autrement sérieux que les propos et les paris. Je répondis à M. Lockroy que, professeur et homme de lettres, j'avais eu quelque regret à interrompre ma double carrière, mais que, à aucun prix, je ne voulais y renoncer. En outre, si un maître de conférences à la Sorbonne peut, tout naturellement, devenir chef du cabinet du ministre de l'Instruction publique, il faut une autre préparation pour faire un directeur des Beaux-Arts. J'avais, en matière d'art, plus de goûts que de connaissances ; je n'étais ni critique d'art, ni même critique dramatique. Je ne connaissais pas l'organisation et le fonctionnement de l'administration des Beaux-Arts.

M. Lockroy me répondit que, pour rendre des services à l'art, même des services administratifs, il suffit de l'aimer et d'y appliquer une culture générale. Entrer tout neuf dans l'administration n'était pas pour lui déplaire : on n'était pas ligotté par les antécédents. Il voulait faire des réformes aux Beaux-Arts ; il savait, par nos conversations, que j'étais d'accord avec lui sur les principales ; la pratique m'apprendrait le détail. Il conclut en me disant : « Réfléchissez ». Là-dessus, comme le téléphone transmettait de l'avenue Victor-Hugo des appels désespérés pour décider M. Lockroy à venir dîner et qu'il était plus de huit heures, il ne m'écouta pas davantage et partit.

Depuis mon entrée dans l'Université et mon arrivée à Paris, j'avais deux maîtres, fort dissemblables, quoique de même origine, que je consultais en toute circonstance. L'un était mort l'année précédente. C'était Eugène Benoist, membre de l'Institut et professeur à la Sorbonne. Je l'avais rencontré à Aix, en 1871, au lendemain de la guerre. Très bon sous des apparences rudes, qu'il exagérait à plaisir, travailleur acharné, philologue excellent (ce qui était rare en France à cette époque), médiocre écrivain et mauvais orateur, il jugeait avec la même équité lui-même et les autres. Esprit exact et méthodique, ennemi de la phrase et de l'à peu près, il recommandait en tout le respect et l'usage de l'esprit scientifique; il estimait que cet esprit a partout sa place et que, le plus souvent, les questions de goût sont aussi des questions de fait. A cette époque, j'étais souffrant et quelque peu découragé; je voulais être professeur, et la guerre, en me faisant prendre le casque, m'avait empêché de me présenter à l'École normale. Eugène Benoist me remonta le moral ; il m'ouvrit sa bibliothèque et sa maison. Sur son conseil, je pris la licence ès lettres à la Faculté d'Aix.

L'année suivante, il était appelé à la Sorbonne et m'engageait à quitter la Provence pour Paris. J'aurais voulu me préparer immédiatement à l'agrégation des lettres. Il me conseilla de prendre d'abord l'agrégation de grammaire. J'aimais peu la philologie. Je surmontai ma répugnance pour lui faire plaisir. Je lui suis aujourd'hui profondément reconnaissant de m'avoir plié de la sorte au besoin de la précision. Quand je fus pourvu des deux agrégations, il me dit : « Maintenant, vous pouvez choisir dans la littérature ce qui vous plaira ». Mon choix était fait. Je suivais les représentations de la Comédie-Française et de l'Odéon aussi assidûment que les cours de la Sorbonne et j'avais pris un goût très vif pour le répertoire de Marivaux. Éditeur de Lucrèce, de Plaute et de Virgile, occupé toute sa vie à comparer des variantes, Eugène Benoist aimait grandement la littérature dramatique. Il me déclara qu'il voyait très bien un sujet de thèse de doctorat dans l'auteur du *Jeu de l'amour et du hasard* et de la *Vie de Marianne*. Il le fit accepter, après quelque résistance, par la Sorbonne de ce temps-là, moins accueillante que celle d'aujourd'hui.

Je dois à Eugène Benoist toute la direction de ma carrière universitaire ; je lui dois d'être devenu son collègue à la Sorbonne et d'avoir eu l'honneur d'y enseigner à côté de lui. Je lui dois même, par contre-coup, l'autre amitié qui a guidé mes débuts d'homme de lettres, celle de Francisque Sarcey.

Et tous deux étaient normaliens, et je ne l'étais pas !

Comme les universitaires de ce temps-là, je lisais assidûment le *XIXe Siècle* d'alors et le *Temps*. Nous y trouvions l'expression de nos opinions politiques et de nos goûts littéraires. Il y avait, surtout pour le *XIXe Siècle*, plus spécialement universitaire, une communion d'idées complète entre rédacteurs et lecteurs. Sarcey, bonhomme et accueillant, répondant aux lettres et recevant les visites, avait parmi nous une clientèle personnelle; beaucoup de professeurs fréquentaient rue de Douai. Je n'étais pas de ceux-là. Je ne connaissais que la silhouette de Sarcey, aperçue à la Comédie ou à l'Odéon, les soirs de répertoire. En 1880, je publiais une édition classique du *Cid* et, sur le conseil d'Eugène Benoist, son ancien camarade, je la lui adressais. Il en rendait compte aussitôt, de la plus obligeante manière. J'allai lui faire une visite de remercîments. Ce fut l'origine de relations qui devinrent bientôt de l'amitié.

Lorsque, deux ans plus tard, parut mon travail sur Marivaux, Sarcey, en l'approuvant, fit la fortune du livre. Dès lors, à propos de mes diverses publications, et de toutes les circonstances où je me trouvais engagé, dans les feuilletons du *Temps* et les nombreux journaux où il écrit, il saisissait chaque occasion de me conseiller et de m'encourager, avec cette sûreté de bon sens et cette franchise cordiale qui, en tout, lui font une originalité savoureuse et lui procurent une énorme autorité, mais qui, en matière de théâtre, et je m'occupais de littérature dramatique, donnent une portée sans égale à la moindre mention faite par lui.

Quiconque touche au théâtre et à la littérature dramatique a plus ou moins fréquenté chez Sarcey. Il suffit de frapper à sa porte pour qu'elle s'ouvre et d'arriver chez lui à l'heure du déjeuner pour devenir son hôte. Si vous voulez savoir ce qu'est, le mardi

matin par exemple, le défilé qui passe rue
de Douai, lisez la spirituelle et exacte say-
nète d'Abraham Dreyfus, la *Matinée d'un critique*. Dans une carrière de trente-cinq ans,
Sarcey a parlé, comme dit Figaro, de tout ce
dont il est question. Aussi, depuis les premiers rôles de la politique jusqu'aux plus
humbles utilités du théâtre, quiconque est
monté sur la scène, au propre ou au figuré,
a eu affaire à lui. Il est complètement dénué
de rancune; il oublie les coups qu'il a
donnés aussi aisément que ceux qu'il a reçus.
D'autre part, il y a chez lui tant de bonhomie
que ceux mêmes qu'il a le plus malmenés
ne lui en veulent pas longtemps. Ce qu'on
lui pardonne moins, ce sont les services
rendus.

Mais, par cela même que Sarcey est plus
ou moins l'ami de tout le monde, il y a des
degrés dans son amitié. Parmi ceux auxquels
il tendit la main, au jour de leurs débuts,

quelques-uns ont la mémoire intermittente,
et parmi ses familiers eux-mêmes, il en est
dont l'assiduité se règle sur le besoin qu'ils
ont de lui. Tels le traitent comme un omni-
bus que l'on est sûr de trouver sur la route
et auquel on fait *pstt !* lorsqu'on veut y
monter. En revanche, il a un petit nombre
d'intimes d'une fidélité éprouvée. Je suis
fier d'avoir ma place dans ce coin d'élection.
Je suis de ceux qui estiment à leur prix ce
courage simple, cette philosophie faite de bon
sens et de bonté, cet exemple de droiture et
d'intégrité professionnelles, cette énorme
production où il n'y a pas une ligne qui
exprime un sentiment bas.

Je tiens donc à grand honneur quelques
lignes inscrites par Sarcey, avec mon nom,
en tête de ses *Souvenirs d'âge mûr*. Je ne suis
pas journaliste comme vous, mon cher
Maître, et je ne me raconte pas au public;
d'autre part, depuis que j'ai repris la plume,

mes livres, simples recueils d'articles, ne
sont pas de ceux que l'on peut dédier. Je n'ai
pas encore eu l'occasion de vous remercier
publiquement. Je le fais aujourd'hui.

Donc, après ma conversation avec mon
ministre, j'étais allé trouver mon maître.
Les mains croisées sur le ventre et me regardant par-dessus ses lunettes, dans cette pose
de confesseur ou de Bouddha qu'il prend au
coin de sa table, Sarcey écouta mon histoire. Ce qui l'étonna, dans tout cela, ce
fut mon étonnement. Du premier jour, il
avait pensé que j'allais recueillir la succession de Castagnary, et comme, dans l'art, il
ne voit guère que le théâtre, il me trouvait
parfaitement préparé pour faire un directeur des Beaux-Arts. La Sorbonne et la
critique, les conférences et les articles, tout
cela se retrouve. Ce qui ne se retrouve pas,
c'est une occasion de pratiquer les hommes.
La littérature, même la critique, ne se fait

pas seulement avec des lectures et du goût, elle vit d'expérience. Or, dans mon ordre d'études, il n'y a pas d'expérience plus complète et plus directe que celle qui s'offrait.

Tels furent, en substance, les propos de l'oncle Sarcey. Sa dialectique m'avait ébranlé sans me convaincre. Je passai le reste de la matinée à consulter d'autres amis personnels. Il en est un même à qui je demandai avec insistance l'autorisation de présenter son nom à M. Lockroy. Homme de lettres à la veille d'être célèbre, il refusa nettement.

Le lendemain, sans avoir repris la question, M. Lockroy m'emmenait déjeuner avec lui, avenue Victor-Hugo. Sarcey attendait, en prenant le frais dans le jardin. Le ministre avait eu la même idée que moi : lui aussi voulait consulter Sarcey. Lorsque, vers 1865, après avoir accompagné Garibaldi en Sicile et Renan en Phénicie, Édouard Lockroy avait débuté dans la presse, il avait demandé

conseil à Sarcey, alors très batailleur et en
possession d'une maîtrise dans le genre où
lui-même s'exerçait. Le jeune homme était
demeuré l'ami de son ancien. « Ça, dit
Sarcey, en nous voyant arriver, c'est du
théâtre, un second acte de vaudeville ! » Le
troisième se devine. Après déjeuner, le
ministre et le vieux maître firent un tour de
jardin, et le soir M. Lockroy me disait de
préparer un décret me nommant directeur
des Beaux-Arts. Je repris mes objections, sans
ébranler mon auditeur. Le décret apporté
par le chef de bureau du cabinet, qui devait
me remplacer quatre ans plus tard, M. Henry
Roujon, le ministre prit la plume pour y
apposer le petit cunéiforme qui lui servait de
signature. C'est la seule fois de ma vie où je
me sois livré à une voie de fait sur la
personne d'un ministre : je lui arrêtai la
main. M. Lockroy me dit avec calme :
« Laissez donc ; c'est décidé ». Et le lende-

main, 12 juin, il me conduisait au Palais-
Royal pour m'installer dans le cabinet où,
le 11 mai précédent, j'avais annoncé au chef
de bureau de l'administration des Beaux-
Arts la mort de Castagnary.

Je n'ai plus grand'chose à dire de personnel sur le temps que j'ai passé à la tête de
cette administration. Je me suis efforcé
de justifier le choix de M. Lockroy et de
répondre à ses intentions. J'ai beaucoup
travaillé et je crois avoir fait, commencé ou
préparé plusieurs choses utiles. Dès que j'ai
vu clair dans l'organisation du service, il m'a
semblé que deux ou trois idées devaient
inspirer tous les actes d'un directeur des
Beaux-Arts; je les ai appliquées de mon
mieux, à travers la complexité des affaires
courantes. On les trouvera développées dans
les pages qui suivent.

Je n'ai pas fait tout ce que j'aurais voulu.
D'abord, parce que je n'ai pas toujours été

libre. Comme tous mes prédécesseurs, je rencontrais beaucoup d'obstacles : dans le fonctionnement du service, les intérêts personnels traversent à chaque instant les intérêts généraux et chaque intéressé met en mouvement toutes les puissances qu'il peut invoquer. Ensuite, comme à tous mes prédécesseurs, le temps m'a fait défaut. Depuis 1870, le plus durable d'entre eux est resté en fonctions près de cinq ans, le plus éphémère huit mois. J'ai eu trois ans et demi. Mon successeur, M. Roujon, en fonctions depuis bientôt quatre ans, donne entre autres bons exemples, celui de la longévité ; je lui souhaite de le continuer, pour le bien du service. Une grande partie de mon temps a été prise par l'Exposition universelle de 1889 et les fêtes du Centenaire, où, malgré l'institution d'un commissariat spécial, le chef du service devait beaucoup payer de sa personne. Le fonctionnement du régime parlementaire est de telle nature, dans notre pays, avec le vote annuel de toutes les parties du budget, que, dans chaque administration, et dans celle des Beaux-Arts en particulier, plusieurs mois de l'année sont consacrés à préparer, pour se défendre ou pour fournir des armes contre elle-même, les éléments d'un débat qui, parfois, met tout en question et ruine des projets longuement préparés.

Après M. Lockroy, je me suis trouvé sous les ordres de deux ministres, M. Fallières et M. Léon Bourgeois. Je les remercie de m'avoir maintenu en fonctions, ou permis de me retirer à mon heure. Tous deux m'ont donné des marques de leur bienveillance ; si je ne dis pas expressément ce que je leur dois, c'est que cette bienveillance s'adressait au fonctionnaire et je n'ai d'autre droit que de leur témoigner ma gratitude.

Ils ne s'étonneront pas si, à côté de leur

nom, je cite celui de mon secrétaire, M. Berr
de Turique. Je l'avais choisi sur la désignation de M. Georges Hecq, chef du secrétariat
des Beaux-Arts. M. Hecq m'avait fait là un
cadeau inappréciable. Dans ce poste de
confiance, j'ai pu mettre toute la mienne en
M. Berr de Turique. Il m'a secondé avec un
dévouement complet et, souvent, avec un
courage méritoire. Il a été pour moi un ami
à toute épreuve.

Le lot d'un directeur des Beaux-Arts est
d'être, dans la presse, l'objet d'une attention
particulière, c'est-à-dire, quoi qu'il fasse,
d'être peu défendu et très attaqué. Le principe admis, je trouve que l'on m'a fait bonne
mesure. Parmi les hostilités, quelques-unes
féroces, dont j'ai été l'objet, il en est dont les
causes m'échappent encore. Je m'en explique
d'autres parce que j'entendais rester en
dehors de toute coterie et ne mettre l'autorité
de l'État au service d'aucun intérêt personnel.

Peut-être aussi n'ai-je pas témoigné à quelques amours-propres autant de déférence qu'ils en auraient souhaité. J'ai donc subi des « campagnes », comme on dit, tantôt menées avec art, tantôt maladroites par excès de violence. J'ai été le héros de contes variés, d'une perfidie savante ou d'une absurdité niaise. Plusieurs fois, en les apprenant, je me suis rappelé la lecture que je faisais du *Barbier de Séville*, au moment où l'appel de M. Lockroy était venu me trouver, et j'ai admiré combien le couplet de Basile est merveilleux de justesse et de plénitude : « La calomnie, Monsieur ? Vous ne savez guère ce que vous dédaignez!... Croyez qu'il n'y a pas de plate méchanceté, pas d'horreurs, pas de conte absurde, qu'on ne fasse adopter aux oisifs d'une grande ville en s'y prenant bien ; et nous avons ici des gens d'une adresse !... » J'avais d'abord songé à faire sur un ou deux de ces contes un petit travail de critique, qui,

je crois, eût été amusant. A quoi bon et
qui s'en souvient aujourd'hui? Leurs auteurs
eux-mêmes les ont sans doute oubliés. Si,
en leur temps, ces haines n'avaient attristé
des tiers, je devrais les remercier, car, per-
sonnellement, elles m'ont fait plus de bien
que de mal.

D'abord, l'excès même de l'acharnement
produisait son effet habituel. Il me valait
des sympathies d'autant plus vives que les
antipathies semblaient moins scrupuleuses,
parfois même plus abominables dans le choix
des moyens.

Le journal où devaient paraître les études
suivantes, en appréciant mes actes avec son
autorité habituelle, m'a souvent dédommagé
des fantaisies violentes qui, par ailleurs, s'im-
primaient à mon sujet. Dès lors, j'étais grandement l'obligé du *Temps* et de M. Adrien
Hébrard. Je ne connaissais pas Francis
Magnard; parfois même le bon sens ironique

de ses exquis filets s'était exercé aux dépens
de mon administration. Au moment où
sonnait le *crescendo* dont parle Basile, je
profitai d'un de ces accès d'impatience que
lui causait toute sottise prolongée. Lorsque,
la bourrasque passée, j'allai remercier le
directeur du *Figaro*, il me dit simplement :
« C'était trop fort, ils ont passé le but. »

J'allais aussi devoir à ces attaques une
marque d'estime qui dépassait mes plus
ambitieuses espérances. Ma résolution de
reprendre ma chaire en Sorbonne au mois
de novembre 1891 était connue, lorsque,
un siège étant devenu vacant à l'Académie
des Beaux-Arts, deux des membres les plus
considérables de la compagnie m'engagèrent
à poser ma candidature. Ils ne me cachaient
pas qu'ils mettaient au nombre de mes titres
les attaques dont j'avais été l'objet et ils
m'assuraient que la majorité de leurs confrères pensait comme eux. Je suivis le

conseil de M. le comte Henri Delaborde et
de M. Charles Garnier. Pour eux, je me
contente de citer leurs noms et je n'ajoute
rien.

Si j'ai raconté cette histoire personnelle,
ce n'est pas pour le plaisir de me biographier
en tête d'une série d'études où pas une fois
je n'ai parlé de moi. Je n'avais pas d'autre
moyen d'exprimer ma reconnaissance envers
ceux que j'ai nommés, et je tenais beaucoup
à remplir ce devoir.

Quant à ces études elles-mêmes, j'ai
attendu quatre ans pour les écrire, afin de
mettre entre leur objet et mes impressions
un recul suffisant pour être impartial et
observer la perspective. Je n'ai eu d'autre
intention, après avoir occupé mon poste de
mon mieux, que d'être utile à l'administration des Beaux-Arts devant le public, en
exposant l'essentiel de ce que j'ai appris
moi-même. J'estime que ce grand service

n'est pas suffisamment connu et apprécié. L'ayant vu de près et l'ayant quitté sans esprit de retour, il m'a semblé que mon témoignage pourrait avoir son intérêt et son autorité.

Je me suis abstenu de mettre en usage ce qui, dans le souvenir de mes fonctions, devait être réservé ; je ne divulgue aucun document confidentiel. Je n'ai pas de rancunes à satisfaire et je n'introduis ici, sous prétexte de critique générale, de représailles contre personne. Je ne raconte pas d'anecdotes piquantes, quoique, par la nature du service, il m'en soit resté quelques-unes dans la mémoire. Lorsque, en une heure de réception, on peut avoir affaire à un député, à un peintre, à une danseuse et à un évêque, on retient forcément quelques faits ou dits capables d'égayer un sujet. J'ai préféré parler sérieusement de choses sérieuses.

J'ai conservé à ces études leur forme

primitive, celle de lettres écrites sur le Salon
et à propos du Salon. Un remaniement aurait
altéré leur caractère, et j'espère qu'elles
conserveront dans le livre l'unité que je me
suis efforcé de leur donner dans le journal.

Villecresnes, 22 septembre 1895.

PREMIÈRE PARTIE
LETTRES SUR LE SALON

LETTRES SUR LE SALON

I

LES ACHATS DE L'ÉTAT

L'action de l'État en matière d'art. — Le Salon officiel et les Salons libres. — La scission de 1890. — Les achats de l'État au Salon. — La commission d'achat; ses avantages et ses inconvénients. — L'éclectisme de l'État. — Achats d'office et achats sur demande [1].

Le directeur du *Temps* m'a fait l'honneur de m'inviter à traiter ici les questions d'art que soulèvent les Salons annuels. Il ne s'agit pas,

---

[1]. Voir P. DUPRÉ et G. OLLENDORF, *Traité de l'administration des Beaux-Arts*, 1885 (extrait du *Répertoire de droit administratif*, publié sous la direction de MM. L. BÉQUET et P. DUPRÉ); L. DE RONCHAUD, *De l'encouragement des Beaux-Arts par l'État*, dans la *Nouvelle Revue* du 1er mars 1885; ED. AYNARD, article *Beaux-Arts* dans le *Nouveau dictionnaire d'économie politique*, publié sous la direction de MM. LÉON SAY et J. CHAILLEY, 1890.

Je me bornerai dans mes notes aux indications de sources strictement nécessaires. J'avais d'abord voulu leur donner plus

dans sa pensée et dans la mienne, de revenir sur
la nomenclature des œuvres les plus marquantes,
mais plutôt, à l'occasion des œuvres, de préciser
les tendances qu'elles indiquent, les directions
que suivent leurs auteurs, les causes de ce mouvement, et aussi de marquer la part qui revient
à l'État dans notre production d'art.

L'État enseigne et forme des collections; par
ses écoles et ses musées, il entretient une tradition. Il consacre un budget à l'acquisition annuelle
d'œuvres d'art; il est même le gros acheteur des
Salons et beaucoup de peintres et de sculpteurs,
en attaquant leur toile ou leur terre, ne comptent que sur lui. Il préside la distribution des
récompenses que fait la Société des artistes français et, par la manière dont il use des siennes,
il peut témoigner de ses préférences pour tel
genre d'œuvres ou telle sorte de talents. Il
est lui-même, par ses manufactures nationales,

de développement, car la bibliographie des Beaux-Arts est des
plus abondantes, et aussi des plus confuses. J'ai dû les restreindre pour n'être pas débordé. Je mentionnerai les travaux
qui m'ont été le plus utiles à moi-même, afin que le lecteur
puisse contrôler mon enquête; ce sont à la fois les plus généraux et les plus élémentaires; mais nombre de travaux utiles
sont forcément restés en dehors de mes citations.

producteur d'œuvres d'art. A la Chambre, il manifeste chaque année des opinions d'art; il fait par là de la critique d'art, et une critique sanctionnée, ce qui est rare, par des mesures de fait, car les opinions émises se traduisent ici en augmentations ou diminutions de crédits.

Un tel rôle d'État vis-à-vis de l'art n'est pas unique. La plupart des pays européens ont une administration qui s'occupe d'art [1], mais aucun ne l'a aussi ancienne que la France, aussi nettement déterminée, avec des attributions aussi larges et une action aussi forte. Beaucoup esti-

1. Il serait à souhaiter qu'une série d'études fût entreprise sur les rapports généraux de l'Art et de l'État dans les différents pays; elle nous permettrait de mieux apprécier ce que nous avons et de connaître ce qui nous manque. En 1891, M. O. FIDIÈRE, à la suite d'une mission, a publié un *Rapport au ministre de l'Instruction publique et des Beaux-Arts sur l'art en Angleterre*; ce travail est plein de renseignements précis. M. ANTONIN PROUST a inséré dans son rapport sur le budget des Beaux-Arts pour 1892 une « étude sur l'organisation des arts dans les principaux pays d'Europe ». Les diverses parties de cette étude sont inégalement nourries; la plus complète est consacrée à l'Angleterre et s'appuie sur l'enquête de M. Fidière. Les autres pays passés en revue sont l'Allemagne, l'Autriche-Hongrie, l'Italie et la Russie. Des travaux partiels ont été publiés sur l'action des États étrangers en matière d'art; ainsi sur l'organisation des musées, l'enseignement, etc. J'aurai l'occasion d'en mentionner plusieurs au cours de ces études.

ment que c'est un mal; je pense que c'est un bien. En tout cas, le fait existe et il appartient à la discussion.

Invité à entrer dans le débat, j'avais d'abord hésité. Ancien directeur des Beaux-Arts, il me semblait que je ne pouvais dire ni du bien ni du mal de ce service. L'éloge passerait pour partial et la critique pour malveillante. On m'a fait valoir que si, au temps où nous sommes, tous ceux qui ont pris quelque part aux affaires publiques s'interdisaient d'en parler après les avoir quittées, cela rendrait bien des bouches muettes. Ne valait-il pas mieux, dans l'occasion, exprimer franchement à leur sujet des avis qui auraient du moins le mérite de l'expérience acquise et de l'observation faite de près, sans autre désir que de contribuer à la vérité et de servir l'intérêt général? Je n'ai gardé de mon passage aux Beaux-Arts que reconnaissance pour tous ceux avec qui mes fonctions m'ont mis en rapport et la conviction des grands services que cette administration rend ou peut rendre. Sûr de mes sentiments, je me suis rendu aux raisons qui combattaient mes scrupules et je me suis décidé, en acceptant l'offre qui m'était faite, à dire ce que je crois être la vérité sur les rapports de l'art français, des artistes et de l'État. Je trouve ici, comme devanciers, Charles Blanc et Paul Mantz, l'un et l'autre anciens directeurs des Beaux-Arts. A défaut de leurs autres qualités, je puis promettre aux lecteurs de ce journal la franchise à laquelle ils étaient habitués.

Jadis, l'État organisait lui-même le Salon annuel. Il nommait le jury d'admission et décernait les récompenses. Depuis 1881, où il a remis le Salon aux artistes constitués en société, il n'a plus d'action directe sur les expositions annuelles que par ses achats. Il a bien fait d'abandonner sa vieille prérogative; il a suivi de la sorte le mouvement général de notre temps vers la liberté. Je crois que, lorsque le Salon était fait par lui, il était mieux fait. En tout cas, il était moins nombreux et plus choisi; le jury d'admission et de récompenses était moins travaillé par les intérêts personnels. Mais, outre la question de principe, ces avantages étaient compensés par tant d'inconvénients! Le plus gros, c'est que,

du fait même de l'institution, il y avait alors un
art d'État, une doctrine officielle en matière
d'art, une position prise pour ou contre certaines
tendances. L'État pouvait favoriser ou contra-
rier un genre, une école, une esthétique. Il n'y
a rien de plus contraire aux progrès de l'art, qui
vit d'initiative et de liberté. Que de gênes et de
souffrances dont l'ancien jury d'État porte la
responsabilité! C'est malgré lui que le romantisme et le réalisme, deux renouvellements de
l'art français, ont pu s'offrir au jugement public.
Pour quelques actes d'autorité heureux dans
leurs résultats, quelques traits de « bon tyran »,
que de maladresses funestes et de persécutions
odieuses! Pareilles erreurs ne sont plus à
craindre. Tout artiste qui croit avoir quelque
chose d'original à montrer, qui produit pour
ou contre quelque chose, n'a plus à compter
qu'avec l'opinion de ses confrères, dont le
suffrage recrute le jury. L'opinion commune est
souvent plus libérale qu'un corps ou un homme,
moins obstinée surtout et plus ouverte aux
nouveautés. En fait, depuis que le jury d'État
n'existe plus, la production artistique est plus

féconde et l'originalité, discutable, certes, et confuse et fiévreuse, mais vivante, se manifeste plus librement.

Donc, aux premiers jours de mai s'ouvre le marché aux tableaux. Ce marché est double depuis 1890; il se tient en deux endroits, aux Champs-Élysées et au Champ-de-Mars, par les soins de deux sociétés rivales. Encore un fait acquis. Mais j'estime que celui-ci est un mal. Depuis cinq ans, l'unité de l'art français est rompue et je crains bien qu'elle ne se reforme jamais. L'ancien Salon était assez vaste pour suffire à la production de nos artistes. Le second n'a diminué ni l'encombrement ni la confusion. Les deux éparpillent l'attention publique. Ils ont déjà tué l'ancienne critique d'art par la profusion et la dispersion des œuvres exposées. On peut trouver que c'est tout profit : les artistes estiment, au fond, qu'il y a toujours assez de critiques et le public est soulagé dans ses lectures. Ce qui est plus grave, c'est que, tiraillé en sens contraires, ahuri par les efforts désespérés de la concurrence, ce bon public se fatigue et se désintéresse. Il n'y a plus seulement deux

Salons; il y en a quatre ou cinq, avec ceux des sociétés particulières, aquarellistes, pastellistes, etc. Dans quelques années, il y en aura vingt et nous verrons, nous ou nos successeurs, la fin des Salons par leur multiplicité.

L'État n'a pas empêché la scission de 1890; il ne le pouvait pas, depuis qu'il avait abandonné l'organisation du Salon. Il s'est vainement posé en conciliateur. M. Fallières, alors ministre des Beaux-Arts, eut beau parler aux deux partis le langage le plus impartial, le plus bienveillant et le plus sensé. Il leur proposa l'arbitrage du Conseil supérieur des Beaux-Arts. Bailly, président de la Société des Artistes Français, l'accepta; Meissonier, porte-parole des dissidents, le refusa. Les représentants des deux partis sortirent du cabinet ministériel les uns décidés, les autres résignés à la séparation. L'affaiblissement de l'action administrative sur l'art a de grands avantages; en voici un inconvénient sensible. C'est l'éternelle histoire de tout principe; dans l'application, il y a pertes et gains.

Donc, au moment où s'ouvrent les Salons, le

directeur des Beaux-Arts n'est plus, au regard des artistes exposar's, qu'un acheteur. Il dispose de 200 000 francs, un gros chiffre, mais qui répond tout juste à l'importance de la production et à l'intérêt que l'État prétend porter aux choses d'art. A cet acheteur qui, après avoir payé, récompense et qui, au long de l'année, fait des commandes, les organisateurs des Salons témoignent, naturellement, la déférence due au porteur de la forte somme. Joignez à cela que, aux Champs-Élysées, il est chez lui, car il prête le local. Les portes s'ouvrent donc pour cet acheteur privilégié plus tôt que pour le public, et même que la presse. Dès que les toiles sont accrochées et les statues dressées, le directeur des Beaux-Arts arrive et choisit.

Il ne vient pas seul. Un état-major de vingt et un conseillers, la « sous-commission des travaux d'art », l'accompagne. Cette sous-commission comprend des fonctionnaires de l'administration centrale, le conservateur de la peinture au Louvre (pourquoi de la peinture seule?) et le conservateur du Luxembourg, les inspecteurs des Beaux-Arts et des musées, quatre artistes,

un critique et un amateur d'art. C'est beaucoup;
je crois même que c'est trop et je vais dire pourquoi.

En une visite ou deux, le directeur des Beaux-
Arts, ainsi accompagné, fait un premier choix,
d'office, sans attendre les demandes des artistes.
Il écrème les Salons et assure à l'État la possession de ce qu'ils offrent de mieux. Mais il faut
que les œuvres par lui remarquées n'aient pas déjà
trouvé un acquéreur, dans l'atelier de l'artiste,
avant d'arriver aux Salons. Pareilles déconve-
nues se produisent assez souvent, et c'est là un
premier inconvénient du procédé.

Cette première visite est pénible et méritoire.
Le directeur des Beaux-Arts et sa suite font le
même métier que de simples journalistes, avec
une responsabilité plus grande, car l'erreur du
journaliste, si, par impossible, il se trompe,
n'est qu'une erreur d'opinion, et c'est affaire
entre ses lecteurs et lui, tandis que, chez les
représentants de l'État, l'erreur se traduit par
l'entrée dans les collections nationales d'œuvres
peu dignes de cet honneur et une diminution
de la somme d'achats, au détriment des œuvres

méritantes. Cet examen hâtif est fait avec
conscience, avec scrupule, avec le vif désir
d'acquérir ce qu'il y a de mieux et de ne rien
négliger d'intéressant. Mais ne pourrait-on procéder autrement, avec moins de fatigue et un
résultat plus certain?

La « sous-commission » est nombreuse. Or,
on sait que, surtout en matière d'art, dès que
l'on est deux, il y a deux avis. Un proverbe
menteur dit que des goûts et des couleurs on ne
discute pas. C'est au contraire la chose dont on
discute le plus. Entre vingt personnes, il y a
chance pour que vingt avis différents se produisent. Ils se produisent ici presque toujours, sauf
le cas d'une de ces œuvres rares, d'une beauté
si frappante qu'elles dominent au premier coup
d'œil les sentiments individuels et les partis
pris. Dans le cas présent les compétences sont
nombreuses et éclairées; par suite, les divergences sont d'autant plus marquées que le goût
de chacun est plus personnel. Devant chaque
œuvre un peu notable, la discussion s'engage,
sous la présidence du directeur des Beaux-
Arts, qui ne peut pas, lui, ainsi que la plupart

des présidents, se proposer l'impartialité comme premier devoir. Il doit, au contraire, avoir son avis et s'efforcer de le faire partager, car lui seul est responsable de la décision prise, devant le ministre qui la ratifiera et l'opinion qui la jugera en dernier ressort.

Au point de vue académique, cette discussion est fort intéressante. Il y aurait plaisir et profit à l'entendre, si des auditeurs pouvaient y être admis. C'est de la critique parlée, faite par une élite, avec d'excellentes intentions. Au point de vue pratique, elle ne produit pas le meilleur résultat. Par la force des choses, entre ces hommes de goûts très divers, il se produit ce qui arrive toujours en pareil cas. De leurs avis différents ou opposés, une opinion moyenne se dégage. L'initiative et l'indépendance ont nécessairement le dessous et cèdent le pas à l'esprit de conciliation. On vote, à cannes levées, et c'est d'après le procès-verbal des séances que le directeur des Beaux-Arts fait ses propositions au ministre. Il en résulte l'acquisition d'un petit nombre d'œuvres, représentant d'habitude un quart ou un tiers du crédit total de

200 000 francs. Aussi, le jour du vernissage, le public peut-il voir déjà sur le cadre de cinq ou six tableaux et le socle d'autant de statues la mention sacramentelle : *acquis par l'État.*

En fait, ce système, un des nombreux résultats de cette manie actuelle de commissions, de cette *polysynodie* qui sévit chez nous, se corrige par la force des choses. Le directeur des Beaux-Arts est en relations journalières avec les artistes. Il sait donc ce qui se prépare dans les ateliers. Attentif et informé, il a, lui aussi, son goût personnel; il est même obligé, par le devoir de sa charge, de l'avoir très large et très éclectique, mais capable de préférences et de décision. En outre, malgré le hasard des combinaisons ministérielles et les singulières attributions de portefeuilles qu'elles produisent quelquefois, les Beaux-Arts ont souvent cette bonne fortune que leur ministre voit en eux plus qu'une part de sa besogne. En effet, on ne peut pas traiter les choses d'art comme une administration ordinaire. On les aime et on y met plus que son travail; on y applique son esprit et son cœur, la part la plus personnelle de soi-même.

Aussi ministres et directeurs des Beaux-Arts ont-ils souvent fait un choix avant que la sous-commission commence sa promenade à travers les salles du Champ-de-Mars et des Champs-Élysées.

Ces choix personnels devraient être la règle et ils sont l'exception. Encore une fois le ministre et le directeur des Beaux-Arts sont seuls responsables du bon emploi de la somme qu'ils ont à dépenser et de l'enrichissement de nos musées. Il serait donc juste que, bons ou mauvais, les choix principaux, ceux qui ont vraiment une importance, fussent vraiment leur œuvre. De tout temps, ils ont pris sur eux de devancer, pour quelques achats, l'avis de leur sous-commission, d'arriver bons premiers, avant les amateurs. Il serait à souhaiter que cette façon de procéder d'exceptionnelle devînt générale, pour la dizaine de toiles ou de statues que, chaque année, il y a intérêt pour l'État à s'assurer. De la sorte, les choix seraient plus expressifs.

Car ils pourraient l'être davantage. Parmi les œuvres achetées cette année, il n'y en a aucune de médiocre, mais toutes celles qui ont une signification ou un mérite exceptionnel n'ont pas été achetées. Parmi celles qui portent la mention sacramentelle, je suis frappé de ce fait que les paysages dominent. Il y en avait déjà beaucoup les années précédentes. Certes, le paysage tient une grande place dans la peinture française et il produit des œuvres très sincères. Mais est-il toute la peinture? A-t-il, par comparaison, une importance qui justifie une part aussi large? Je croirais plutôt que la préférence dont il profite tient à sa nature moyenne. Je veux dire que, au contraire de la peinture historique ou de la peinture de genre, il ne met plus en jeu des questions d'esthétique ou de doctrine. Aussi tombe-t-on plus facilement d'accord sur le mérite d'un paysage que sur la valeur d'une allégorie, d'une scène d'histoire, d'un intérieur, d'un fait de la rue. Le paysage, c'est le portrait appliqué à la nature. Dans le paysage et le portrait, les qualités d'exécution suffisent: ce sont même les seules que l'on y puisse juger. Dans les autres genres, il faut en outre prendre parti sur des systèmes et des théories, c'est-à-dire des idées. Ici, le tempérament intellectuel reprend ses droits; les divergences, absentes devant le paysage, comme devant la nature morte, reparaissent et partagent les avis.

C'est pour cette raison peut-être que les choix de l'État, inspirés par une commission, se portent de préférence sur des paysages et laissent de côté des œuvres plus expressives. Je ne fais pas de la critique individuelle; surtout, je ne veux pas opposer, parmi les exposants, ceux qui sont achetés à ceux qui ne le sont pas. Mais il me semble que, cette année, comme les années précédentes, tout ce que l'art français a produit de plus caractéristique, de plus digne d'entrer dans nos musées, par la beauté réalisée, la valeur propre ou documentaire des œuvres, le témoignage qu'elles laisseront sur leurs auteurs ou leur temps, ne se trouve pas dans les achats de l'État.

Au temps où nous sommes, l'État n'a plus de doctrine exclusive et, pas plus qu'il n'enseigne une esthétique officielle, il ne forme ses musées en vue de servir une cause, de réunir ce qui la fortifie et d'écarter ce qui la combat. Il doit

être le spectateur impartial des luttes d'opinion qui se livrent autour de lui, n'être sensible
qu'au talent, le constater et l'aider partout où il
le rencontre[1]. Si l'administration des Beaux-Arts
avait toujours suivi cette règle, nous n'aurions
pas à regretter d'aussi fâcheuses lacunes dans
notre patrimoine artistique. Pendant cinquante
ans, en effet, l'État a écarté systématiquement
de ses achats tous les artistes qui restaient en
dehors de la formule officielle. De ce fait, les
toiles maîtresses de Dupré et de Millet, de Corot
et de Rousseau, de Courbet et de Manet, ne sont
pas entrées dans nos musées. Il a fallu depuis
les racheter à grands frais, lorsqu'elles parais-
saient dans les ventes, ou renoncer à les acquérir
lorsqu'elles étaient trop chères. Aussi, l'histoire de l'art français est-elle incomplète au
Louvre et au Luxembourg. Elle offre des lacunes
irréparables ou qui ne seront comblées que par
des bons vouloirs individuels, comme celui de
Mme Pommery, de Reims, qui a fait entrer

1. Pour plus de détail sur cette théorie, capitale en l'espèce,
et qui, admise ou rejetée, règle tous les rapports de l'État
avec l'Art, voir à l'Appendice deux fragments de discours où
je me suis efforcé de la préciser.

au Louvre les *Glaneuses* de Millet, le lendemain du jour où le ministre des Beaux-Arts
avait dû renoncer à mettre sur l'*Angelus* un prix
insensé, un prix de milliardaire américain. L'État
ne doit faire que des achats de père de famille.
Ils ne sont plus possibles lorsque la mode, la
concurrence internationale et les fantaisies individuelles se donnent carrière sur l'œuvre d'un
artiste mort. C'est du vivant des maîtres qu'il
faut acquérir leurs œuvres; elles sont encore
abordables et elles laissent du choix. Il ne faut
pas aussi que des exclusions arbitraires restrei-
gnent le domaine des achats, au profit d'une doctrine ou d'une école. Sinon, le temps, à qui nos
querelles de systèmes deviennent vite indifférentes, se charge de montrer l'inintelligence et
l'imprévoyance du procédé qui prétend le devancer et opérer *a priori* le départ que lui seul
peut accomplir.

Les exclusions systématiques ne sont plus à
craindre, l'État n'étant plus doctrinaire, ou
plutôt, ce qui serait à craindre, c'est qu'il devînt
doctrinaire à rebours, et qu'après avoir uniquement favorisé l'art autoritaire, il réservât ses

préférences à l'art insurgé. L'un et l'autre ont leur raison d'être; aucun des deux ne doit supprimer son rival. Parce que nous sommes désormais un peuple libre, il ne s'ensuit pas que tout ce qui est irrégulier ait un droit primordial à la faveur de l'État. Dans le présent, on ne saurait dire que l'État prenne parti. Cependant, si la balance penche d'un côté, ce n'est pas du côté de la tradition, qui est une part nécessaire de la production artistique. Les peintres à théories intransigeantes, ceux qui prétendent au génie sans orthographe et érigent des infirmités en esthétique, représentent une part de l'art français, mais non tout l'art. Ils rendent des services, pas toujours ceux qu'ils croient, mais ils ne sont pas seuls à en rendre. A côté de leurs tentatives, dont beaucoup sont des avortements, l'art français suit sa voie, déjà ancienne, et continue à réaliser les qualités essentielles du génie national par des œuvres viables.

Celles-ci doivent conserver leur large part dans les encouragements de l'État. Or, il me semble que quelques-unes sont restées en dehors et je crois que si l'initiative de la direction des Beaux-

Arts s'exerçait de manière plus spontanée, l'équilibre serait plus exactement maintenu entre le talent qui a fait ses preuves et celui qui les fait attendre.

Les premiers choix de l'État ainsi arrêtés d'office, commence une seconde catégorie d'achats. Quelques jours avant l'ouverture des Salons, la direction des Beaux-Arts publie un avis invitant les artistes qui désirent faire acheter leurs œuvres par l'État à déposer leur demande dans les bureaux du Palais-Royal. Les requêtes arrivent en foule. Elles sont lamentables d'intentions et de résultats.

Il ne s'agit plus ici pour l'État d'obtenir des artistes la préférence sur les particuliers, mais d'acheter ce dont les particuliers ne veulent pas. Ce sont les *minus habentes* sans espérance, les médiocrités besogneuses qui forment sa clientèle de solliciteurs annuels. Il est leur seul espoir et ils vont travailler de toutes leurs forces à être achetés par lui. Ils savent bien où iront leurs œuvres. Ils ne visent pas le Luxembourg; ils se résignent à l'exil dans les coins obscurs de la plus lointaine province. S'ils pouvaient

vendre, si la loi de l'offre et de la demande ne
s'exerçait pas contre eux, ils attendraient les
offres du client ou du marchand de tableaux,
mais l'expérience leur a trop bien appris que
ces offres ne viendront jamais. Ils portent donc
sur la direction des Beaux-Arts un effort déses-
péré. Il leur faut être achetés par elle ou n'être
achetés par personne.

Et comme, sous un régime parlementaire,
tout artiste, parisien ou provincial, a un pro-
tecteur d'office en la personne de son député ou
de son sénateur, ou de tous les deux, sénateurs
et députés commencent, avec leur dévouement
professionnel, le siège du ministère ou de la
direction, selon que, plus ou moins influents,
ils peuvent agir sur le maître suprême des
achats ou sur son principal collaborateur. Tandis
qu'ils exercent ainsi leur mandat électoral, les
amis du second degré travaillent les membres de
la sous-commission. Chacun de ceux-ci reçoit
nombre de sollicitations pour chaque demande.
Il n'y a que le baccalauréat pour déchaîner à
ce degré le fléau de la recommandation.

Demandes et recommandations bien et dûment

classées, le directeur des Beaux-Arts recommence ses visites aux Salons, toujours suivi de la sous-commission. Cette fois, il ne cherche plus à découvrir les œuvres méritantes; il s'arrête seulement devant celles qui sont l'objet d'une demande. Au total, la besogne est plus longue que pour la première visite, celle des achats d'office; pour chaque œuvre en particulier, elle est beaucoup plus courte. On ne discute plus guère; l'esthétique, les divergences du goût individuel, les oppositions de doctrines et d'écoles ne sont plus en jeu. Il ne s'agit pas de décider si une œuvre est bonne, mais si elle atteint l'honnête médiocrité qui permettra de l'acquérir sans gaspillage des deniers publics, de choisir le moins mauvais dans le pire, de classer ce qui, le plus souvent, ne mériterait aucun classement. De la sorte, une liste des achats possibles est dressée. Pour être acheté, il faut figurer sur cette liste. Encore n'est-ce pas indispensable, le ministre ou le directeur pouvant toujours ajouter ou retrancher aux choix de la commission. Et c'est à l'achat de ces pauvretés que l'État consacre la moitié ou les deux tiers de ses fonds.

De là, deux parts dans les achats de l'État, les achats d'office et les achats sur demande. Les premiers vont d'habitude au Luxembourg, sur la proposition d'un comité des musées nationaux, que préside le directeur de ces musées. Les seconds sont répartis entre les musées de province, les établissements publics, les préfectures, les mairies, etc. Tout ce qui devrait entrer au Luxembourg n'y entre pas; en revanche, presque tout ce qui y entre est digne d'y entrer. Mais les envois en province! On dit que les peuples n'ont que les gouvernements qu'ils méritent. De même, les départements obtiennent les tableaux dont ils sont dignes, sur la recommandation des députés qu'ils ont nommés. Par là, entre autres marques, se jugent leurs choix électoraux.

Pour atténuer dans la mesure du possible ce mal inévitable, les sollicitations des artistes appuyés par leurs députés, la sous-commission est une des plus utiles institutions qui fonctionnent à la direction des Beaux-Arts. Elle ne doit pas être la maîtresse des achats importants de l'État. Par le nombre de ses membres, elle

ne peut donner que des avis moyens. C'est le
directeur des Beaux-Arts qui doit prendre l'initiative des choix significatifs et qui, en fait, l'a
prise en plusieurs circonstances. Mais il a besoin
d'opposer une barrière au fléau des influences
parlementaires ou autres. La sous-commission
le lui permet. Grâce à elle s'est à peu près
établie cette règle que, pour être acheté après
l'ouverture du Salon, un artiste doit être l'objet
d'un vote favorable. Il n'est rien de plus salutaire.

Il y aurait un autre moyen pour défendre
l'État contre les villes désireuses de tableaux et
ces villes contre elles-mêmes. Ce moyen existe,
mais il n'est guère employé. Il consiste à faire
participer l'État pour moitié aux achats que
les musées municipaux désirent faire au Salon.
Il est rare qu'une demande de ce genre soit
rejetée par la direction des Beaux-Arts. Seulement, il n'y a pas assez de ces demandes. Les
villes veulent bien recevoir des tableaux, elles
ne veulent pas les payer. On compte les musées
municipaux qui font directement des achats au
Salon ; on compte surtout ceux qui sollicitent

des Beaux-Arts autre chose que des envois gratuits. Le jour où les villes consentiraient à
payer de la peinture ou de la sculpture, elles
s'inquiéteraient d'en avoir de meilleure. Il n'est
rien de tel que de donner son argent pour
apprendre à juger la valeur d'une marchandise.
Malheureusement un grand vice de notre
pays, c'est de considérer le budget national
comme le but de toutes les sollicitations d'intérêt privé. Il se passera longtemps encore avant
que les villes renoncent aux envois gratuits de
l'administration des Beaux-Arts et contribuent
de leurs deniers à l'enrichissement de leurs
musées.

L'État fait des commandes directes qui figurent aux Salons et il y envoie les œuvres des
pensionnaires de l'Académie de France à Rome.
Ses architectes exposent le plan de leurs édifices
et leurs restaurations. Il distribue un prix du
Salon et des bourses de voyage. C'est une autre
part de son action sur l'art contemporain. Je
l'apprécierai dans une prochaine lettre.

19 mai 1895.

II

LES COMMANDES ET LES ENCOURAGEMENTS
DE L'ÉTAT

Sur la critique d'art. — La décoration des édifices publics. — Construction et décoration. — Projets d'ensemble; le Panthéon. — Participation de l'État aux achats et aux commandes des villes. — Les manufactures nationales. -- Le prix du Salon et les bourses de voyage.

Ma première lettre m'a valu des lecteurs de ce journal des marques d'intérêt dont je les remercie avec d'autant plus d'empressement qu'elles me permettent de m'expliquer sur un point auquel j'attache quelque importance. « Eh quoi! — me disent plusieurs d'entre eux, par une rencontre significative — voilà sur le Salon tout un feuilleton, douze colonnes, où vous ne citez pas un seul nom propre! Le Salon, est-ce autre chose que l'ensemble des exposants, et quelle étrange méthode que de parler d'art sans parler des artistes? » Je ne sépare pas les artistes, chose concrète et vivante, de l'art, chose abstraite et conception idéale de l'esprit. Je ne suis pas assez platonicien pour admettre l'existence des idées pures et leur sacrifier la réalité. Je ne vois l'art qu'à travers les artistes; ce noble mot désigne simplement les idées générales que suscite en nous la vue des images particulières par lesquelles l'homme figure la nature et la vie.

Je parlerai donc des artistes, mais je demande la permission de ne pas en parler tout de suite et de ne pas les énumérer tous. Voici mes principales raisons.

On m'accordera bien que, s'il y a chaque année, au Salon, vingt œuvres marquantes, vingt manifestations d'art dignes d'être discutées en détail, c'est beaucoup. En dix ans, cela fait deux cents tableaux ou statues dignes de durer. J'accorde, de mon côté, qu'à chaque Salon une centaine d'œuvres méritent d'être au moins signalées, mais leur énumération n'est pas ce que je me propose dans ces lettres.

Pour décrire vingt œuvres et en mentionner
cent, avec la part d'éloges que méritent tant
d'invention, de talent et de travail, il me faudrait pratiquer un genre de critique dont je
ne conteste pas le mérite, qui compte des
noms célèbres et a laissé des pages brillantes,
mais pour lequel, je l'avoue, je ne me sens
ni goût ni aptitude. Diderot a été le créateur de
ce genre et en reste le modèle. Pendant longtemps, la critique d'art consistait surtout à
reprendre avec la plume l'œuvre du pinceau
ou du ciseau. Aux lecteurs qui ne pouvaient
pas voir une œuvre ou qui, devant la voir,
aimaient cependant à ce que l'impression leur
en fût préparée, des stylistes riches de mots
colorés offraient un choix de descriptions où
passaient l'éclat et le relief des objets décrits.
Ce genre avait ses Bossuet énergiques et impérieux, ses Fénelon délicats et insinuants. Il
compte, en notre siècle, de grands écrivains,
comme Théophile Gautier, des virtuoses étince-
lants, comme Paul de Saint-Victor. Ici même
Charles Blanc et Paul Mantz en ont donné de
parfaits modèles.

J'estime, cependant, qu'il n'y a pas lieu d'imiter ces maîtres. D'abord parce que toute imitation est stérile. Et puis, parce que le genre, très souvent, même chez les maîtres, me semble faux. Décrire d'après nature, sans autre but que de donner une impression semblable à celle que produirait la vue directe des objets, on sait où cela mène en littérature. L'absence d'idées, par la complète subordination de l'esprit à l'œil, est la conséquence de la description sans autre but qu'elle-même. Dans la critique d'art une idée ne peut être qu'une théorie ou un système. Et comme, en peinture et en sculpture, les qualités d'exécution priment tout, le critique théoricien ou systématique, qui veut aussi être descriptif, doit faire passer les intérêts de la cause qu'il défend avant ceux des artistes dont les œuvres ne servent pas son parti et ceux du lecteur, qui, dès qu'on se met à décrire, veut des énumérations complètes, moins pour être convaincu que pour être renseigné.

Il faudrait donc, pour remplir en conscience son rôle de descriptif, décrire impartialement tout ce qui porte une marque de talent, en mesurant le nombre de lignes à la quantité du talent attesté. Ce n'est guère possible. Cette année, deux jurys formés d'artistes, c'est-à-dire particulièrement compétents, ont admis au Salon près de sept mille œuvres. D'autre part, s'interdire de réfléchir devant un tableau, c'est bien dur pour qui fait profession de littérature, surtout lorsqu'on ne se sent pas les aptitudes d'un Théophile Gautier ou d'un Paul de Saint-Victor.

Il m'a semblé qu'à côté de ces deux systèmes il y en avait un autre, qui consisterait, puisque la critique d'art est un genre littéraire, à en tirer ce qu'elle renferme d'idées et, puisque, par le nombre des œuvres exposées, son champ annuel est immense, de choisir les plus générales, parmi ces idées nées des œuvres. Comme tout le monde, j'ai mes préférences, mais je m'efforce, en faisant de la critique, surtout de la critique d'art, de n'avoir pas de parti pris. J'entends par là que, devant une œuvre, je ne me demande pas si elle sert ou dessert mes goûts, mais, avant tout, si elle porte la marque du talent. Le rôle essentiel de la critique, surtout en art, me semble être de comprendre pour expliquer.

Dans l'infinité des œuvres, la quantité et la qualité du talent permettent déjà de procéder à une première sélection. Classer le résultat de ce premier choix serait encore une entreprise énorme. Il faut donc procéder par catégories et, dans chacune, prendre comme types les œuvres les plus caractéristiques. De la sorte, le nombre des œuvres à apprécier se réduit assez pour que le rôle du critique devienne possible. De ces œuvres, il peut dégager les tendances générales. Ainsi, l'élément intellectuel, raison d'être et but de tout genre littéraire, prend sa place dans la critique d'art.

Pour ma part, je me propose de chercher à travers le Salon de cette année les directions communes, exprimées par des œuvres individuelles. En France, l'État me semble avoir sur l'art une action assez forte pour que, en appréciant notre production annuelle, il faille d'abord déterminer son rôle. J'ai donc commencé par lui et je poursuis aujourd'hui cette étude.

L'État dispose annuellement d'une somme de 600 000 francs pour la « décoration des édi-

fices publics et des places publiques », et de
divers crédits accessoires, dont le total atteint
154 000 francs. Comme pour les achats au Salon,
cette grosse dépense répond tout juste à l'importance de son objet. Que l'on songe en effet à
ce qu'il y a de surfaces capables de recevoir une
décoration dans les édifices de tout genre affectés
aux services publics et sur les places de nos
grandes villes. Pour les couvrir, c'est peu que
les deux tiers d'un million. Si l'ancienne France
n'avait pas fait la plus grande partie de la besogne,
nos édifices et nos places seraient médiocrement
décorés.

Depuis vingt-cinq ans, nous avons beaucoup
bâti à Paris et en province. La plupart de ces
constructions sont affectées à l'enseignement,
qui, avec l'armée, a été le grand souci de la République. Beaucoup d'entre elles n'ont aucun caractère d'art; on a plutôt cherché à les aménager
de façon pratique et commode qu'à y satisfaire
le plaisir des yeux. Cependant, quelques-unes
font exception : ainsi, à Paris, la Sorbonne qui,
construite à frais communs par l'État et la Ville,
sous la direction unique de l'architecte, offre un

ensemble artistique des plus remarquables [1]. Ici,
le grand principe de décoration qui devrait être
une loi suprême et qui est si souvent méconnu,
la subordination du peintre et du sculpteur à
l'architecte, « maître de l'œuvre », a été res-
pecté. La nouvelle Sorbonne, une et variée, est
harmonieuse sans monotonie, alors que l'Hôtel
de Ville de Paris, auquel a travaillé, cependant,
l'élite de nos peintres et de nos sculpteurs, est,
au point de vue décoratif, un type d'incohérence, une bataille hurlante de formes et de couleurs. C'est que, à la Sorbonne, la direction des
Beaux-Arts a laissé faire M. Nénot, qui, responsable de son œuvre, a eu les moyens d'exercer
cette responsabilité. S'il était besoin d'un argument de plus à l'appui de cette thèse, la nécessité
d'une direction commune pour la construction
et la décoration, la nouvelle Sorbonne et l'Hôtel
de Ville le fourniraient, en montrant, l'un les

1. Voir H. NÉNOT, *la Nouvelle Sorbonne*, 1895. — L'exemple
de ces grandes constructions, réalisant une pensée unique,
a été donné par M. CHARLES GARNIER, avec son nouvel Opéra,
dans un temps où la liberté de l'architecte était beaucoup plus
entravée qu'aujourd'hui. Voir, pour la conduite de l'édifice,
l'ouvrage publié par l'architecte, le *Nouvel Opéra de Paris*,
1877-1880.

inconvénients de la diversité, l'autre les avantages de l'unité.

Aujourd'hui, cette thèse l'emporte par le rattachement des Bâtiments civils aux Beaux-Arts. Il faut espérer que la direction des Beaux-Arts en profitera pour appliquer exactement, à l'avenir, un principe qui, dans le passé, a grandement servi l'art français et dont la méconnaissance a pesé lourdement sur l'art décoratif de notre siècle.

Dans un édifice neuf, il est relativement facile d'appliquer la loi d'unité. Cela devient autrement malaisé lorsqu'il s'agit de reprendre la décoration d'un édifice ancien. Il faut alors subordonner l'art du temps présent à celui d'autrefois, et, comme chaque génération d'artistes, si respectueuse et si intelligente du passé qu'on la suppose, a sa manière propre de voir et de représenter, on court le risque, en reprenant une décoration interrompue, de compromettre d'un seul coup le passé et le présent. Une époque ne devrait laisser jamais à celle qui la suivra le soin de terminer un édifice. Malheureusement, il faut compter avec les accidents de l'histoire, surtout

dans notre pays. C'est ce qui est arrivé pour le
Panthéon.

L'ancien régime a légué à la France contemporaine l'édifice de Soufflot tout nu dans la
majesté froide de ses murs. Cet édifice, de situation unique, est très beau de lignes ; on ne
pouvait laisser un tel vaisseau sans destination
et sans ornements. De destination, il n'a pas
chômé, comme on sait, avant de devenir ce qu'il
est aujourd'hui, une nécropole de grands hommes, un Westminster français, le temple de la
reconnaissance nationale. Par suite, les projets
de décoration ont abondé. Il n'y en a pas moins
d'une dizaine, dont l'un a reçu un commencement d'exécution, un second a été poussé assez
loin et un troisième se poursuit actuellement [1].
Au premier, nous devons le fronton de David
d'Angers, au second l'ensemble de peintures
dont une part a consacré la réputation de M. Puvis
de Chavannes. Le troisième, qui doit com-

---

1. Voir Ph. DE CHENNEVIÈRES, *les Décorations du Panthéon*,
1885, et mes deux *Rapports au ministre de l'Instruction publique
et des Beaux-Arts sur la décoration sculpturale du Panthéon*,
1889-90. On trouvera ceux-ci dans l'appendice du présent
ouvrage.

prendre un vaste ensemble de sculptures, n'a produit encore que des maquettes. Il serait temps de pousser cette décoration, qui importe à l'art français et à l'honneur de la République. Nulle part il n'y a de monument plus digne de recevoir un musée d'histoire patriotique. Sur les murs du Panthéon, nos peintres ont raconté l'histoire religieuse de l'ancienne France. Il faut que nos sculpteurs y racontent l'histoire laïque de la France moderne. Je souhaite que M. Rodin, chargé du monument de Victor Hugo, et M. Injalbert, à qui Mirabeau est échu, donnent l'exemple à leurs confrères. Cette année, ces deux artistes, si différents et dont la concurrence mettrait aux prises deux écoles et deux conceptions de l'art, n'exposent au Salon que des bustes. Ce n'est pas assez. Leurs projets sont acceptés. En les exécutant, ils encourageraient la direction des Beaux-Arts à pousser l'entreprise ; ils intéressaient le public à ce Panthéon dont il ne s'occupe guère que le jour où des funérailles nationales y sont célébrées.

Avec sa décoration incomplète, le Panthéon est un de nos rares édifices publics où se poursuive l'exécution d'un projet d'ensemble. Il serait bon que cette pratique devînt générale et qu'au lieu d'éparpiller ses ressources la direction des Beaux-Arts les concentrât. Elle pourrait, comme pour les achats au Salon, faire de bonne besogne en s'associant aux villes et servir l'intérêt de l'art en les guidant dans leurs entreprises et leurs choix. Ce serait même plus facile. Telle ville qui résiste, lorsqu'on lui propose de payer pour son musée la moitié d'un tableau ou d'une statue, s'impose volontiers de gros sacrifices pour un hôtel de ville, une préfecture, un théâtre, une université. C'est ce qu'ont fait Lyon, Bordeaux, Montpellier, Tours, etc.; c'est ce que fait Toulouse. La grande toile exposée cette année par M. Jean-Paul Laurens, la *Muraille*, est destinée à la décoration du Capitole toulousain. Elle fait partie d'un grand ensemble, dont nous avons déjà vu quelques parties. Si l'inconvénient que je signalais tout à l'heure pour l'Hôtel de Ville de Paris risque de se reproduire pour celui de Toulouse — car l'incohérence municipale, compromettant l'unité de l'art, est un fléau qui sévit aux bords de la

Garonne avec plus d'intensité encore qu'aux
bords de la Seine — un tel mal est atténué par
des œuvres comme celle de M. J.-P. Laurens.
Elle est digne du passé et du présent; le réalisme
y prête son énergie aux souvenirs de l'histoire
et aux rêves de la légende. Je crois que l'État
et la ville de Toulouse contribuent pour moitié
à la dépense. C'est un bon exemple pour d'autres
villes de France et un procédé que la direction
des Beaux-Arts n'appliquera jamais trop, pourvu
qu'elle se réserve une large part de conseil et
de surveillance. L'ombrageux particularisme des
conseils municipaux ne se prête pas aisément à
cette tutelle, mais celui qui paye a toujours un
moyen de se faire écouter et, comme on dit, de
voir comment il donne son argent.

Depuis 1870, nous avons érigé beaucoup de
statues. La France cherchait une consolation
dans le souvenir des actes d'héroïsme qui avaient
ennobli la défaite et sauvé l'honneur. Nous met-
tions une obstination touchante à constater que,
vaincus, nous n'étions ni abaissés, ni résignés.
De là, le *Gloria victis* de M. Antonin Mercié, le
premier monument de notre consolation par l'art,

et son *Quand même!* De là, tous ces monuments,
dont chaque département a voulu avoir le sien.
En même temps, l'affermissement de la République ravivait les souvenirs de la liberté. Enfin,
à mesure que mouraient les grands hommes de la
démocratie, la reconnaissance nationale les cou-
lait en bronze ou les taillait en marbre, grands,
moyens et petits. Il y a eu rivalité et surenchère
de province à province, de ville à ville, de parti
à parti.

On a raillé cette *statuomanie*, parce qu'on
raille tout en France, et aussi parce que, souvent, elle allait dans l'excès. Parmi tant d'images,
quelques-unes sont sublimes, un trop grand
nombre sont grotesques. Dans l'ensemble, elles
ont rendu de grands services à la sculpture française, en lui permettant de s'attaquer à l'histoire
moderne ou contemporaine, d'aller jusqu'au
bout du réalisme, de représenter bravement le
costume moderne, toutes choses dont la convention académique et le goût de l'antique l'éloignaient depuis cinquante ans. Il ne faut pas trop
médire d'un mouvement d'opinion et d'art auquel
nous devons la *Jeunesse* de Chapu, le *Lamori-*

cière de Paul Dubois, la *Défense de Paris* de
Barrias, le *Gambetta* de Falguière, le *Jeu de
paume* de Dalou, etc. Cette année, nous avons le
La Rochejaquelein de Falguière. A un siècle de
distance, le héros vendéen n'appartient plus qu'à
la France et jamais plus noble hommage ne fut
plus digne de son objet. Jeunesse, beauté,
héroïsme, les Grecs auraient trouvé l'idéal de
leur race dans cette figure. L'artiste y a mis
ce qu'ils aimaient et aussi ce qu'ils ne connais-
saient pas : l'eurythmie de l'âme et du corps,
la grâce fière, la force élégante, le sacrifice sou-
riant de la vie à une idée, avec l'aisance dédai-
gneuse du gentilhomme et le rayon chrétien sur
une physionomie de soldat.

Aux mêmes sentiments : patriotisme, foi,
amour de la liberté, appartiennent les deux
Jeanne d'Arc, celle de M. Paul Dubois et celle
de M. Mercié, la première légendaire et vraie,
pratique et mystique, sur sa monture où l'art de
représenter le cheval dépasse les plus parfaits
modèles, la seconde un peu sacrifiée à l'une de
ces allégories triomphantes où excelle M. Mercié,
mais cette allégorie représente la France, et,

vraiment, se tenir à la hauteur d'un pareil sujet,
cela suffit pour l'honneur de l'artiste et le mérite
de l'œuvre.

Il est rare que chaque Salon n'offre pas ainsi
deux ou trois belles figures provoquées par la
statuaire patriotique. Elles compensent tout le
reste; elles font pardonner au genre nombre de
politiciens, emphatiques et plats, oubliés et
encombrants, dont l'histoire dure trop ou
pas assez, nombre de *Triomphes de la République* sans grandeur et de *Résistances* sans
énergie.

Pour la plupart de ces œuvres, même les
moins bonnes, la direction des Beaux-Arts a
contribué de ses deniers. On pense bien que la
députation du département intéressé a fait son
devoir, en obtenant du budget le plus possible,
au moins le dixième de la dépense totale, assez
souvent le cinquième, parfois la moitié. La
médiocrité, la laideur, la platitude d'un grand
nombre de ces monuments seraient pour les
Beaux-Arts une fâcheuse responsabilité, si, par
la manière dont ils ont dû procéder en pareil
cas, il ne leur avait été impossible de donner

autre chose que de l'argent. Presque toujours, en effet, ils se trouvent en présence du fait accompli. Un conseil général ou municipal, un comité local ont arrêté le projet sans les consulter. Lorsque leurs délégués arrivent au Palais-Royal, ce n'est pas pour demander des conseils, mais pour obtenir une subvention. Ces solliciteurs appartiennent à l'espèce impérieuse. Les Beaux-Arts envoient un inspecteur, qui demande des retouches, mais on ne corrige guère une œuvre mal venue. L'administration paye, en faisant ses réserves, mais elle paye.

Ne pourrait-elle établir cette règle que l'État n'accordera son concours pécuniaire qu'aux monuments dont il aura pu suivre l'exécution de l'origine à la fin, dont le plan lui aura été soumis et dont l'auteur aura été agréé par lui? Les comités trouveraient tout avantage à cette façon de procéder. L'État a des moyens d'information et une connaissance des artistes qui manquent aux comités ; il peut obtenir de l'industrie des conditions moins onéreuses. Ses conseils sont désintéressés ; ils ne peuvent être inspirés que par l'intérêt de l'œuvre.

Malheureusement, outre l'esprit d'indépendance jalouse qui anime d'ordinaire les comités, il faut compter ici avec les intérêts de personnes. Ce n'est pas toujours le seul désir d'honorer une gloire locale qui a provoqué l'entreprise. Chaque département a son artiste, qui veut trouver un emploi à ses talents, et l'artiste a des protecteurs. Souvent, si les Beaux-Arts proposaient un autre nom que celui auquel le comité s'est arrêté, le projet n'aurait pas de suite. Le remède à ce mal n'est pas facile à trouver. Il faudrait ici une réforme de nos mœurs électorales et parlementaires, qui permît de défendre l'intérêt général contre les intérêts privés. Cette défense est le rôle de toute administration publique, surtout en matière d'art, car une mauvaise œuvre d'art s'impose aux regards de tous, gâte le goût public et dessert le talent au profit de la médiocrité.

J'ai dit que l'État n'était pas seulement acheteur d'œuvres exposées et ne se contentait pas de commander celles dont il a besoin. Il en produit, lui aussi, par ses manufactures nationales. Aux Gobelins et à Beauvais il fabrique des tapisseries, et à Sèvres des porcelaines. De ce chef il dépense 624 450 francs pour Sèvres, 231 520 francs pour les Gobelins, 116 350 francs pour Beauvais, au total 972 320 francs, près d'un million, c'est-à-dire à peu près autant que pour ses achats et ses commandes.

Il y aurait beaucoup à dire sur l'utilité présente de nos manufactures nationales [1]. Si elles n'existaient pas, il ne faudrait pas les créer. Elles ont eu leur raison d'être et elles ne l'ont

---

1. Voir, au point de vue historique, H. Jouin, *Charles Lebrun et les arts sous Louis XIV*, 1889; H. Havard et M. Vachon, *les Manufactures nationales*, 1889; E. Gerspach, *la Manufacture nationale des Gobelins*, 1892; Ch. Lauth, *la Manufacture nationale de Sèvres*, 1889. Ces divers ouvrages sont surtout historiques et approuvent ou même admirent. Pour la discussion du principe et de ses résultats présents, voir les rapports sur le budget des Beaux-Arts, de 1871 à l'époque présente, et ceux qui ont été faits sur les produits des manufactures, à la suite des expositions universelles de 1878 et de 1889. On formerait une petite bibliothèque avec les brochures de polémique dirigées contre la manufacture de Sèvres, car elle est en concurrence avec l'industrie privée. Les Gobelins sont moins sévèrement traités, pour la raison contraire, quoique ils aient donné matière à d'assez nombreuses discussions d'esthétique ou de technique; Beauvais n'a pas d'ennemis. Sèvres a été réorganisée, de 1891 à 1893, par une série de mesures dont les résultats ne peuvent encore être appréciés. En principe, il s'agissait de mettre plus d'unité dans les services et de développer le caractère d'enseignement. Voir, à ce sujet, la publication officielle de la direction des Beaux-Arts, *Manufacture nationale de Sèvres, nouvelle organisation*, 1893.

plus. Sous l'ancien régime, pour décorer ses
palais d'une manière digne de lui, le roi faisait
fabriquer par des ouvriers à lui non seulement des tentures et des vases, mais tout son
mobilier. Il suppléait ainsi à l'insuffisance de
l'industrie privée et il la stimulait par l'exemple.
Colbert, fondateur des manufactures royales,
appliquait par elles son protectionnisme industriel et commercial. Il poursuivait le but dont
Boileau lui faisait honneur :

> Et nos voisins frustrés de ces tributs serviles
> Que payait à leur art le luxe de nos villes.

Après la royauté, les manufactures d'État
n'avaient plus leur raison d'être. Cependant, la
Révolution les a conservées, sans trop savoir
pourquoi, Napoléon Ier parce qu'il trouvait beaucoup de bon dans les institutions de l'ancien
régime et qu'il voulait avoir son luxe, à lui,
comme Louis XIV, la Restauration et le gouvernement de juillet parce qu'ils étaient des monarchies, la troisième République parce qu'elle avait
d'autres préoccupations. Je ne propose pas de
les supprimer : nous avons assez de ruines. De

plus, je ne trouve pas que Sèvres, les Gobelins
et Beauvais fassent du mauvais art. Nombre des
critiques qu'on leur adresse me semblent parfaitement injustes. Mais la logique et l'évidence
m'obligent à constater cette anomalie que, de
tout ce que la royauté fabriquait jadis de nécessaire à l'ameublement et à l'ornement de ses
palais, la République ne continue à produire que
ce dont elle n'a plus besoin et ce qui n'est plus
qu'accessoire dans l'art décoratif. Les palais
nationaux sont tendus de tapisseries superbes
et il y en a des centaines, empilées au garde-
meuble, que l'on ne sait plus où accrocher. Les
porcelaines d'art encombrent les cheminées et
les consoles dans tous les ministères. Comme
service d'État, le seul vraiment que rende
Sèvres, c'est de fabriquer des coupes électorales
pour sociétés de tir et de gymnastique.

Néanmoins, Sèvres, les Gobelins et Beauvais
continuent à produire pour un million par an.
De cette production coûteuse le public n'est
guère mis à même d'apprécier les résultats. De
loin en loin, les porcelaines et les tapisseries de
l'État paraissent aux expositions internationales.

4

Elles y font bonne figure, mais, à Paris ou à
l'étranger, on ne les voit pas assez. Sous un
régime d'opinion et de contrôle comme le nôtre,
il serait bon que le public fût mis à même d'apprécier le fort et le faible de cette production,
d'examiner s'il en a pour son argent, de savoir
et de discuter, d'être le souverain juge, en ceci
comme en tout. Il y a eu jadis des expositions
annuelles et publiques des produits des manufactures. A cette époque, cependant, l'art décoratif
n'était pas admis au Salon et excitait beaucoup
moins d'intérêt qu'aujourd'hui. Les Champs-
Élysées et le Champ-de-Mars ont chacun leur
section d'art décoratif. Pourquoi les manufactures nationales n'y prennent-elles pas leur place?
Elles montreraient ainsi qu'elles ne redoutent
pas la critique éclairée; elles en profiteraient
parce qu'elles ne sont pas parfaites; elles feraient
taire nombre de reproches exagérés ou injustes.
Chez nous, l'État est volontiers exposant; il
saisit toutes les occasions de mettre devant les
yeux du public le détail de ses organismes. Il
ouvre des expositions forestières, minières, agri-
coles, pénitentiaires même. Puisqu'il y a une

exposition d'art annuelle et qu'il produit des œuvres d'art, il devrait les exposer.

Le prix de Rome, décerné par l'Académie des Beaux-Arts, au nom de l'État, est une de nos plus vieilles institutions d'art. Il s'obtient à la suite de longues épreuves, par une sélection attentive. En 1874, il parut à l'un des directeurs des Beaux-Arts qui, au milieu des plus grosses difficultés, ont le plus fait pour l'amélioration du service, M. de Chennevières [1], qu'il y avait lieu d'instituer une récompense d'État moins chargée d'épreuves et plus accessible. En conséquence, il fit décider qu'un prix, dit *prix du Salon*, serait décerné chaque année à l'artiste français, peintre, sculpteur, graveur ou architecte, âgé de moins de trente-deux ans, qui paraîtrait, par la qualité de son œuvre exposée, le plus propre à profiter d'un séjour de deux années à l'étranger. Il était alloué à cet artiste une somme de 5 000 francs pour chacune de ces années. En même temps, huit bourses de voyage, d'une valeur de 4 000 francs chacune,

1. Voir ci-après, deuxième partie, I.

étaient décernées aux exposants français, à charge par eux de soumettre leur itinéraire au ministre des Beaux-Arts et de lui adresser tous les trois mois une relation de leur voyage.

Ces deux mesures étaient excellentes. Le prix de Rome a pour but de maintenir l'art français en contact avec ses origines, l'art antique et italien. Le prix du Salon et les bourses de voyage étaient destinés à étendre le cercle des études artistiques et à mettre les jeunes artistes en rapport plus direct avec l'art européen. Il est salutaire de mesurer ses forces par l'étude des maîtres d'Italie; il ne l'est pas moins d'étudier sur place ceux d'Espagne, des Flandres et d'Allemagne. Dans la pensée de leur fondateur, le prix du Salon et les bourses de voyage ne devaient s'opposer en rien au prix de Rome. Chacune de ces institutions avait son objet distinct. On peut regretter que, par un fâcheux esprit d'antagonisme, le prix du Salon ait été récemment débaptisé et qualifié *prix de Paris*. Vous sentez la finesse. Ainsi, le prix de Rome représenterait l'imitation italienne et le prix de Paris l'originalité française. En fait, les deux prix sont décernés à Paris, à des Français, et si au mot *Rome* on veut opposer un autre mot, le vrai titre du *prix du Salon* serait *prix de l'Étranger*. Le prix de Rome a conservé toute sa valeur et le prix du Salon a vite conquis la sienne. Ils ont tous deux leur raison d'être; ils se complètent l'un par l'autre; à quoi bon les en concurrence?

Depuis vingt ans, le prix du Salon et les bourses de voyage ont produit les meilleurs résultats. Parmi leurs titulaires, plusieurs sont déjà des maîtres, tous ont dû à la facilité d'études qui leur était donnée un talent plus ouvert et formé par la comparaison. Dans le merveilleux renouvellement de l'art français qui s'est opéré en ce siècle et qui se poursuit sous une anarchie apparente, l'étude plus complète et plus large de l'art étranger compte pour beaucoup. Le prix du Salon a grandement facilité cette étude.

L'arrêté par lequel le prix du Salon était institué portait que les travaux exécutés par le titulaire feraient l'objet d'une exposition spéciale. Cette prescription n'a pas été observée, et c'est regrettable. En ceci, comme pour toutes les

mesures d'État, il est bon que le public soit mis
à même de se faire une opinion. A cette exposition des travaux dus au prix du Salon, il convien-
drait, naturellement, de joindre ceux des bourses
de voyage. Un inspecteur des Beaux-Arts,
M. Armand Dayot, avait pris, il y a quelques
années, l'initiative d'organiser une exposition
de ce genre dans une salle particulière. Le
ministère ferait bien de reprendre le projet à
son compte.

Prix du Salon et bourses de voyage sont le
résultat d'un vote imposant. Ils sont décernés
par le Conseil supérieur des Beaux-Arts, qui ne
compte pas moins de cinquante-huit membres,
parmi lesquels beaucoup d'hommes distingués et
quelques noms illustres. Cette brillante assemblée n'est guère convoquée qu'une fois par an
et à seule fin de décerner les récompenses en
question. C'est lui attribuer une tâche trop
modeste, et, puisque ce grand corps existe, on
pourrait lui demander davantage. Institué en
1875, le Conseil supérieur des Beaux-Arts devait
être, dans la pensée de son fondateur, le véritable comité consultatif de l'administration des

Beaux-Arts et remplir, au Palais-Royal, le rôle que le Conseil supérieur de l'Instruction publique remplit rue de Grenelle. Consulté à plusieurs reprises, au début et en 1891, sur des mesures importantes, il a donné les meilleurs avis. S'il était réuni à époques fixes, avec des attributions nettement définies, il pourrait atténuer par une action d'ensemble les inconvénients de la *polysynodie* [1].

Ces inconvénients se retrouvent dans d'autres branches du service. J'aurai, dans une prochaine lettre, à en signaler un exemple particulièrement topique.

1. Voir ci-après, deuxième partie, IV.

26 mai 1895.

III

L'ARCHITECTURE [1]

L'architecture aux Champs-Élysées et au Champ-de-Mars. —
Les écoles rivales; l'antiquité et le moyen âge. — Le service des monuments historiques; Viollet-le-Duc; les restaurations; excès à éviter. — Fusion des écoles; l'architecture du siècle.

Au Salon des Champs-Élysées, au bout, tout
au bout de la longue et double enfilade où s'ali-
gnent les tableaux, sous un vitrage surchauffé,
l'architecture occupe trois salles, les plus petites

1. Dans les trois lettres qui vont suivre, sur l'architecture,
la peinture et la sculpture, je traite autant de l'art français
depuis la Révolution que de son état présent, car celui-ci
s'explique par l'histoire de cet art depuis un siècle. L'exposition centennale de 1889 a mis devant nos yeux l'ensemble de
son développement et nous a donné de la sorte une leçon des
plus instructives. Outre les catalogues officiels, voir surtout,
parmi les nombreuses publications provoquées par cette

du palais, et son trop-plein reflue sur les parois
de la galerie qui domine le jardin. Cette section
n'est pas un lieu de plaisance. Sauf les exposants
et les professionnels, il y a peu de visiteurs et
qui ne s'y arrêtent guère. Ces larges feuilles de
lavis, ces rares et sèches aquarelles, où, semble-
t-il, il y a plus de géométrie que d'art, n'attirent
ni la foule ni même les dilettantes. L'installation achève de les éloigner. On arrive dans ce
réduit lointain les yeux brouillés par le barîo-
lage des tableaux, l'esprit surmené par la diversité des sujets, les pieds meurtris par l'intermi-
nable promenade. On ne tient guère à compléter
ces sensations par un bain de vapeur. En bas,
la fraîcheur relative du jardin et la verdure reposante invitent à descendre. La plupart des visiteurs quittent donc l'architecture sans l'avoir

exposition centennale, A. PICARD, *Exposition universelle inter-*
nationale de 1889 à Paris, Rapport général, t. IV, 1891; *Rap-*
ports du jury international, Groupe I, 1890; le recueil des
études insérées au *Journal officiel* et réunies en volume sous
le titre : *Exposition universelle de 1889, les expositions de*
l'État; *l'Art français*, publication officielle de la commission
des *Beaux-Arts*, sous la direction de ANTONIN PROUST; *les*
Beaux-Arts et les arts décoratifs, l'art français rétrospectif
au Trocadéro, ouvrage publié sous la direction de L. GONSE
et A. DE LOSTALOT.

vue. La reine de l'art ne mérite pas ce dédain,
mais il est excusable. L'art doit être, avant tout,
une chose agréable et il n'y a ici aucun agrément.

Je sais bien que cette austérité résulte, en
grande partie, de la nature même des choses.
Dans une exposition, l'architecte a cet immense
désavantage sur le peintre et le sculpteur, qu'il
ne présente pas des œuvres vivantes et complètes, mais simplement leurs plans, c'est-à-dire
leurs squelettes. Un édifice ne s'expose pas en
lieu clos ; il lui faut la rue ou la place publique.
Je crois, cependant, que l'on pourrait varier
l'aspect de l'architecture et améliorer son installation. D'abord par un choix de salles moins hostile. Cela regarde les organisateurs du Salon.
Puis, ce qui serait l'affaire des artistes eux-
mêmes, par un emploi moins restreint de
l'aquarelle, du dessin et même de la photogra-
phie ; surtout en constituant quelques ensembles
et en combinant avec l'exposition d'architecture celle de l'art décoratif, qui devrait en être
le complément naturel.

A ce double point de vue, le Champ-de-Mars,

qui, dès l'origine, a donné l'exemple d'installations plus agréables et piqué d'émulation les Champs-Élysées, offre une supériorité incontestable. Les deux salles qu'il réserve à l'architecture sont un modèle d'arrangement et de goût. Il n'y a pas que des châssis uniformément étagés sur les murs. Les plans et les vues alternent avec des objets servant à l'ornement de l'habitation, des projets de tentures et de tapis; des meubles sont disposés le long des murs, en rapport avec les architectures voisines. Même plusieurs artistes ont eu l'idée de combiner des ensembles complets. Ainsi, M. Benouville, qui présente une *Salle de billard*, avec son système de construction, sa menuiserie et ses meubles, des vitraux, une décoration de vases, un lustre; ainsi MM. Guimard, Muller et Guérin, avec leur *Décoration d'une antichambre dans une habitation parisienne*; ainsi M. Georges Morren, avec une *Salle de bain*. C'est moins noble et moins sérieux que les grands châssis; c'est autrement agréable à regarder. Somme toute, l'architecture vraie, celle qui construit des édifices, n'y perd pas; les grands châssis conservent leur intérêt pour les

professionnels, qui seuls peuvent les apprécier
à leur valeur. Le public, lui, de ces aménagements ingénieux, emporte des leçons dont profite l'architecture elle-même, car elles provoquent un intérêt plus vif pour un art dont il
s'est longtemps désintéressé.

Il y a aux Champs-Élysées tous les éléments
nécessaires pour faire aussi bien, mieux même,
car ces éléments y sont plus nombreux. La section d'architecture attirera le public, là comme au
Champ-de-Mars, lorsqu'il y trouvera du plaisir.
Il n'y vient pas tant que cette exposition se présente à lui sous forme de plans qu'il faut lire
comme des cartes. Il les fréquentera volontiers
lorsqu'il y trouvera la reproduction artistique
de ses demeures. Et il a tant besoin que son
éducation soit faite par des modèles de ce genre !

Au premier aspect, le visiteur le moins familier
avec les questions techniques constate que deux
écoles nettement opposées se partagent l'architecture contemporaine. L'une est d'origine classique et continue les types reçus de l'antiquité ;
l'autre se rattache au moyen âge et s'efforce de
le remettre en honneur. Ces deux écoles se

nient mutuellement et se combattent. L'une défend sa suprématie, l'autre veut conquérir sa place. La première affecte le dédain tranquille des orthodoxies pour les schismes; la seconde nourrit la colère agressive des « réformés » contre la foi dominante. C'est l'État qui a provoqué cette scission dans l'architecture française, longtemps unie. Aujourd'hui, avec l'éclectisme qui devient de plus en plus sa règle en matière d'art, il travaille à une conciliation, en s'efforçant, dans son enseignement, comme dans ses constructions, de faire à chaque parti la place qui lui revient.

La scission date, exactement, de 1830. Jusqu'à cette époque, il n'y avait en France qu'une école d'architecture, l'architecture classique, qui remontait jusqu'à la Renaissance, par une suite ininterrompue . Depuis le xvi° siècle , l'art antique s'était imposé à nos constructeurs, en se substituant de plus en plus à la vieille tradition française, celle du moyen âge. D'emprunts et de prêts mutuels, mais dominés par la conception classique, était résultée cette école charmante qui mêlait, à Blois, à Chambord et à Chaumont,

le plan du château féodal et du logis français
avec celui du palais italien, qui dégageait toute
son originalité à Chenonceaux et à Azay-le-
Rideau, tandis qu'à Fontainebleau elle subissait complètement l'influence italienne et main-
tenait à Saint-Germain la part du goût français.
Après la transition de l'époque Louis XIII [1], la
tradition française s'interrompait décidément, et,
avec Louis XIV, l'antiquité, vue à travers Rome,
l'emportait. Le temps de Louis XV avait beau
multiplier ses courbes et ses caprices sur les
lignes droites et l'ordonnance classique de l'architecture léguée par le siècle précédent, celle-ci
persistait sous cette surcharge et, avec la réaction de simplicité que marque le règne de
Louis XVI, l'influence purement classique s'ac-
centuait encore. La Révolution et l'Empire, pas-
sionnés d'antiquité, n'étaient pas pour dévier
ce mouvement. La Révolution de 1830 trouvait
donc l'architecture classique, celle de Gabriel et
de Soufflot, de Percier et de Fontaine, non seulement dominante, mais unique [2].

1. Voir, sur cette période trop peu connue, H. LEMONNIER,
l'Art français au temps de Richelieu et de Mazarin, 1893.
2. Voir, comme tableau d'ensemble de l'architecture fran-

Ce règne exclusif allait cesser. Pour les mêmes causes qui, du xv° siècle au xvi°, l'avaient dépossédée, l'architecture du moyen âge allait reconquérir une part du domaine perdu. La littérature, s'éprenant de passion pour l'antiquité retrouvée, avait jadis entraîné l'art à sa suite. Cette fois, la littérature, remontant au moyen âge par le romantisme, allait faire bénéficier le vieil art français de sa victoire sur l'imitation classique. A mesure que la poésie, le théâtre et le roman ressuscitaient l'esprit du temps passé, les écrivains et le public s'éprenaient des édifices où cet esprit avait laissé sa marque. Ils admiraient ces églises et ces châteaux, dédaignés et maltraités par deux siècles de culture classique. L'ancien régime les avait mutilés ou laissés

çaise, ANTHYME SAINT-PAUL, *Histoire monumentale de la France*, 1883, et, pour le détail des questions, le *Cours d'antiquités monumentales*, 1830, et l'*Abécédaire d'archéologie*, 1840 et suiv., d'ARCISSE DE CAUMONT, initiateur dans cet ordre d'études et chef d'une école archéologique dont les travaux ont grandement secondé ceux de la commission des monuments historiques. En ce moment, se poursuit, sous la direction de M. HENRY HAVARD et avec la collaboration d'écrivains spéciaux, une publication : *la France artistique et monumentale*, où sont décrits en détail les principaux de nos monuments historiques. Quant aux études particulières sur les divers monuments, elles sont très nombreuses et quelques-unes sont de grande valeur.

tomber en ruine; la France nouvelle songeait à
les restaurer. Pour la première fois, en 1830, le
budget affectait une allocation de 80 000 francs
à « l'entretien des monuments historiques ». De
cette mesure allait sortir, en peu d'années, tout
un service public éminemment utile, et naître
une lutte, d'abord sourde, bientôt ouverte, forcément salutaire, entre deux écoles d'architecture, la vieille école classique, souveraine pour
longtemps encore à l'École des Beaux-Arts, à
l'Institut et à la direction des Bâtiments civils,
et l'école du moyen âge, installée et grandis-
sante à la direction des Beaux-Arts et à la direction des Cultes[1].

La conservation des monuments historiques,
régie par la loi du 30 mars 1887 — loi tardive
dont la préparation fut laborieuse et longue — et
le décret du 3 janvier 1891, occupe aujour-

1. Voir, sur le service des monuments historiques, les publications suivantes de l'administration des Beaux-Arts : *Note,
circulaires et rapports sur le service de la conservation des
monuments historiques*, 1862; *Circulaires ministérielles relatives
à la conservation des monuments historiques, liste des monuments classés, archives de la commission*, 1875; *Loi et décret
relatifs à la conservation des monuments historiques, liste des
monuments classés*, 1889. Voir aussi, pour le régime légal du
service, E. PARISET, *les Monuments historiques*, 1891.

d'hui, à la direction des Beaux-Arts, un bureau
spécial et une commission de trente-quatre
membres; ce service dispose d'un budget de
1 300 000 francs [1]. A l'origine, il tenait tout
entier dans un seul homme, Vitet, qui en est le
vrai créateur. Personne n'appliqua jamais plus
d'initiative, de science, de dévouement et de
mesure à une tâche plus malaisée. Il fallait
dresser la liste des monuments, les visiter,
parer au plus pressé, trouver des architectes
capables d'exécuter les travaux nécessaires.
Vitet suffit à cette entreprise énorme [2]. Il eut
bientôt un auxiliaire de valeur égale à la sienne
en Mérimée, à qui le vieil art français doit
autant que la littérature contemporaine : c'est
beaucoup dire, mais ce n'est pas trop [3]. En 1837,

1. Le chiffre le plus élevé qu'ait atteint ce budget a été de
1 575 000 francs, en 1882.
2. Voir son *Rapport au ministre de l'Intérieur sur les
monuments, les bibliothèques, les archives et les musées des
départements de l'Oise, de l'Aisne, de la Marne, du Nord et
du Pas-de-Calais*, 1831; ce rapport est un chef-d'œuvre en
son genre et comme la première charte du service: voir aussi
ses *Études sur l'histoire de l'art*, 1864, parmi lesquelles une
importante *Monographie de Notre-Dame de Noyon*, et le
Louvre, 1852.
3. Mérimée a beaucoup écrit et beaucoup agi dans l'intérêt
des monuments historiques. Le volume publié après sa mort,

la commission des monuments historiques était
créée. Elle ne comprenait que huit membres. Il
est vrai qu'ils s'appelaient le comte de Montes-
quiou, Vitet, Auguste Leprevost, le baron Tay-
lor, Caristie, Dubois et Mérimée. Des augmentations successives l'ont portée jusqu'au chiffre
actuel.

Une commission peut avoir une âme collective
et chaque membre un dévouement personnel à
l'œuvre commune. Il est plus fréquent que deux
ou trois hommes, parfois un seul, règlent l'activité générale et fassent leur chose du but
poursuivi. Ici, la plupart des membres, même
aujourd'hui où la commission est nombreuse,
ont toujours été laborieux et assidus, sous l'inspiration de quelques-uns de leurs collègues,
présidents ou inspecteurs généraux, sachant

en 1875, et intitulé *Études sur les arts au moyen âge*, ne contient qu'une faible partie de ses travaux à ce sujet. Ils
l'occupèrent jusqu'à la fin de sa vie : le dernier est de 1867;
voir surtout ses *Notes d'un voyage dans le midi de la France*,
1835; *Notes d'un voyage dans l'ouest de la France*, 1836; *Notes
d'un voyage en Auvergne*, 1838, et ses nombreux *Rapports au
ministre*. On les trouvera relevés dans la *Bibliographie*
dressée par M. MAURICE TOURNEUX, 1876, et celle que M. le
vicomte DE SPOELBERCH DE LOVENJOUL a jointe au livre récent
de M. AUGUSTIN FILON, *Mérimée et ses amis*, 1894, où tout un
chapitre est consacré à Mérimée archéologue.

bien ce qu'ils voulaient et dirigeant les délibérations. Il en est résulté un corps à peu près
autonome, une commission moins consultative
qu'exécutive, sous l'autorité souvent nominale
du ministre et du directeur des Beaux-Arts. Cette
commission puissante a beaucoup travaillé et
rendu de grands services ; elle a bien mérité de
l'art et de l'histoire. Toutefois, son fonctionnement est discutable et son œuvre pourrait être
améliorée.

On aura remarqué que, dans la constitution
primitive du service, les deux inspecteurs généraux, Vitet et Mérimée, étaient de simples historiens. Ils modéraient au besoin les architectes,
et c'était un grand bien. Un historien, devant
un monument historique, n'est préoccupé que
de le maintenir dans l'état où le temps l'a laissé,
afin que le témoignage de l'édifice demeure
intact et complet, de faire en sorte que les
hommes d'aujourd'hui n'altèrent pas l'œuvre
des hommes d'autrefois. Il n'a pas à se faire
une réputation personnelle de constructeur. Le
respect du passé est sa loi suprême. Un architecte, au contraire, ne mérite son titre qu'à la

condition de bâtir lui-même. A un vieux bâti-
ment, il préfère un édifice neuf, dont il sera
l'auteur. Devant des ruines, il songe à les relever;
si le monument n'est qu'endommagé, il désire
le restaurer. Vouloir qu'un architecte ait le respect du passé au même degré qu'un historien,
ce serait trop attendre de la nature humaine.
Comme, cependant, il n'est pas possible de conserver des monuments sans le secours des
architectes, il faut défendre ceux-ci contre la
tentation inévitable de trop remuer les vieilles
pierres, les obliger à laisser debout ce qui peut
durer encore, surtout les empêcher de rebâtir.
Pour cela, il eût été bon que le service demeurât
sous la direction de gens qui n'étaient pas des
constructeurs.

Cette pratique n'a pas duré et les monuments
historiques en ont souffert. Peu à peu, les inspecteurs généraux hommes de lettres ont été
remplacés par des hommes de l'art; le pouvoir
de la commission, et celui des architectes dans
la commission, croissant avec les années, les
architectes ont fait œuvre d'architectes; ils ont
conservé et réparé, ce qui était leur devoir; ils

ont aussi reconstruit, ce qu'ils n'auraient jamais
dû faire.

Après Vitet et Mérimée, l'homme dont l'influence a dominé dans la commission des monuments historiques a été Viollet-le-Duc, architecte
de grande science et de volonté énergique. Personne en France n'a mieux connu l'art du
moyen âge et ne l'a plus aimé [1]. Comme toutes
les passions fortes, celle-ci était exclusive et,
comme la plupart des sciences étendues, celle-ci
impliquait un système. Laissez un systématique
passionné libre d'agir à sa guise, et il agira beaucoup, faisant du bon et du mauvais. Aussi, l'œuvre de Viollet-le-Duc est-elle considérable et
mêlée. Il détestait l'architecture classique, du
moins celle qu'enseignait l'École des Beaux-
Arts, et que consacrait l'Institut, aussi cordiale-
ment qu'il aimait l'architecture du moyen âge.
De là une lutte, vite engagée, ardemment et

1. Voir ANTHYME SAINT-PAUL, *Viollet-le-Duc, ses travaux d'art
et son système archéologique*, 1881. Entre les nombreuses
études consacrées à Viollet-le-Duc, celle-ci est vraiment critique; elle évite également l'enthousiasme d'école et le dénigrement systématique, défaut habituel des appréciations por-
tées sur le grand architecte par ses partisans et ses adversaires.

patiemment menée, contre l'enseignement officiel [1]. Bien en cour sous un pouvoir personnel,
Viollet-le-Duc devait à cette situation beaucoup
d'avantages; il en tira tout ce qu'il put au profit
de sa cause. Il attaqua l'art classique dans sa
citadelle, l'École des Beaux-Arts, et essaya de
l'emporter de haute lutte, en s'y installant lui-
même comme professeur. Il ne put s'y maintenir, mais, par ses écrits et son enseignement,
par ses restaurations et ses constructions, il
poursuivit énergiquement son œuvre, la lutte
contre l'art gréco-romain, l'exaltation de l'art
français.

Viollet-le-Duc subissait l'infériorité commune
à ceux qui savent trop; chez lui, l'érudition pri-
mait l'invention. En mêlant l'esprit de leur
temps à l'imitation du passé, nombre d'architectes classiques ont fait œuvre originale. De
Levau à Mansart, de Oppenord à Mique, l'art
classique a multiplié des édifices où l'esprit d'invention, l'adaptation de la tradition au goût par-

1. Voir notamment Viollet-le-Duc, *Du style gothique au
XIXe siècle*, 1846; *Entretiens sur l'architecture*, 1858-1872; *Ce
que réclame au XIXe siècle l'enseignement de l'architecture*,
1869; *l'Architecture française*, 1879,

ticulier d'une époque, le goût personnel se con-
ciliaient avec l'influence gréco-romaine. Viollet-
le-Duc a élevé des constructions neuves et complètes, où il s'efforçait de démontrer la vérité
de son système par des œuvres; à ce point de
vue ses tentatives sont de résultat médiocre et
prouvent peu. Je ne connais guère d'édifice
aussi déplaisant à l'extérieur que son église
paroissiale de Saint-Denis, où les formes ogivales
sont scrupuleusement copiées, mais où la liberté,
l'aisance et la souplesse du vieux style se per-
dent dans la stricte géométrie de l'imitation. Son
presbytère de Notre-Dame de Paris est singulièrement mesquin et pauvre à côté de la vieille
cathédrale. Son projet de Grand Opéra fut une
erreur dont la grande autorité de l'architecte,
solidement établie par ailleurs, masqua seule le
trop éloquent échec.

Elle s'était établie surtout, cette autorité,
par deux *Dictionnaires*, uniques en leur genre,
vrais monuments de science et d'amour [1], et

---

1. *Dictionnaire raisonné de l'architecture française du XV⁰ au
XVI⁰ siècle*, 1854-1869; *Dictionnaire raisonné du mobilier français de l'époque carlovingienne à la Renaissance*, 1854-1875.

aussi par des restaurations toujours savantes, souvent heureuses, parfois déplorables, car elles ont affirmé, par leur exemple, une façon de procéder qui va tout droit à l'encontre du but que doit se proposer le service des monuments historiques. Viollet-le-Duc a restauré, entre autres édifices du moyen âge, Notre-Dame de Paris, la basilique de Saint-Denis, l'église Saint-Louis de Poissy, la cité de Carcassonne et le château de Pierrefonds. Par ces travaux, il a fait école et ses élèves ont pris modèle sur lui. Or, s'il a rétabli, en plusieurs parties, Not. Dame dans sa beauté complète, en d'autres il l'a gâtée, en défaisant l'œuvre du temps et de l'histoire. Il a voulu remettre l'édifice en son état primitif [1], c'est à-dire tel que le

1. Il aurait même voulu coiffer les tours de flèches. Voir, dans l'ouvrage de M. CLAUDE SAUVAGEOT, *Viollet-le-Duc et son œuvre dessiné*, 1880, une gravure où ce « projet de restauration » est représenté. « Il se pourrait, dit M. Sauvageot, que la gravure de ce dessin ait été faite surtout en vue de tâter le terrain, de consulter l'opinion publique à ce sujet.... (Ce dessin) représente un des rêves d'artiste et de constructeur que le maître a dû plus d'une fois caresser. » L'opinion publique ne rendit guère et ce projet redoutable en resta là. Le plan primitif de Notre-Dame admettait les flèches dont il s'agit, mais elles n'ont jamais été élevées; les ajouter, après que six siècles ont consacré l'aspect de

moyen âge l'avait laissé et, pour cela, il a taillé
et rogné dans l'œuvre des deux derniers siècles.
Ces additions contribuaient à l'histoire de l'édifice; il fallait 'es respecter. En appliquant les
ornements de leur temps sur la vieille cathédrale, les architectes de Louis XIV et de
Louis XV avaient ajouté des pages nouvelles au
texte primitif. A Saint-Denis, Viollet-le-Duc
n'avait qu'à reprendre la restauration mala-
droite de Louis XVIII; là aussi il est remonté
beaucoup plus haut. A Poissy, il a dénaturé un
rare édifice, qui marquait le passage du style
roman au style ogival. A Carcassonne, il a refait
avec une liberté souveraine; or, à mesure que
la science du moyen âge progresse, les objections, les démentis, les impossibilités se multi-

la cathédrale, c'eût été enlever un trait capital à la physionomie de Paris. En revanche, à Toulouse, Viollet-le-Duc
voulait démolir l'admirable clocher de Saint-Sernin, pour
des raisons théoriques, qui ont été reconnues fausses, et le
remplacer par une coupole de sa façon; il n'en fut empêché
que par l'énergie de l'opposition locale. Tout cela justifie
le mot de Pie IX, dans une lettre très spirituelle, citée par
M. Anthyme Saint-Paul, à un amateur français, qui lui proposait de restaurer le Colisée : « Ne savez-vous pas qu'il y
a deux sortes de vandalisme, l'un qui consiste à détruire,
l'autre qui consiste à restaurer? »

plient. Pour Pierrefonds, il l'a reconstruit à
l'extérieur et construit de toutes pièces à l'intérieur. Ainsi relevé, le château introduit le visiteur dans un édifice complet de la France féo-
dale, mais à quel prix! Auparavant, il y avait
là une leçon d'histoire, autrement forte et vraie.
Richelieu avait fendu ces tours de haut en bas;
il y avait inscrit la victoire de la royauté sur la
noblesse. Il ne fallait pas toucher à l'œuvre du
grand cardinal. Relever ces ruines, c'était les
détruire.

J'ai dit que Viollet-le-Duc a fait école par sa
science et par son exemple. Sa science a formé
une école d'architectes à qui les procédés du
moyen âge sont familiers et qui savent conso-
lider les vieux monuments. Son exemple les a
autorisés à procéder comme lui. Ils ne s'en sont
pas privés. Je n'ai pas visité tous les monuments
historiques de France. Il y en a trop et une existence humaine y suffirait à peine, mais j'en ai
vu beaucoup. Presque partout, j'ai été frappé de
l'extrême liberté avec laquelle nos architectes
les traitent encore. Où la science hésite, ils
restaurent, relèvent, reconstruisent d'après une

idée préconçue, et cette idée est souvent contestable. Pour un édifice qu'il était nécessaire de reprendre à pied d'œuvre — comme la cathédrale de Laon, qui, peu à peu refaite de fond en comble par M. Émile Bœswilwald, restera l'honneur de l'architecte, — il en est qu'ils ont traité sans mesure, rectifiant à leur guise le plan primitif, supprimant les additions qui leur semblaient altérer sa pureté originelle, rebâtissant ce qui était détruit. Ainsi, deux édifices typiques, l'un religieux, l'autre militaire : Saint-Front, à Périgueux, dont la restauration est devenue une véritable reconstruction; et le mont Saint-Michel, moins librement traité, mais qui prête, lui aussi, à bien des critiques et des regrets [1].

Avec l'exemple de Viollet-le-Duc, la cause de ces procédés est dans l'autonomie à peu près complète jusqu'à ces derniers temps d'une commission où les architectes dominaient et faisaient

1. Voir, dans le *Dictionnaire raisonné de l'architecture française*, l'article *Restauration*, qui résume les principes de Viollet-le-Duc sur la matière. Il y a des passages qui font frémir. Cet article débute ainsi : « Restaurer un édifice, ce n'est pas l'entretenir, c'est le rétablir dans un état complet, *qui peut n'avoir jamais existé à un moment donné* ».

la loi. Se recrutant elle-même, jalouse de ses
prérogatives, toujours étonnée lorsque l'autorité
ministérielle intervenait dans ses décisions, elle
était à peu près indépendante dans un système
d'administration où la centralisation sera une
nécessité tant que n'auront pas changé les principes du gouvernement français et la manière
dont la responsabilité publique s'exerce dans
notre pays. De récentes mesures administratives
— dont la plus nécessaire a été d'interdire aux
architectes membres de la commission de participer aux travaux d'entretien, — le contrôle
du Parlement et les discussions de la presse
ont en partie remédié à ces inconvénients; ils ne
les ont pas fait disparaître. Il importe que, là
comme ailleurs, l'initiative de l'administration et
la responsabilité ministérielle reprennent leurs
droits sur les préjugés d'école et la tendance pro-
fessionnelle à remuer les pierres.

Il resterait assez à faire pour la commission.
Quelque critique que l'on puisse diriger contre
ses principes et son œuvre, à quelque excès que
l'aient poussée les principes du grand architecte
dont elle conserve le culte, il reste que, depuis

son institution jusqu'à ce jour, elle a donné l'inventaire de la plupart de nos monuments, intéressé à leur salut les pouvoirs publics et l'opinion, beaucoup fait avec peu d'argent. Il n'y a pas de service plus laborieux et plus économe; il associe les municipalités ou même les particuliers à l'action de l'État et les fait participer aux dépenses dont ils ont les bénéfices. Il sera parfait lorsqu'il sera plus ouvert, mieux protégé contre les excès de doctrine et plus directement soumis à l'autorité ministérielle. Le temps est passé où, dans un service de ce genre, alors qu'il fallait tout créer, un homme de grande valeur et de forte volonté pouvait contribuer à l'intérêt public de tout ce qu'il ajoutait à son autorité personnelle. Ici comme partout, l'action de l'État doit s'exercer, impartiale et éclectique, supérieure à toutes les questions d'écoles et de personnes. D'autant plus que, sans médire d'une commission particulièrement bien composée, elle attendra longtemps avant de trouver encore les égaux de Viollet-le-Duc ou de Mérimée.

Grâce aux travaux des Monuments histori-

ques, l'école médiéviste s'était constituée rapi-
dement et elle menait contre l'école classique la même campagne que, jadis, en littérature,
l'école romantique. Malheureusement pour elle,
la cause du romantisme dans l'architecture
n'était pas aussi légitime que dans la littérature. Puis, elle commençait trop tard, à un
moment où le romantisme littéraire avait cause
gagnée. Lorsqu'elle eut pris conscience de son
but et de ses moyens, il avait déjà terminé son
évolution. Remplacé bientôt par le réalisme, il
ne pouvait plus la servir. En outre, tandis que
la défaite du classicisme littéraire était chose
souhaitable et bonne, l'architecture classique
conservait une raison d'être qui assurait sa
durée; elle n'avait pas épuisé sa faculté de vie
et d'adaptation. Enfin, l'enseignement et la
tradition classiques de l'architecture étaient fortement établis à l'Institut, à l'École des Beaux-
Arts et dans l'administration.

Cet enseignement et cette tradition avaient
pour eux deux services publics, la direction des
Beaux-Arts et celle des Bâtiments civils. Sans
doute, le service des monuments historique rele-

vait de la direction des Beaux-Arts, mais celle-ci était en relations continuelles avec l'Institut et elle avait l'École des Beaux-Arts dans ses attributions. Ici l'architecture classique dominait et, grâce à l'esprit d'autonomie qui animait les Monuments historiques, s'ils avaient les avantages de la liberté, ils en avaient les inconvénients. Peu portés à faire intervenir dans leurs affaires la direction des Beaux-Arts, celle-ci ne mettait pas à leur service un appui exclusif, que lui interdisaient d'ailleurs ses liens avec l'Institut et la tutelle de l'École des Beaux-Arts. Quant au service des Bâtiments civils, jaloux des Monuments historiques et désireux de les absorber, mais n'y arrivant pas, car le morceau était trop gros et se défendait bien, il menait contre eux une lutte sourde et constante. Il tenait exclusivement pour l'architecture classique à laquelle il empruntait ses architectes. C'est par ceux-ci qu'il entretenait les anciens édifices dont il avait la garde et qu'il construisait ses édifices nouveaux.

Direction des Beaux-Arts et direction des Bâtiments civils provenaient l'une et l'autre d'un des services les plus considérables de l'ancienne monarchie, la Surintendance des bâtiments du roi. Jadis attelées à la même besogne, ces deux moitiés d'un même corps avaient fini par tirer chacune de son côté, au grand dommage du bien public et de l'économie. J'ai dit, dans ma première lettre, comment l'autonomie de chacun de ces services avait compromis l'unité de la construction et la décoration. Depuis 1792 jusqu'au temps présent, Beaux-Arts et Bâtiments civils, tantôt attribués à des ministères différents, tantôt réunis au ministère de l'Instruction publique, ce qui atténuait le mal, ont été des frères ennemis. De là des conflits d'attributions et des doubles emplois, des rivalités déplorables ou amusantes, dont le détail anecdotique a plusieurs fois défrayé les discussions de la presse et du Parlement [1].

1. On les trouvera racontés dans les rapports sur les budgets des Beaux-Arts de ces dernières années. Il y en a de vraiment curieux et qui sont typiques pour apprécier l'esprit d'autonomie et de rivalité propre à l'administration française. Il convient d'ajouter, pour être juste, que ces anecdotes sont peu nombreuses, qu'elles ont été souvent répétées et enjolivées, et, aussi, que plusieurs, à y regarder de près, tantôt s'expliqueraient à l'honneur de l'administration, tantôt seraient au détriment de ceux-là mêmes qui les ont propagées.

Une mesure dont l'exécution se poursuit en
ce moment va mettre fin à ce dualisme. Désormais, par la fusion de la direction des Bâtiments
civils avec celle des Beaux-Arts, la majeure partie
des services d'architecture civile ayant un caractère d'art seront réunis sous la même autorité.
L'un des principaux avantages de cette fusion
peut être la réconciliation graduelle des deux
écoles d'architecture rivales. Ainsi, l'État réta-
blirait lui-même l'unité qu'il a rompue sans le
vouloir en 1830. Déjà, par la création, à l'École
des Beaux-Arts, de deux chaires d'histoire de
l'architecture [1], il a introduit pacifiquement les
fervents du moyen âge dans la place où leur
chef Viollet-le-Duc n'avait pu pénétrer de
vive force. Les ardentes querelles d'autrefois

1. Histoire de l'architecture et histoire de l'architecture
française au moyen âge et à l'époque de la Renaissance. Voir
la leçon d'ouverture du premier de ces deux cours par
M. LUCIEN MAGNE, 1892. Depuis 1887, l'administration des
Beaux-Arts avait créé une chaire d'histoire de l'architecture
française près le musée de sculpture comparée, au palais du
Trocadéro, c'est-à-dire dans une dépendance du service des
monuments historiques. Cette chaire est occupée par un des
élèves les plus savants et les plus fervents de Viollet-le-Duc,
M. A. DE BAUDOT. Elle distribue un enseignement très utile,
mais elle est une marque frappante de l'éclectisme qui s'imposait à la direction des Beaux-Arts.

sont bien éteintes. Des mesures qui, il y a
trente ans, auraient mis le feu aux poudres se
sont accomplies sans éclat. Les médiévistes ont
la conviction moins agressive et la victoire
modeste. Les classiques ne se croient plus obligés
de défendre le sanctuaire des Muses contre l'in-
vasion de la barbarie. J'ai vu les chefs des deux
partis réunis à la même table et buvant avec
une courtoisie sincère à la prospérité de leurs
écoles respectives.

En favorisant cette réconciliation, la direction
des Beaux-Arts servira les intérêts de l'architecture nationale, à laquelle l'école classique et
l'école du moyen âge peuvent être également
utiles. Par la force des choses, se servant de
l'une et de l'autre, les réunissant dans ses écoles,
ses commissions et ses services, elle atténuera
de plus en plus le vieil antagonisme. On peut
donc espérer qu'avec le temps l'unité de doctrine
sera rétablie par l'unité de direction.

Déjà, dans l'application, c'est-à-dire dans la
construction des édifices nouveaux, les deux
écoles se pénètrent et se font des emprunts
mutuels. Il n'y a, pour s'en convaincre, qu'à

parcourir le Salon ou, plus simplement, à regarder dans les rues. Jusqu'en 1870, l'architecture parisienne continuait à peu près exclusivement l'école Louis XVI. Le Paris du second Empire, rebâti par nos architectes, était d'ordonnance classique, sauf exceptions rares. Depuis vingt ans, les types inspirés par le moyen âge et la Renaissance sont venus rompre heureusement l'uniformité de nos maisons. Sur les boulevards qui traversent l'ancien Paris, dans les quartiers neufs de la rive droite, se marque déjà une école mixte, semi-classique, semi-médiéviste, qui pourrait bien être l'architecture de l'avenir. Joignez-y les palais de la dernière Exposition universelle et vous aurez plus que le commencement d'un art nouveau [1].

Comme tant d'autres choses en notre siècle, cet art est composite. Il emprunte à la fois aux ordres classiques, aux édifices de l'ancienne

---

1. A ce sujet, voir L. Maone, *l'Architecture française du siècle*, 1889; P. Gout, *l'Art centennal ou l'architecture du centenaire*, 1889. Voir aussi, sur la manière dont l'architecture du moyen âge s'est adaptée aux besoins du temps présent, dans un pays voisin du nôtre, P. Sédille, *l'Architecture moderne en Angleterre*, 1890.

France, à l'enseignement traditionnel, aux exemples de l'étranger, aux progrès de l'industrie, et, à tout cela, le goût français applique son instinct pratique, son élégance, sa simplicité, son harmonie. La structure générale reste traditionnelle; les aménagements et la décoration sont neufs et originaux. Il se produit à cette heure, dans l'art de bâtir, une fusion analogue à celle d'où la Renaissance est sortie. Les vieilles formes se plient à des combinaisons nouvelles où entrent les éléments que des études plus complètes ajoutent au fonds traditionnel. De ces éléments, l'architecture du moyen âge est l'un des plus importants.

Au fond, cet art nouveau reste classique. Telle est, en France, la force de la culture gréco-latine, reçue de l'Italie, qu'aucune révolution du goût n'a pu prévaloir contre elle et imposer une éducation nouvelle à notre tempérament national. Cette culture a modifié toutes les graines semées sur notre sol; dans toutes elle a fait passer une même sève. Littérature et art, sous des modifications de surface, n'ont cessé de reproduire la physionomie composite du génie

français, une et changeante, où l'harmonie
résulte de la diversité.

Une visite aux sections d'architecture dans les
deux Salons précise l'impression que laisse une
promenade à travers la ville. Les travaux des
deux écoles rivales y figurent côte à côte et, par
leur rapprochement, montrent que chacune
d'elles travaille à sa manière, non seulement
pour l'honneur commun de l'art français, mais
pour son unité. Relevés des monuments d'Italie
ou de France et dessins rapportés de missions
dénotent les mêmes qualités de précision et de
force, le même sens de l'histoire. Ainsi dans la
Palestre à Rome de M. Paulin, dans l'*Abbaye de
Jumièges* de M. Deslignières, les *Anciens Rem-
parts de Vannes* de M. Paul Gout, le *Château de
Nantouillet* de M. Lucien Roy, les *Peintures
murales de la cathédrale d'Amiens* de M. Laffilée,
les *Relevés de fresques du département de la
Haute-Loire* de M. Yperman, les *Ruines khmères*
de M. A.-C. Tissandier. Tandis que le lauréat du
prix de Paris en 1894, M. Max Doumic, rapporte
un superbe *Portail de l'église du couvent de
San Leonardo*, morceau typique d'architecture

romane, un pensionnaire de la villa Médicis, M. Pontremoli, envoie de Rome une double suite d'*Études d'architecture antique* et d'*Études Renaissance*, d'une conscience, d'une vigueur et d'une finesse exceptionnelles. L'exposition d'un même artiste, M. Deverin, comprend un *Théâtre gallo-romain* et l'*Hôtel de Sully, à Châtellerault*. Partout, les travaux exécutés pour le service des monuments historiques alternent avec ceux qui sont destinés aux collections de l'École des Beaux-Arts. M. de Baudot, un des continuateurs les plus convaincus de Viollet-le-Duc, applique exactement les formes et la décoration du moyen âge au lycée Victor-Hugo, à Paris, mais, dans la même salle, un nouveau venu, M. Charles Plumet, mêle heureusement, dans une *Maison parisienne*, les profils du xve siècle, les windows anglais et la décoration murale en briques, d'après le procédé assyrien. M. L. Bonnier donne un double et excellent exemple, d'abord en s'efforçant d'adapter un monument public au caractère général du pays où il doit être élevé et aussi en travaillant avec art « sur crédit restreint ». On sait quel *rara avis* est, en

France, l'architecte qui ne dépasse pas ses devis. Il y en a, mais peu.

L'Exposition de 1900 a, naturellement, provoqué beaucoup d'émulation parmi nos architectes. Les projets abondent et, dans leur ensemble, ils sont le triomphe de l'éclectisme. Pas un où ne se démêlent, à première vue, les influences combinées de toutes les écoles d'architecture dont l'étude contribue aujourd'hui à l'enseignement. Celle de l'Orient domine et cela se comprend pour un palais où se donneront des fêtes des *Mille et une nuits*, mais, dômes hindous et pavillons chinois, charpentes de fer et façades de grand appareil, inventions fantaisistes et combinaisons sages, un même esprit de proportion et d'équilibre, dominant les réminiscences et les imitations, règle cette production hâtive et lui applique la loi de pénétration mutuelle, qui s'impose à notre temps.

Çà et là, le sens de l'histoire, une autre marque du xixᵉ siècle, s'accuse heureusement dans quelques projets d'expositions partielles. Ainsi les pavillons pour les produits de la manufacture de Sèvres. Plusieurs des concurrents ont eu

l'idée toute naturelle qu'un édifice consacré
à la céramique devait en rappeler l'origine
ou l'histoire. M. Marcel Moisand, se souvenant
que la porcelaine nous est venue de Chine, a
rappelé les formes et la polychromie de l'architecture chinoise. M. Félix Debat, songeant à
l'époque où Sèvres fut fondée, s'est inspiré des
formes contournées et gracieuses qui caractéri-
sent le style Louis XV. M. L. Selmersheim a
préféré l'orientalisme russe. M. G. Tronchet
expose un *Eden pour 1900* qui, en attendant
cette date, porte bien la marque d'aujourd'hui.

Ainsi, dans la lutte des écoles rivales, la tradition nationale et le sens de l'histoire se conci-
lient avec la recherche de la nouveauté. Tant
d'éléments divers se réduisent à un petit nombre
et une loi d'unité les embrasse aisément. La
peinture et la sculpture, où l'esprit individuel
se donne encore plus libre carrière, ne démen-
tiront pas l'impression d'ensemble laissée par
l'architecture.

4 juin 1895.

IV

LA PEINTURE

Émiettement des écoles; l'anarchie artistique. — L'idéalisme
et le réalisme; les qualités d'exécution; les tempéraments
individuels. — Les étrangers. — Persistance et caractères
généraux de l'école française.

Jusqu'à ces vingt-cinq dernières années, la
peinture française suivait des directions peu
nombreuses et assez faciles à déterminer. Sur
elle, comme sur les autres branches de l'art,
comme sur les divers genres littéraires, s'exerçait cette influence générale des mœurs et des
idées qui, en imposant une marque commune à
la diversité des talents, permettait de réunir
sous des titres collectifs les manifestations individuelles du sens esthétique. De même qu'il y
avait eu en littérature, depuis le début du siècle,

des romantiques, puis des réalistes, puis des parnassiens, puis des naturalistes, de même les peintres et les sculpteurs formaient des groupes de classiques et de romantiques, de réalistes et d'impressionnistes. Quoique, en littérature et en art, l'individualisme soit la loi suprême, et que, avoir du talent, consiste surtout à être différent d'autrui, il y avait encore assez de persistance dans la tradition, de solidité dans l'enseignement et de docilité dans les caractères pour imposer des disciplines communes et former des groupes artistiques d'une certaine cohésion.

Toutefois, à mesure que le siècle avançait, la vie devenant plus intense, l'activité plus fiévreuse, la concurrence plus ardente, les idées et les croyances se succédant ou se mêlant avec une rapidité croissante, chaque groupement d'artistes devenait moins nombreux et de durée plus courte. Dix ans suffisaient à voir naître et mourir une école. Moins chacune d'elles était nombreuse, plus elles se multipliaient. Au lieu de se remplacer mutuellement, elles coexistaient.

Puis ç'a été un émiettement de l'école française. Aujourd'hui, les groupes artistiques se comptent par vingtaines. L'individualisme triomphe, dans l'art comme dans la littérature. A ce double point de vue, il suffit de parcourir un catalogue de librairie ou un livret d'exposition artistique pour constater que l'anarchie est devenue la manière d'être de la littérature et de l'art [1].

Pour les uns, ce phénomène est une décadence qu'ils déplorent, pour les autres un progrès auquel ils applaudissent. Ce qu'il y a de certain, c'est qu'il est un résultat nécessaire de la vie sociale et que l'exalter ou le maudire ne dispense pas de le comprendre. Avec la liberté générale de discussion, les droits de l'individu obligeant la contrainte sociale à ne retenir qu'un minimum d'autorité, l'élargissement des horizons pour les plus ignorants, la pénétration mutuelle des peuples, le cosmopolitisme, l'excitation de toutes les sensibilités par la variété des spectacles, quels sont le dogme et l'autorité magistrale qui pourraient, je ne dis pas imposer une

---

1. Sur la marche et les causes de cet émiettement de l'école française, voir, dans mes *Études de littérature et d'art*, 1893, *la Peinture française et les chefs d'école.*

règle générale à l'activité artistique, mais, simplement, en dominer une part et la diriger vers
un but commun? Il faut prendre son parti de
cet état de choses et en constater les résultats
avec la largeur de goûts et la sensibilité au
talent qui deviennent, de plus en plus, les premiers devoirs de la critique. Elle non plus ne
saurait désormais dicter des lois; ce lui est une
tâche suffisante de rester impartiale au milieu
de ces conflits et, parmi les prétentions rivales,
de dégager la vérité des résultats.

Qu'elle fasse donc son deuil de cette anarchie artistique et ne se mette au service d'aucune
école. Il y en a trop et aucune n'a pour elle une
action assez étendue pour que, en la servant, on
puisse servir aussi la cause générale de l'art.
Beaucoup de programmes contiennent une part
de la vérité; aucun ne la détient tout entière.
Si chaque école en particulier, hostile aux autres, ne pense qu'à elle-même, le résultat de tous
ces efforts égoïstes est de contribuer à l'honneur
commun de l'art français. De ces existences
concrètes résulte une chose abstraite, dont l'intérêt est supérieur à celui de tous les groupes,

même ceux dont la pensée est la plus généreuse
et le but le plus élevé. Cette chose abstraite est
l'art français, et c'est à lui que la critique doit
songer. Elle le peut, tout en servant la vérité,
car, apprécier l'art français dans son ensemble,
c'est déterminer la part de chaque artiste et
de chaque groupe, en recherchant dans quelle
mesure leur activité propre contribue aux résultats généraux dont s'enrichit le patrimoine
commun.

On se demande, avec quelque mélancolie,
jusques à quand, d'après la marche que suit la
civilisation européenne, et en vertu de la loi
d'unité, qui, après les pays, semble devoir
s'exercer sur les continents, chacun des peuples
qui composent actuellement l'Europe conservera
son existence morale et son individualité. Il y
a encore un esprit et un art français, comme il
y a un esprit et un art italiens et espagnols,
anglais et allemands. Mais on peut craindre
qu'il ne faille moins de siècles pour les détruire
qu'il n'en a fallu pour les former et que, dans un
avenir assez prochain, ils ne deviennent simplement les éléments partiels d'un esprit et d'un

art européens. En attendant, l'art français conserve des caractères permanents et tant d'influences contraires ne réussissent pas encore à
les dénaturer.

Tous les systèmes d'art peuvent se ramener à
deux : le réalisme et l'idéalisme. Ils sont à peu
près également représentés dans la peinture
contemporaine. A certaines époques, l'un des
deux pouvait dominer et, sans supprimer l'autre,
attirait à lui le meilleur et le plus grand nombre
de talents. Aujourd'hui, ils vivent côte à côte,
avec des représentants dont les mérites propres
forcent l'intérêt, sans nuire à une esthétique
différente. Le public, beaucoup plus nombreux
qu'autrefois, éclectique de goûts et fort indiffé-
rent à la critique dogmatique, s'arrête devant
toute toile révélatrice de talent et ne s'inquiète
guère, avant d'admirer, de savoir à quelle école
se rattache l'auteur. Il y a toujours des moutons
de Panurge et des snobs; il reste encore des
critiques inféodés à une école et qui se proposent
avant tout de la servir. Mais, des engouements
de la mode et des mouvements d'opinions plus
ou moins sincères, se dégage une opinion géné-

rale qui profite au talent seul. Quant aux critiques, ils sont légion et aucun d'eux ne peut
plus prétendre à conduire l'esprit public. S'ils
s'attribuent ce pouvoir, ils se trompent; où ils
pensent guider, ils ne font que suivre. Telle
réclame enthousiaste a beaucoup moins servi
la réputation d'un artiste que ses expositions
annuelles, et, lorsque le public consacre un
talent, c'est, en fin de compte, son propre avis
qu'il atteste.

C'est pour cela que, dans un même Salon,
vous verrez la foule aussi nombreuse devant un
Puvis de Chavannes que devant un Bonnat,
devant un Detaille que devant un Carrière; pour
cela que, malgré l'acharnement prolongé et parfaitement injuste qu'une part de la critique met
à nier le talent de M. Bouguereau, chaque fois
que reparaissent ses mythologies, d'un dessin
si probe et d'une couleur si juste, les visiteurs
s'arrêtent et regardent. S'attacher à l'un de ces
maîtres à l'exclusion des autres, les exalter de
parti pris au détriment de leurs voisins, c'était
possible autrefois; ce ne l'est plus aujourd'hui.
Le critique qui procéderait de la sorte n'exer-

cerait aucune action appréciable sur l'opinion
du public et le mouvement de l'art.

Nos idéalistes, ceux qui prétendent, en mettant le plus de leur tempérament, de leur caractère, de leur âme, dans l'imitation commune de
la nature et de la vie, dégager aussi le sens mys-
térieux des spectacles et la loi intérieure qui
façonne les formes, ont toujours des représentants éminents ou très distingués qui, dans la
communauté de l'intention, se rattacheraient à
des écoles très différentes. Il y a parmi eux des
classiques et des romantiques, des érudits et des
impressionnistes, des fervents du moyen âge et
des admirateurs de la vie moderne. Aussi, pour la
trouver chez eux, cette communauté qui permette
de les grouper, est-il nécessaire de prendre cette
classification très générale de réalistes et d'idéalistes, en renonçant aux titres partiels qui ont suffi
longtemps à désigner des écoles distinctes, mais
qui deviennent trop étroits. Au premier abord,
on ne voit que des différences entre des peintres
tels que M. Hébert et M. Puvis de Chavannes,
M. Henner et M. Gérôme, M. Jules Lefebvre et
M. Benjamin Constant. Il semble que ce soit une

plaisanterie que de ranger dans un même groupe
MM. Carrière, Gabriel Ferrier, Henri Martin et
Mlle Sonrel. Faisons effort, cependant, pour
oublier les rivalités de société, les antipathies
de nature, les différences d'origine et d'éducation, et nous serons obligés de reconnaître que,
par des moyens différents, et même en poursuivant des buts opposés, tous appliquent une même
conception de l'art. Ils prétendent dominer la
réalité immédiate, la plier à leur rêve, en faire
les éléments d'une création née dans leur esprit.
Ils ne se contentent pas de copier la nature, ils
veulent y ajouter. Ils prennent dans l'âme et la
foi, dans le monde immatériel ou surnaturel,
une idée, une croyance, une pure conception
de l'esprit; par la couleur, ils lui donnent une
existence matérielle, un aspect visible ; ils
mettent sous les sens ce qui, en soi, échappe
aux sens.

Y a-t-il ici, comme autrefois, un accord voulu?
Non certes, mais simplement un même besoin,
qui se satisfait par des moyens opposés, besoin
de sortir de la vie réelle et du temps présent.
Les uns préfèrent la mythologie, la religion et

la légende, les autres, l'histoire, dans laquelle
aussi, par l'imagination, l'artiste peut mettre
beaucoup de lui-même. Les autres prennent
dans la réalité prochaine de quoi traduire un
idéal de pitié et de tendresse. Pour exprimer et
rendre, chacun d'eux choisit selon sa nature,
dans les moyens d'expression que lui offre l'art.

Tandis que M. Gérôme, peintre et sculpteur,
se satisfait par un relief énergique, et que la
volonté, la droiture et le courage de l'homme
passent dans son talent, M. Hébert jette sur
ses images épurées, à l'expression souffrante,
un voile léger qui fond les contours et enve-
loppe la composition de mystère. Par là, il
donne le premier exemple du procédé que
M. Carrière a repris pour l'appliquer aux
scènes réalistes d'intérieur, aux êtres populaires, individuels ou collectifs. Je ne crains
pas de dire que le *Théâtre populaire* procède, de
loin, certes, mais procède du *Sommeil de l'Enfant Jésus.*

M. Puvis de Chavannes, pour montrer aux
yeux son rêve intérieur de calme et d'eurythmie,
simplifie et harmonise, recherche les tonalités

uniformes et douces, tandis que M. Henri Martin,
se complaisant en des pensées qu'écarte M. Puvis
de Chavannes — l'idéal trouble d'un Baudelaire,
— décompose la lumière et peint par juxta-
position de tons. M. Gabriel Ferrier veut, lui
aussi, rendre la pensée par la couleur, et, celle-
ci, il ne la trouve jamais assez brillante et assez
fondue. Pour traduire l'hémistiche latin : *Spes
invicta manet,* l'espoir invincible dans le cœur de
l'homme, la confiance dans l'avenir dominant
les ruines du passé, il emploie la couleur des
Vénitiens, le moins rêveur de tous les peuples,
celui qui s'est le plus complètement passé de
psychologie et, dans la peinture, n'a vu qu'une
joie pour le regard.

M. Jules Lefebvre, maître de son œil et de sa
main, respectueux de la vérité et épris de la
distinction élégante, subordonne une couleur
fine et forte à un dessin précis. M. Benjamin
Constant, qui aime la richesse et l'éclat, peint
avec fougue et, en donnant une impression de
vigueur, règle ce besoin instinctif par le sens
de la noblesse et de l'ampleur décorative.
Rappelant le Corrège à travers Prud'hon,

M. Henner ne suit que le penchant de sa propre nature, lorsqu'il baigne d'ombre chaude ses carnations ivoirines. Pourtant, lui aussi emploie le procédé qui range M. Hébert et M. Carrière dans le même groupe, dussent-ils s'en indigner tous deux.

Avec ses tonalités douces et grises, ses crépuscules de lumière sur des paysages estompés, M. Pierre Lagarde rejoint MM. Puvis de Chavannes et Henri Martin; il les rappelle et ne leur ressemble pas. Pour représenter un sujet tout à fait semblable à celui qui rend à l'actualité le nom de M. Hébert, une nouvelle venue, Mlle Sonrel, peint le *Sommeil de l'Enfant Jésus*, dans le style des anciens vitraux et des maîtres du xve siècle; sur un dessin précis et simplifié, sur des contours arrêtés, elle met une couleur contrastée et harmonieuse.

Je répète que réunir ces noms d'après des analogies n'implique ni parité de talent, ni dépendance réciproque. Il se trouve, simplement, que, si différents de tempérament et d'éducation, tous ces peintres, vieux ou jeunes, vétérans ou débutants, ont un idéal de même nature et tendent au même but. Ils choisissent dans les moyens de la peinture ceux qui leur conviennent le mieux, pour rendre l'amour du passé, le besoin de croire et d'imaginer, le sens de l'élégance, le culte de la beauté épurée.

Aussi différents entre eux sont les réalistes et aussi unis par la communauté de tendances. Comme les idéalistes, ils prouvent l'émiettement des écoles et la seule persistance des grandes catégories, qui répondent aux besoins permanents de l'âme humaine. Ils s'attachent, eux, à l'aspect matériel plus qu'à la pensée immatérielle, à ce qui parle aux yeux plus qu'à ce qui sollicite l'esprit. Il leur faut un point de départ solide, une observation immédiate, l'appui constant sur la vérité prochaine et, s'ils traduisent l'idée, c'est par la reproduction fidèle de la forme.

J'ai déjà cité la *Muraille* de M. J.-P. Laurens et dit par quelle originale union de deux facultés opposées il représente l'histoire. Il exprime le sentiment d'un passé lointain, existant surtou dans l'âme qui l'éprouve, par une reproduction ferme de la nature. Ses constructions et ses charpentes, le labeur de ses ouvriers, le paysage et l'atmosphère qui les entourent n'ont rien de vague; ils sont de consistance vigoureuse; ils donnent l'illusion de la vie présente. Il y a un abîme entre cette façon de procéder et celle de M. Puvis de Chavannes. Pourtant, les deux maîtres se proposent le même but, qui est de ressusciter l'âme du passé.

Lorsque M. Bonnat peint un homme d'aujour-d'hui, il ne s'inquiète pas de rendre le présent sensible par l'entourage et l'accessoire. Il isole son modèle, le place droit devant lui, le regarde en face et ne voit que lui. Il le veut en pleine lumière, sans artifice ni arrangement. Il le reproduit tel qu'il le voit, avec une franchise et une vigueur qui ajoutent à la vérité complète de la nature tout ce qu'il y a chez l'artiste lui-même de franchise et de loyauté. C'est l'Alceste de la peinture et il pourrait prendre à son compte les préceptes de l'homme aux rubans verts :

Je veux que l'on soit homme et qu'en toute rencontre
Le fond de notre cœur dans nos discours se montre.

Mettez *portraits* au lieu de *discours*. Chaque image peinte par M. Bonnat est la confession

complète d'un caractère, d'une profession et
d'une vie. Qu'il représente Victor Hugo ou le
cardinal Lavigerie, Thiers ou M. Félix Faure,
il entend que ces physionomies se suffisent à
elles-mêmes, qu'elles parlent, qu'elles se racontent et que le spectateur éprouve exactement
devant elles l'impression que lui donnerait la
vue directe du modèle.

De ces qualités — précision, vigueur, franchise
— la plupart sont aussi celles de M. Édouard
Detaille. Mais il est peintre militaire et il le
demeure dans le portrait. Chargé de représenter
le prince de Galles et le duc de Connaught,
entre les nombreux costumes sous lesquels de
tels personnages peuvent s'offrir au public, il a
choisi l'habit militaire. Mais comme il a, lui
aussi, le besoin impérieux de la vérité, il lui est
impossible de donner à l'une de ces deux physionomies un aspect qu'elle n'offre pas. Ce n'est pas
désobliger le prince de Galles que de lui trouver
l'air peu soldat. Il endosse l'uniforme de temps
en temps, parce que son rang l'exige, mais il
doit le quitter sans regret. Loyalement, l'artiste
le montre avec les yeux fins et fatigués, le teint

uni, la bouche plus bienveillante qu'énergique.
Ce prince vit plus de la vie mondaine que sur le
terrain de manœuvres; il n'a pas la dureté
spéciale des traits et le hâle que donne l'habitude journalière du travail militaire. Ainsi, l'uniforme et l'entourage, malgré la constante prédi-
lection du peintre pour ce genre de sujets, n'ont
rien pu contre son respect de la vérité. Cette
image ferme et nette est aussi vraie, à sa manière,
que celle de M. Bonnat; elle aussi raconte un
caractère et une existence. D'autre part, l'artiste
habitué à grouper des soldats, celui qui, en tout
pays et dans toute scène militaire, excelle à
saisir l'originalité propre, à rendre le tempérament physique et moral, se retrouve au complet dans l'état-major qui suit les deux princes,
dans la ligne de tuniques rouges qui s'avance sur
la gauche de l'état-major, dans les formations
lointaines qui s'échelonnent, dans ce paysage
sablonneux et planté de pins, aussi anglais que
les champs de blé ou les steppes, jadis représentés par lui, étaient français ou russes.

Voici maintenant un peintre, M. Roll, habitué
à fixer sur la toile la physionomie robuste et

mouvante des foules. On lui demande une allégorie, les *Joies de la vie*, c'est-à-dire de figurer
une pure conception de l'esprit. Dans cette représentation idéale, il reste complètement réaliste.
Entre les joies diverses que peut offrir la vie,
il choisit les plus matérielles et les plus immaté-
rielles, les femmes, les fleurs et la musique.
Mais, êtres de chair que l'on peut toucher, et
harmonie insaisissable, couleurs que l'on voit et
parfums que l'on respire, il les représente avec
la même précision et la même consistance. Au
premier plan, il groupe des corps féminins,
éclatants de vie et de lumière, au milieu des
fleurs qui semblent se mêler à eux. Derrière,
sous les feuillages légers, où frissonne la
caresse de l'air, des musiciens jouent de leurs
instruments. L'artiste ne s'est pas préoccupé de
répondre à la convention de l'idée par celle de
l'exécution. Puisque c'est pure fantaisie que de
réunir dans un paysage des femmes sans vêtements et des musiciens en costume moderne, il
aurait pu chercher à faire sentir par la légèreté
de la touche et l'imprécision générale qu'une
telle scène, prise hors de la réalité, n'avait

d'autre but que de caresser le rêve. Il a préféré
peindre toutes les parties de son tableau, corps
et costumes, arbres et atmosphère, avec autant
de vigueur et de vérité que, jadis, les fêtes du
14 juillet ou du 5 mai. On peut lui objecter que
les Florentins et les Vénitiens entendaient autrement le mélange de la fiction et de l'observation,
qu'ils les faisaient réagir l'une sur l'autre et
cherchaient l'unité d'impression par des sacrifices mutuels. M. Roll répondrait sans doute que
ces maîtres sont d'un autre temps et d'un autre
pays, tandis qu'il est, lui, Parisien d'aujour-
d'hui, et qu'il a voulu rester lui-même.

La contrainte du sujet qui obligeait M. Roll à
figurer l'allégorie par les moyens de la vie ordinaire ne s'est pas exercée sur M. Lhermitte,
chargé de représenter les *Halles*. Il a suffi à
l'artiste de les observer dans leur vérité de
chaque jour, mais, dans ce spectacle mouvant, il
a su exprimer la pensée commune qui l'anime.
De ces natures mortes et de cette foule, il a fait
sortir l'impression morale du labeur et de la vie.
Avec la *Sarabande*, dans le goût espagnol et sous
des costumes de la Renaissance, c'est-à-dire en

pleine histoire, M. Roybet continue d'appliquer
le faire solide et copieux qui semblerait con-
venir plutôt à la vie contemporaine. L'essentiel
pour ce peintre est d'être beau peintre, de satisfaire son goût pour les pâtes savoureuses, de
donner à l'œil par l'archaïsme la sensation de la
chose présente. D'une scène d'hôpital, le *Vaccin
du croup à l'hôpital Trousseau*, scrupuleusement
observée dans la vérité du milieu, des attitudes
et des physionomies, avec une étude singulièrement juste d'une lumière spéciale, M. Brouillet
dégage une impression poignante de souffrance
et de pitié; sans aucun sacrifice à la sensiblerie
et à l'emphase, il fait naître dans l'esprit du spectateur le sentiment d'admiration et de reconnaissance qu'il a lui-même éprouvé.

Le contraste est complet avec les *Jours heureux* de M. Friant, et c'est du grand panneau de
M. Roll que j'aurais dû les rapprocher, si je
m'attachais à présenter d'ensemble les sujets
du même genre. Mais, comme c'est l'exécution
qui fait le peintre, les procédés de M. Friant le
rangent plutôt à côté de M. Lhermitte, avec
une vigueur moins rude et une précision moins

arrêtée. Au demeurant, M. Friant traduit, lui
aussi, une idée générale et un sentiment de
tous les temps par des êtres et des faits d'aujourd'hui. Il figure le printemps et l'automne,
avec leurs promesses d'avenir, et le présent, sur
lequel plane déjà la tristesse du passé. Le printemps, ce sont des jeunes filles, des paysannes,
dont l'une couronne de fleurs une enfant rieuse.
L'automne, c'est une mère berçant son enfant,
et, au premier plan, une aïeule, le visage
empreint de mélancolie, une branche flétrie à
la main. M. Duez, dans l'*Heure de la tétée des
enfants débiles à la Maternité*, a recours aux
mêmes effets de lumière et de blancheur que
M. Brouillet pour produire une impression toute
différente. Au lieu de la souffrance anxieuse, il
montre la vie saine se prodiguant sans effort et
communiquant sa force à l'enfance souffreteuse.
Toujours dans l'ordre de la décoration murale,
des procédés analogues permettent à M. Ehr-
mann de représenter les *Lettres, les Sciences et
les Arts du moyen âge* et à M. Vauthier la *Fête
de Bagnolet*. L'un a cherché la vérité des physionomies typiques, représentant sous les traits

d'un même individu toute une catégorie, l'autre
la justesse expressive des attitudes. Dans les
historiens, les poètes et les sculpteurs de M. Ehr-
mann, comme dans les blanchisseuses et les
maraîchers de M. Vauthier, c'est le réalisme qui
sert à produire une impression morale, archaïque
chez l'un, contemporaine chez l'autre.

Toutes les physionomies d'artistes que je viens
d'indiquer sont plus tranchées que nuancées,
plus unes que composites. Chacun d'eux, grand
ou moyen, rend sa vision propre et exprime son
tempérament d'après une règle dont l'analyse
démêle sans peine le principe dominant. Il y a
toute une catégorie de peintres plus secrets,
d'une complication chercheuse, avec lesquels il
faut regarder plus longtemps si l'on veut démêler
les éléments de leur nature et pénétrer leur
originalité.

Je mettrais en tête M. Paul Dubois, avec ses
portraits d'une pénétration si fine, d'un art si
complet et si nuancé, où la science se dissimule
et le scrupule ne se trahit que par la délicatesse
dans l'harmonie. Le respect de la nature, la
poursuite constante de la vérité, le désir de

fondre et d'équilibrer, de tout rendre sans rien
étaler, d'observer la proportion et l'importance
réciproque, de reconstituer la synthèse facile de
la vie par l'analyse patiente donnent à ces
images un caractère exceptionnel, un charme
délicat et profond. Je retrouve quelque chose de
ce tempérament d'artiste chez un jeune maître,
M. Dagnan, mais il n'expose 'pas cette année de
ces portraits qui pénètrent, dans leur exécution
lumineuse et fondue, jusqu'au mystère des
natures féminines.

Ce sont encore des délicats et des analystes
que M. Lobre et M. Lomont. Ce qui attire le
premier, ce sont les jeux de la lumière captive
et la variété de ses effets dans nos habitations.
Il y poursuit une justesse toujours différente et
toujours atteinte. Longtemps il s'est borné, dans
ses chambres bleues, vertes et jaunes, à montrer la même enfilade de pièces prolongeant les
perspectives et la coloration différente que le
jour emprunte aux meubles et aux tentures. Il y
plaçait la même aïeule, à la physionomie calme,
la même jeune fille, encore enfant, grandissant
chaque année et conservant sa grâce svelte et

grêle. Nous retrouvons celle-ci, déjà « demoi-
selle », le visage aussi doux et plus sérieux, à
côté de l'aïeule, un peu vieillie. Leur charme
est toujours le même. M. Lobre a quitté plusieurs fois ses petites pièces bourgeoises pour
étudier la même vie intime, les mêmes effets
de lumière dans les béguinages de Belgique,
ou, plus près de Paris, dans les appartements
de Versailles et du Trianon. Là, sous les feuillages pâles, le long des murs d'un rouge éteint,
il a observé, glissant d'un pas discret, les
silhouettes de femmes, dans l'atmosphère humide,
sous un ciel voilé. Ici, il a éprouvé la mélancolie des palais déserts et, surtout, il a fixé
curieusement le reflet glacé des parquets, l'éclat
adouci des ors, la teinte chaude de l'acajou
bruni, le blanc sali des statuettes en vieux
Sèvres; presque toujours, il a eu soin de se
ménager une porte ouverte sur la pièce voi-
sine, pour suivre le plus loin possible la lumière
qu'il aime. M. Lomont recherche les mêmes
sujets et les mêmes effets, sans imiter M. Lobre.
Il se rattache, comme lui, aux peintres hollandais d'intérieur; comme lui, il joint le goût de

8

la vie moderne et de la poésie intime au sens de l'atmosphère close. Sa fillette qui écrit avec tant d'application rappelle la jeune fille de M. Lobre et, comme la sienne, raconte un caractère.

En passant devant les toiles hardies de M. Besnard, qui, cette année, rapporte de l'étranger, avec des marines, des têtes espagnoles peintes avec l'harmonie violente qu'il appliquait jusqu'ici à ses Parisiennes, on se dit, plus que jamais, au souvenir de l'art discret de M. Lobre et de M. Lomont, que les systèmes et les formules sont devenus trop étroits pour classer les tableaux de nos peintres, que, pour faire tenir toutes ces toiles dans un certain nombre de catégories, il faut les ramener à des groupes bien larges et que, décidément, dans ce triomphe de l'individualisme, il n'y a plus d'autre moyen d'appréciation pour les œuvres que la qualité du talent.

La même démonstration est donnée par les paysagistes, qu'ils restent à la ville ou s'installent aux champs, qu'ils représentent la nature seule ou la peuplent de figures humaines. Eux aussi ne peuvent plus être rangés sous les

anciennes étiquettes. Dans ce genre comme dans
les autres, les deux seules esthétiques qui dominent encore les goûts personnels, c'est l'éternelle
antithèse du réalisme et de l'idéalisme, le désir
de se borner à la nature ou de lui ajouter la
pensée humaine. Dans la vigueur de M. Harpi-
gnies et la délicatesse de M. Cazin, dans les forêts
en automne de M. Émile Michel, dans les plages
lumineuses de M. Boudin, les banlieues mélan-
coliques de M. Billotte, les routes provençales,
aveuglantes de soleil, que suit toujours M. Mon-
tenard, les chaudes impressions d'Italie de
M. Courtois, les nuits transparentes de M. Mue-
nier, les dunes où M. Iwill observe les jeux de la
lumière sur les eaux et la terre finissante, il n'y
a que des tempéraments individuels ; il ne reste
plus trace d'écoles. La valeur de chaque artiste
se mesure non pas à l'habileté avec laquelle il
rappelle une manière connue, mais à ce qu'il
nous révèle de sa propre nature, de sa manière
la plus intime de sentir. Le procédé nous importe
peu et nous admettons toutes les façons de
peindre. Il n'y en a plus une seule qui s'impose
ou qui soit la bonne à l'exclusion des autres.

De cette production si variée, une même
impression se dégage, rendue plus nette et plus
vive encore par le grand nombre de peintres
étrangers qui figurent aux Salons et à toutes nos
manières françaises ajoutent celles de leur pays.
Parmi eux, il y a d'habiles Italiens, des Belges
et des Hollandais consciencieux, des Américains
énergiques, mais, pour la plupart, visiblement
élevés chez nous, des Anglais préraphaélites,
dont un des plus célèbres, M. Burne Jones. Aux
derniers Salons, on aurait pu croire que le mysticisme religieux ou mythologique, la recherche
sentimentale ou littéraire dans les sujets et
l'imitation des *quattrocentistes* italiens dans
le faire avaient chez nous nombre de fervents. Cette mode n'a guère duré; elle était
ici encore plus superficielle qu'en littérature.
Ceux de nos peintres qui pratiquent la peinture à idées, comme M. Henri Martin, pour-
suivent un autre but et emploient d'autres
procédés que les Anglais. L'action des Hollandais ou des Scandinaves, comme MM. Edel-
felt, Kroyer, Zorn et Thaulow serait plus profonde, avec leur sincérité d'émotion et leur

noblesse morale relevant les vulgarités de l'existence.

Mais, si nombreux et si distingués qu'ils
soient, ces peintres étrangers peuvent ajouter à
l'attrait des Salons, ils ne font pas école ; ils ne
modifient ni les sujets, ni les procédés français.
Notre art reste bien national. Cette impression
d'ensemble se dégage dès les premières visites
aux Salons; elle se précise à mesure qu'on les
voit en détail. Et voici quelques observations
partielles qui me semblent concourir à produire
la même conviction.

La peinture continue de suivre les grandes
directions de la littérature. L'une et l'autre, en
effet, sont l'image des idées et des sentiments,
c'est-à-dire des mœurs. Elles ne peuvent qu'en
reproduire les traits communs par leurs moyens
particuliers. Et, de même qu'au théâtre et dans
le roman, la vie moderne s'attribue la plus large
place, de même, dans la peinture, les sujets
sont empruntés pour la plupart à l'existence
journalière. Nous nous émancipons chaque
année davantage de la tradition antique et de la
convention académique. Nous en retenons seu·

lement ce qui nous est un patrimoine. Les
sujets gréco-romains deviennent fort rares et
l'on sait combien ils étaient encore nombreux
il y a trente ans. M. Hector Leroux est presque
seul à conserver fidèlement le goût de l'antiquité
familière. C'est par exception que M. Gérôme, le
maître du genre, y revient encore. Après tant
de compositions habiles et expressives, d'anecdotes spirituelles et de vigoureuses pages d'histoire, il applique sa faculté d'invention et l'énergie de sa facture à des fictions, comme la *Vérité
dans le puits*. Même les Romains qui nous
reviennent de la villa Médicis renoncent géné-
ralement aux mythologies pompeuses et con-
ventionnelles, telles que les aimaient les Bolonais, pour étudier plutôt le réalisme florentin. Par
eux se vérifie encore la constatation plusieurs
fois renouvelée au cours de cette étude, que,
même dans les genres où l'imagination s'exerce
le plus librement, comme la peinture décorative, la tendance générale est de respecter
la nature. M. Puvis de Chavannes lui-même,
le plus idéaliste de nos peintres, conserve
l'appui de la réalité et de l'observation, ne

fût-ce que dans les paysages où il place ses
fictions.

Le réalisme favorise peu les qualités d'invention et de composition. Aussi les trouve-t-on
aujourd'hui moins frappantes qu'à d'autres époques. Pourtant, elles continuent de compter
pour beaucoup dans notre supériorité artistique.
Il suffit, dans un Salon, de quelques pages comme
les *Muses inspiratrices*, de M. Puvis de Chavannes, ou la *Muraille*, de M. J.-P. Laurens,
pour rassurer ceux qui les croiraient trop affai-
blies. Si elles rendent possibles de telles œuvres,
elles continuent à marquer leur persistance dans
de moindres compositions, où la nouveauté de
la conception, l'habileté de l'arrangement, la
justesse de l'attitude, montrent que ces vieilles
qualités françaises sont encore communes chez
nos peintres. C'est peut-être pour cela que nous
ne songeons pas toujours à les constater.

En revanche, c'est le réalisme qui a maintenu
pour sa part, dans la crise inquiétante de ces
dernières années, la précision du dessin, la solidité de la facture, le souci de la correction et de
l'achevé, que l'influence passagère d'un de ses

dérivés, l'impressionnisme, avait compromis
pour un temps. Occupés à déterminer l'influence
réciproque des tons, à étudier la manière. dont
les reliefs se précisent ou s'atténuent dans l'atmosphère, désireux de fixer la sensation rapide, de
travailler vite dans la nuance continuelle de la
nature, les impressionnistes dédaignaient de très
haut les habitudes réfléchies et consciencieuses
qui avaient toujours dominé dans l'art français.
Chercheurs et curieux, ils négligeaient le nécessaire pour l'accessoire, voire l'inutile et le dangereux. Le vieux souci de l'achevé et l'application
qui cesse pour l'artiste seulement lorsqu'il désespère de serrer la vérité de plus près, passaient
pour docilité moutonnière à des disciplines
surannées. Il était à craindre que la science et
la tradition ne perdissent leurs droits devant les
succès de la gaucherie prétentieuse, de l'ignorance infatuée, des intentions tenues pour des
faits.

Le tempérament national a triomphé de cette
maladie. Si elle persiste encore, elle a perdu
beaucoup de sa force. Le goût du passé, en
multipliant les expositions rétrospectives, a

ramené l'attention de nos peintres sur les œuvres
de leurs devanciers, et rien ne pouvait leur être
plus salutaire. Ils ont pu constater qu'il y a dans
la peinture un certain nombre de qualités nécessaires qui, seules, assurent aux œuvres la durée.
Un spectacle comme l'exposition centennale de
1889 a plus fait contre les théories fausses que
des années de polémique. Devant ces tableaux
qui, après tant d'années, devaient leur belle
tenue au respect de qualités aussi vieilles que
l'art, on se montrait moins crédule aux systèmes
qui prétendaient élever l'ignorance à la hauteur
d'une esthétique et donner à l'impuissance un
prestige de création. La valeur de l'enseignement distribué par les maîtres et les musées
toujours ouverts achevaient cette œuvre de pré-
servation ou de cure.

Nos défauts nationaux, comme la turbulence
et la facilité d'engouement, ont toujours été
compensés par notre instinct de mesure et notre
attachement aux habitudes éprouvées. Sous la
fréquence des révolutions, notre constitution
sociale est restée à peu près la même; elle s'est
améliorée par l'œuvre journalière du temps et

l'effort commun plus que par les violences sou-
daines. Il n'en est pas autrement dans l'art. Un
enseignement fortement constitué et une tradition solide ont assuré la continuité et la valeur
de notre production artistique. Tant que ces
vénérables institutions subsistent, nous pouvons
nous amuser sans trop de danger, en ceci
comme en politique, au jeu des constitutions et
des manifestes, des écoles et des partis. Cette
agitation de surface n'a pas entamé jusqu'à
présent le fonds solide du génie national.

Ce qui est vrai de la peinture, l'est encore plus
de la sculpture, le plus probe des arts et le plus
soumis à la nature. J'essayerai de le montrer
dans une prochaine lettre.

9 juin 1895.

V

LA SCULPTURE

Quelles causes ont protégé la sculpture française; sa prospérité présente. — L'idée et la forme; l'allégorie et le
symbole. — Le romantisme et le réalisme. — Classiques et
modernes. — La vérité contemporaine; la passion et le
mouvement. — La gravure en médailles.

Tant qu'il y aura des peintres, la convention
et la mode, la bizarrerie et la prétention seront
les dangers permanents de leur art. Les combinaisons de la couleur et les effets de la lumière
sont infinis; l'importance réciproque du dessin
et de la couleur, de l'idée et de l'exécution, l'observation scrupuleuse ou l'interprétation libre
de la nature, le sacrifice de la précision à un
effet particulier ou l'effort constant pour serrer
de près la nature, toutes choses légitimes en elles-

mêmes et qui se justifient ou se condamnent par
leurs résultats, obligent les peintres à chercher
l'originalité à leurs risques et périls. Selon qu'ils
donnent plus ou moins à la nature ou à eux-
mêmes, ils sont réalistes ou idéalistes, mais ces
deux grandes tendances leur laissent assez de
liberté pour qu'ils n'aient, somme toute, d'autre
sauvegarde que la qualité de leur talent. Aucun
principe, aucune nécessité résultant de leur art
lui-même ne les protègent contre les risques de
l'originalité.

L'architecture et la sculpture sont mieux défen-
dues, la première par le but pratique, l'obligation d'usage dont elle ne peut s'affranchir, la
seconde par les moyens matériels qui s'imposent à elle et la manière dont elle s'offre aux
sens.

Un tableau est une illusion et ne peut être que
cela; son mérite est d'autant plus grand qu'il
est un mensonge plus complet. Il doit donner la
sensation du relief et de la perspective, de l'atmosphère flottante et de la lumière libre. Pour
cela, le peintre ne dispose que d'une surface
plane et il la couvre d'un enduit sans épaisseur;

il fixe et emprisonne, en les représentant, des éléments dont l'inconsistance et la fluidité sont les conditions d'existence. Pour produire ces effets, il dispose de moyens très bornés; on ne le juge que sur des résultats et on ne lui tient pas compte de ce que ces moyens ont d'incomplet. Il prétend égaler la nature et la vie, leur variété et leur souplesse, leur solidité et leur éclat, avec des procédés qui sont juste le contraire de ce qu'ils reproduisent. Par une rançon rigoureuse du droit de tromper qui lui est reconnu, il court continuellement deux dangers opposés : trop s'écarter de la nature ou la suivre de trop près. La mode à laquelle il doit plaire et le goût de son temps qu'il doit suivre risquent de l'abandonner et de le trahir, en proportion des sacrifices qu'il leur fait.

La sculpture ne court pas ces risques ou ne les court pas autant [1]. Son domaine est infiniment moins vaste que celui de la peinture et sa faculté d'expression plus bornée. Elle n'a pas la couleur et la perspective, les deux grands pres-

---

1. Voir H. Jouin, *Esthétique du sculpteur*, 1888.

tiges de l'autre art. Bien des sujets et des effets dont la peinture use librement lui sont interdits par l'impossibilité de les exprimer avec ses moyens propres. En revanche, elle est protégée contre la plupart des dangers auxquels la peinture ne peut se soustraire. L'imitation de la nature, toujours relative pour le peintre, est presque absolue pour le sculpteur; il faut avant tout qu'il fasse vrai. Il y a dans la peinture une part de mystère et d'éloignement. Pour la sculpture, elle semble toute simple et claire; on peut juger son œuvre de près, la mesurer, la contrôler matériellement par le rapprochement direct de la plupart des modèles dont elle se sert. Le peintre ne s'adresse qu'aux yeux; le sculpteur sollicite l'œil et la main. Le peintre peut exiger une certaine distance entre son œuvre et le spectateur; le tableau fixe et plan ne peut être abordé que d'un côté. Une statue peut être examinée de près ou de loin et l'on peut tourner autour d'elle. Il faut qu'elle résiste de tous côtés à cet examen, qu'elle ait une silhouette heureuse et des reliefs précis, que, immobile elle-même, elle se prête cepen-

dant aux déplacements du spectateur et s'accom-
mode de tous les points de vue qu'il lui plaira
de choisir.

Tant d'exigences protègent l'artiste contre
lui-même et, en somme, toutes ces entraves
profitent à son art. Son talent est non seulement contenu, mais guidé par des conditions
nécessaires. Il ne s'attarde guère à chercher des
combinaisons nouvelles; presque toujours, si
original qu'il soit, les moyens éprouvés lui suffisent, par impossibilité d'en trouver d'autres.
Enfin, appuyé sur l'observation de la nature
permanente, reproduisant ce qui ne change pas,
la structure et l'aspect des corps, plus souvent
nus que vêtus, le sculpteur compte moins avec
la mode que le peintre. Il y a grandes chances
pour qu'une œuvre de sculpture qui semble vraiment belle à ses contemporains le soit aussi pour
la postérité.

Austère et laborieuse, exigeant des efforts
pénibles et ne procurant guère la fortune, la profession de sculpteur n'attire pas autant que celle
de peintre. Il y faut une vocation plus solide et il
y a moins de sculpteurs que de peintres. Peut-

être aussi, dans la moindre quantité de ses œuvres, la sculpture en laisse-t-elle un plus grand nombre dignes de durer.

Ainsi défendue contre la recherche inquiète, le désir du succès facile et la mode, la sculpture a peu souffert des théories et des rivalités d'école. Tandis que les peintres et les critiques dissertent à l'infini sur la peinture et ses moyens, les sculpteurs discutent peu et ne provoquent guère de discussions. Ils produisent en dehors des systèmes. Les partis violents qui divisent les peintres n'ont provoqué parmi les sculpteurs que des rivalités modérées et des schismes restreints. Lorsque, en 1890, la discorde a coupé en deux la Société des artistes français, la plupart des sculpteurs sont restés aux Champs-Élysées et, après cinq ans, malgré bien des avances, le Champ-de-Mars n'en a attiré qu'un petit nombre. Ils n'avaient pas le même intérêt à la séparation; ils ne pouvaient espérer aucun avantage notable à faire acte de protestation. Quelle doctrine un sculpteur peut-il opposer à un autre sculpteur? Une statue vaut par elle-même, l'esthétique dont elle se réclame ne lui ajoute rien.

Son premier devoir est de serrer la nature de
près.

Aussi, la sculpture française, comme la sculpture de tout pays, est-elle surtout réaliste. Les
deux grandes divisions, idéalisme et réalisme,
qui s'appliquent si facilement à la peinture et
embrassent à peu près autant d'œuvres l'une que
l'autre, seraient plus malaisées à employer pour
la sculpture et, surtout, moins égales. Il y a peu
de sculpteurs idéalistes et il ne peut guère y en
avoir. Ceux mêmes dont l'intelligence est le plus
élevée, subordonnent toujours la pensée à la
forme. Il n'y a pas en sculpture de maître semblable à ce que M. Puvis de Chavannes est en
peinture. La simplification voulue de la forme
et la matière réduite de parti pris au minimum
n'y peuvent être que des exceptions; elles n'y
font pas école.

Ces nécessités diverses ont été la sauvegarde
de la sculpture française. Elle n'a pas connu les
hauts et les bas de notre peinture. Nos sculpteurs contemporains ne nous causent pas les
mêmes inquiétudes pour l'avenir que nos peintres; nous avons la confiance que la postérité

pensera sur eux comme nous. Il n'y a pas ici,
entre les anciens et les nouveaux, l'antagonisme
attristant qui expose des maîtres éprouvés à
la négation outrageuse de la jeune génération.
Les nouveaux venus ne prétendent pas exter-
miner leurs anciens. Ils pratiquent leur art
comme eux et ils en savent les nécessités pour
les subir eux-mêmes. Les conditions matérielles
dont le sculpteur ne peut s'affranchir ont de
telles difficultés et rendent le talent si méritoire,
qu'elles donnent, par leur pratique même, des
habitudes de justice et de modestie.

Jamais la sculpture française n'a été plus florissante et n'a compté de plus grands noms qu'au
temps présent. Nous avons, à cette heure, un
nombre et une variété de talents qui nous permettent de supporter toutes les comparaisons.
Nous serions excusables de nous préférer à n'importe quelle époque de l'art français, si un temps
avait jamais le droit de proclamer sa propre
supériorité. Il ne nous manque même pas, avec
un artiste tel que M. Rodin, cette part inquiétante
et attirante de nouveauté, ce motif de fierté et de
trouble, que certains artistes audacieux, incom-

plets et puissants, donnent à l'art dont ils compromettent les principes, mais dont ils tentent
de reculer les limites. On a beau croire ferme-
ment à la nécessité, vieille comme la sculpture,
des conditions d'existence que je rappelais en
commençant, des œuvres telles que les *Bourgeois
de Calais* et les *Portes de l'Enfer* semblent y
contredire. C'est le cas, ou jamais, d'accorder
le plus possible à l'originalité individuelle dans
la loi qui régit la production commune. Au
demeurant, l'œuvre de nos sculpteurs applique
les meilleures et les plus franches qualités de
notre génie national. Ils ont la force et la
mesure, l'élan et la possession d'eux-mêmes,
des facultés équilibrées et des mérites saillants.
Ils sont traditionnels et originaux. Ils sont fidèles
à eux-mêmes, et leurs œuvres nouvelles ne
répètent pas leurs œuvres antérieures. Ils suivent la marche logique de leur développement
et, à chaque Salon, les plus célèbres d'entre eux
offrent de l'inattendu.

J'ai déjà parlé de deux œuvres maîtresses,
consacrées à un même sujet : Jeanne d'Arc,
par MM. Paul Dubois et Mercié. Je pourrais

motiver longuement l'admiration que j'expri-
mais au sujet de la première, celle de M. Paul
Dubois; je me suis borné, par nécessité, et je
dois le faire encore. Pourtant, je ne puis la
quitter définitivement sans répéter que la recherche patiente, le scrupule poussé jusqu'aux
dernières limites, la réflexion et la volonté, le
sens de la légende et de l'histoire n'ont jamais
produit d'œuvre plus une, plus spontanée et
plus vivante, où le rapport de l'ensemble et des
détails soit plus justement calculé, où l'art arrive
plus complètement au naturel, où la simplicité
soit plus savante. Un travail si réfléchi risquait
de produire la froideur; il en est sorti une
œuvre d'enthousiasme. L'artiste y a fait passer
tout entier le sentiment de respect et d'amour
qui l'animait, et le spectateur, saisi au premier
aspect, sent grandir son émotion, à mesure que
se dégage, sous l'effet de la contemplation, tout
ce que l'œuvre renferme.

Je crains d'avoir mal dit pour M. Mercié ce
que je voulais dire. Il a groupé Jeanne d'Arc et
la France. Nécessairement, la France est colossale et Jeanne réduite aux proportions humaines.

Il en résulte que l'allégorie prime la figure
vraie, en prenant le plus de place et d'attention. Chacune d'elles, cependant, conserve sa
valeur propre, et cette valeur égale tout ce que
l'auteur du *Gloria Victis* et du *Quand même!*
nous avait déjà donné. Cette France, avec son
armure rompue, sa couronne ébranlée, son
manteau royal glissant vers la terre, est d'une
grandeur tragique. Il est impossible de traduire
avec plus d'éloquence et de clarté, avec plus de
force et d'émotion, un de ces souvenirs où les
douleurs récentes et celles d'un passé lointain
s'avivent et se consolent les unes par les autres.
Quant à la paysanne lorraine — j'en demande
pardon aux historiens qui la réclament à cette
heure pour la Champagne, mais tant que la
Lorraine n'aura pas fait retour à la patrie, ses
droits sur Jeanne la libératrice ne peuvent être
primés, — frémissante à l'appel d'en haut, com-
primant de la main la révolte de son cœur, l'œil
grand ouvert sur l'avenir de salut et de mort
qui l'attend, elle raconte sa vocation et son
histoire. Elle aussi fait naître l'émotion par
l'émotion.

Plus réaliste en elle-même que la peinture, la
sculpture a, cependant, une aptitude supérieure
à rendre des idées. Le mérite d'exécution, ici
comme là, mesurant celui de l'œuvre, le réalisme s'y impose encore davantage à la pensée,
car lui seul peut la rendre. Il n'est pas possible,
en effet, dans un groupe comme dans un
tableau, d'atténuer la vigueur respective de
chaque partie pour donner une impression
simultanée de réel et d'irréel. M. Mercié ne pouvait, par exemple, employer le procédé dont use
cette année M. J.-P. Laurens dans la *Muraille*,
comme autrefois M. Detaille dans le *Rêve*, c'est-
à-dire faire apparaître dans le ciel, imprécises
et flottantes, les visions imaginaires qui hantent
les acteurs de la scène représentée. Même, une
loi contraire s'imposait à lui. Il fallait que sa
France fût plus considérable que sa Jeanne d'Arc.
Grande difficulté, qui détermine l'ensemble de
l'œuvre et qui, finalement, tourne au profit de
l'idée dont elle sort.

Aptitude à rendre des idées et, cependant,
nécessité de suivre la nature dans l'exécution,
ces deux lois, en dominant la sculpture, ont fait

que, surtout en France, les plus belles œuvres
de sculpture sont peut-être les œuvres allégoriques, où le réalisme, condition première de
cet art, traduit l'idéalisme, son but le plus élevé.
Destinée à la place publique et aux grands édifices, l'œuvre de sculpture doit parler le langage
éloquent et clair des sentiments les plus généreux et les plus élevés, la foi, le patriotisme,
la charité, le dévouement. Dans les figures isolées, elle doit résumer un caractère et une
existence. Dans les groupes, il faut qu'une vaste
synthèse s'exprime par des moyens très restreints. Il ne saurait y avoir de sculpture anecdotique ; le résultat serait trop mince pour
un art si laborieux et dont les matériaux procurent à l'œuvre quelque chose de leur noblesse.
Ainsi la sculpture est préservée du petit esprit,
de la plaisanterie facile, de l'ironie courte,
écueils ordinaires de la peinture française.

D'autre part, l'allégorie engendre aisément
l'abstraction, funeste à l'art, qui est, par essence,
une chose concrète. De là, des dangers que
notre sculpture n'a pas toujours évités. Ainsi, au
siècle dernier, si épris de raison et de raisonne-

ment. Alors, les sculpteurs voulaient exprimer
tant d'idées, et le plus générales possible, ils
s'attachaient si docilement aux entités méta-
physiques dont la philosophie régnante avait
rempli toutes les têtes, qu'une part de leur production respire la froideur et l'ennui. Ils sont
allés jusqu'au bout de la sculpture littéraire ; ils
ont fait une démonstration dont la leçon ne doit
pas être perdue.

Le romantisme en a donné une autre au début
de ce siècle. Après la raison, épuisée par l'époque
précédente, il a cru, lui, pouvoir exprimer la
passion par les arts plastiques, aussi fougueuse
et aussi violente que dans la littérature. En
peinture, il a réussi, parce que les moyens
propres de cet art le lui permettaient ; en sculpture, il a échoué, parce qu'il voulait la plier à
une sorte d'expression que ses moyens n'admettent pas. La sculpture est un art calme, elle ne
peut être violente qu'avec mesure ; elle ne peut
user du mouvement qu'avec réserve. Préault et
Clésinger ont montré, par des erreurs mémora-
bles, pourquoi la sculpture ne doit pas sortir de
son domaine. Les sculpteurs gagnés à la cause

de la liberté dans l'art, comme David d'Angers,
restaient classiques dans leurs moyens d'expression; ils se montraient même timides, par excès
de respect pour la nature et le nu, où ils con-
tinuaient avec raison de voir une sauvegarde
pour leur art. Aussi, redoutant le costume
moderne, ne le reproduisaient-ils qu'à regret.
C'eût été pourtant du réalisme, mais ils pensaient qu'il y a des sacrifices que l'art ne peut
faire à la vérité elle-même, sans compromettre
jusqu'à son existence. Certaines conventions,
comme l'ampleur des vêtements, plutôt drapés
qu'ajustés, leur semblaient autant de garanties.
C'étaient pour eux des principes, c'est-à-dire les
conditions auxquelles l'art peut s'attribuer, par
élimination et choix, une partie de la nature.
Barye et Rude, réalistes et naturalistes, ne pensaient pas autrement que David d'Angers. Ils
entendaient comme lui la sculpture allégorique
et monumentale. La vérité individuelle venait
pour eux après la vérité générale, avec de
moindres droits.

De la double épreuve faite à la fin du dernier
siècle et au commencement du nôtre, la sculp-

ture contemporaine retient une double leçon.
Elle ne fait plus de l'allégorie abstraite et com-
pliquée, partant froide; elle ne traduit que des
idées concrètes et simples, de préférence par des
types individuels. C'est ce qu'ont fait MM. Dubois
et Mercié. Leur Jeanne d'Arc est une femme
déterminée, issue d'une province et d'une race
spéciales, à un certain moment de l'histoire.
C'est, en même temps, une croyante et la Foi,
une Française et le Patriotisme.

M. Falguière a procédé de même avec son
La Rochejaquelein, qui est la Vendée et un
Vendéen. Ici les vieilles timidités sont décidément surmontées. Nos sculpteurs ne croient
plus qu'il soit nécessaire de draper à l'antique
des personnages qui ont porté le costume
moderne; ils estiment que celui-ci peut avoir sa
poésie. Cette victoire du réalisme dans la sculpture est en train d'aller fort loin. Elle a commencé par le costume militaire; d'assez bonne
heure, on a renoncé à déshabiller les héros,
sous prétexte de noblesse sculpturale. Puis, on
a osé conserver leurs costumes à des personnages civils. On n'aurait plus aujourd'hui l'idée

bizarre de représenter Napoléon Ier les jambes nues, comme l'a· fait Claudey pour la colonne Vendôme, et Racine enveloppé d'un drap de laine, comme celui de David d'Angers à la Ferté-Milon. Il y a quelques années, M. Dalou exposait un Victor Noir couché à terre par la balle, vêtu de la redingote, le chapeau de ville tombé près de lui et cet ensemble racontait un drame. Le *La Rochejaquelein*, de M. Falguière, est débarrassé de ce manteau militaire, accessoire banal, auquel les sculpteurs se croyaient tenus, par une dernière concession au souvenir de la toge romaine. Chef de paysans révoltés, qui se battaient en costume de labour, il a lui-même conservé le chapeau rond et la longue redingote en usage dans la vie civile; il a bouclé le ceinturon sur cette redingote. La noblesse de l'histoire, la grandeur du souvenir, le prestige de l'héroïsme font que le ridicule n'effleure pas cet ajustement. La Rochejaquelein était ainsi vêtu lorsqu'il est mort en héros; c'est ainsi qu'il est entré dans l'histoire et qu'il doit entrer dans l'art. Quant à la beauté artistique sous un pareil costume, elle résulte de l'attitude et de l'expression des traits. J'ai dit comment, dans l'œuvre de M. Falguière, cet ensemble était d'une beauté charmante et fière.

Après la vérité historique obtenue par le costume, le réalisme procure à la sculpture une vérité plus humble, celle de tous les jours et de toutes les conditions. La peinture, ici, lui avait donné l'exemple. Millet avait représenté les paysans avec leurs vêtements grossiers, leurs rudes instruments de travail, leurs visages flétris et leurs corps déjetés. De tout cela, lui aussi, avait tiré une noblesse et une beauté. A l'autre extrémité de la vie réaliste, dont M. Falguière marque un des tournants par une statue militaire, M. Baffier groupe peu à peu les types, les costumes et les occupations de la vie paysanne, observés dans une province de France où la littérature les avait déjà illustrés, dans le Berry de George Sand. M. Baffier est aussi naïf que M. Falguière est savant, mais il lui a suffi pour réussir de sa sincérité et de son amour du sol natal.

A eux deux, si largement séparés par la nature, l'éducation, la qualité du talent, ces artistes représentent, pour la sculpture, un élargissement considérable de son domaine. Le culte exclusif de l'antiquité et la tyrannie d'une convention, juste dans son principe, excessive dans ses résultats, la prédominance tyrannique du nu, sont désormais abolis au profit de la vérité. Et il se trouve, pour M. Falguière, que ces titres de noblesse définitivement donnés au costume moderne, par le *La Rochejaquelein*, sont signés de la même main à laquelle la sculpture contemporaine doit quelques-uns de ses plus beaux morceaux de nu.

Il s'en faut que la cause de la passion et du mouvement dans la sculpture soit aussi complètement gagnée que celle de la vérité historique. Jusqu'ici, les tentatives originales de M. Rodin pour fixer en sculpture les troubles de la passion sont restées à peu près individuelles. Parmi les artistes que son exemple a sollicités, je n'en vois guère qu'un, M. Wallgren, un étranger, qui ajoute un argument de valeur à l'esthétique nouvelle que M. Rodin appliquait avec la liberté de sa nature et la sincérité de sa conviction, avant que la littérature l'eût emprisonné dans

une formule. Même avec le souvenir des *Bourgeois de Calais* et des *Portes de l'Enfer*, même
devant les statuettes empreintes de grâce dou-
loureuse qu'expose M. Wallgren, il est impossible d'admettre en principe que la sculpture
puisse emprunter à la poésie, voire à la musique,
ce qu'elles se réservaient jusqu'ici. Dans le
domaine du vague et de l'imprécis, comment la
sculpture conserverait-elle la netteté de ses
formes et de ses contours? L'art du sculpteur
risque de s'y borner à la maquette, de tout indiquer et de ne rien finir. Cette année M. Rodin
applique au plus simple, au plus calme, au plus
déterminé des genres de sculpture ce procédé
d'indication sommaire et vibrante. Il expose deux
blocs, d'où se dégagent à moitié ou au quart
deux têtes incertaines. Cela cause quelque inquiétude. J'y vois bien une tentative nouvelle de
l'artiste; je n'y vois pas un moyen dont l'art
puisse faire son profit. Je souhaite pour la sculpture, je souhaite pour M. Rodin que ces tentatives demeurent des exceptions pour lui-même,
à plus forte raison pour ses imitateurs.

L'idée et la forme ont rarement offert une

démonstration plus énergique et plus émouvante de ce qu'elles se doivent mutuellement que dans le *Projet d'un monument aux morts* de M. Bartholomé. Le mystère de la mort, l'effroi et l'attrait qu'elle inspire, la consolation suprême qu'elle offre aux douleurs humaines, l'amour vaincu par elle et plus fort qu'elle, M. Bartholomé a fait entrer ces sentiments complexes dans l'œuvre une et grandiose dont il exposait d'année en année les fragments et qu'il montre d'ensemble cette fois. L'artiste a commencé par être peintre et cela se voit. Son œuvre, qui est bien de la sculpture, est composée comme un tableau, non seulement parce qu'elle s'offre en surface verticale, pour être adossée, mais la disposition des motifs et leur perspective sont picturales. En bas, au premier plan, le groupe couché de l'homme et de la femme, avec l'enfant qui les relie, traduit une idée de peintre, une idée belle et profonde. C'est, au contraire, une idée sculpturale qui a conçu, en haut, le groupe des deux figures debout, s'engageant sous la porte fatale. Le peintre reparaît dans les deux hauts-reliefs latéraux, représentant l'un les êtres

consolés par la mort libératrice, l'autre ceux
que son appel désespère. Dans l'exécution, cet
idéalisme est traduit par un réalisme qui ne fait
aucun sacrifice. Tous les détails sont étudiés
avec une exactitude telle que chacun sollicite
également l'examen, et c'est un défaut. Mais
les différences d'âges, la variété des attitudes,
l'affaissement des chairs indiquant la dissolution prochaine, ont obtenu de l'artiste une attention et un soin qui représentent des années
d'application et, devant un tel labeur, on n'a
pas le courage d'en chicaner les résultats.

Comme idée, une telle œuvre est sortie d'une
esthétique analogue à celle de M. Rodin, celle
qui veut rendre par le plus précis des arts les
sentiments les plus indéterminés; comme exécution, elle est aussi étudiée et arrêtée que les
œuvres de M. Rodin sont spontanées et volon-
tairement incomplètes. Il s'en dégage une impression de calme profond, celle du repos éternel, alors que, chez M. Rodin, la passion s'agite
et se tourmente. Encore une preuve de la manière dont les conceptions de l'art, en sculpture
comme en peinture, se pénètrent mutuelle-

ment, sans qu'aucune d'elles puisse se dire
unique et absolue.

J'aurais voulu qu'entre M. Rodin et M. Bartholomé, M. Injalbert, un classique d'éducation
et un Romain, un artiste épris de mouvement
et de grâce, qui rappelle tantôt la sveltesse de
la Renaissance, tantôt l'énergie du Puget, tantôt
les allures dansantes du Bernin, me fournît une
preuve nouvelle de cette pénétration mutuelle
des écoles et de cette vérité relative des esthétiques. Mais, cette année, il n'expose qu'un buste,
une tête inspirée du xve siècle florentin, d'une
précision et d'une vigueur rares. Florence est
une des écoles qui ont contribué à former ce
talent souple et chercheur, qui reste lui-même
en essayant tant de formes et en passant de la
mythologie grecque aux élégances Pompadour.

Je me suis efforcé, dans cette étude comme
dans les précédentes, de dégager des tendances
générales et de marquer des directions. C'est
pour cela que des maîtres éprouvés restent forcément en dehors de mon cadre. Telles œuvres,
de valeur moindre, donnent parfois des indications d'un plus grand intérêt; telles autres, très

importantes par elles-mêmes, démontrent des
vérités acquises et sur lesquelles, par cela même,
il n'y a pas lieu de revenir. D'autres fois, au
contraire, il y a des œuvres si puissantes qu'elles
tirent tout à elles. Au point de vue de la sculpture idéaliste et allégorique, les Jeanne d'Arc
de MM. Dubois et Mercié m'étaient des arguments d'une telle force qu'il m'a suffi d'y insister
pour établir ce que j'avais à dire. J'ai dû négliger
l'œuvre fine et forte de M. Lanson et la tentative méritoire de M. Allouard. Je me borne à
rappeler une œuvre colossale, celle de M. Bar-
tholdi, qui mériterait une étude complète, après
la médaille d'honneur que l'artiste vient de recevoir. Il arrive aussi que, par la volonté de l'artiste, qui se repose après avoir frappé un grand
coup, la critique ne rencontre pas devant elle
l'œuvre dont elle aurait besoin pour discuter un
principe d'art. Ainsi, après sa *Tanagra* et sa
Bellone, qui ont posé, avec une force et une
sûreté de talent supérieures à toutes les théories,
le problème de la polychromie dans la statuaire,
M. Gérôme s'est abtenu cette année. Je le regrette
d'autant plus que les archéologues ont apporté

dans le débat leurs arguments historiques et que, récemment, M. Maxime Collignon exposait avec beaucoup de clarté et de précision l'état de la question d'après les monuments de la sculpture grecque [1].

Il y a, dans la sculpture, un genre qui désormais appartient en propre au réalisme. Il est impossible, depuis Barye, de représenter l'animal sans respecter scrupuleusement la nature. M. Frémiet est, à cette heure, le maître incontesté dans cette branche de l'art. Professeur au Muséum, il exprime dans ses figures une sûreté de connaissances qui fait de chacune d'elles un document scientifique. Mais il se préoccupe le plus souvent de mettre une idée dans ses représentations de la nature animale. Cette idée, c'est encore la science, vivifiée par l'imagination artistique, qui la lui fournit. La lutte pour la vie est la loi de la nature; il la met en action. Cette année, il couche un sauvage de Bornéo, horriblement déchiré, aux pieds d'un orang-outang blessé. On ne peut plus lui faire l'objection soulevée jadis

1. Voir la *Polychromie dans la sculpture grecque*, dans la *Revue des Deux Mondes*, du 15 février 1895.

par son *Gorille enlevant une femme* [1]. Cette fois,
l'œuvre est aussi vraie qu'émouvante. Ce serait
un gracieux contraste avec cette sculpture monumentale que les charmantes figurines de M. Peter,
d'un travail si souple et si serré, si libre et si
large dans leur petitesse. Mais il faut aller les
chercher au Champ-de-Mars.

A égale distance des réalistes énergiques, des
idéalistes chercheurs, des classiques et des romantiques, des anciens et des modernes, de tous les
groupes et sous-groupes qui émiettent la sculpture comme la peinture — avec moins de
danger, au total, grâce aux conditions mêmes de
cet art, — la sculpture offre, comme la peinture,
un groupe d'artistes calmes, sûrs de leurs goûts
et de leurs principes, chez qui les diverses tendances de l'école française ne compromettent ni
l'équilibre, ni la santé du talent. Ils sont forts
avec sérénité ou délicats sans recherche. Dans
la sculpture religieuse, M. Marqueste, avec son
Don Salvator Donoso, applique le sens de l'histoire et le souci de la vérité avec une aisance

1. Voir mes *Nouvelles études de littérature et d'art*, 1891.

vigoureuse, au service de la foi. M. Puech, un
jeune maître, dont la réputation précoce fait
songer aux débuts de M. Antonin Mercié, continue dans la *Vision de saint Antoine de Padoue*
le charme et la grâce de ses allégories. Dans
la sculpture allégorique, M. Saint-Marceaux est
expressif et plein; il est observateur sincère
et probe sans flatterie dans le buste de M. Félix
Faure, président de la République. La *Terre*
allégorique de M. Boucher est puissante; l'*Illusion* de Charpentier est digne de son exquise
Chanson; les mythologies de MM. Gauquié,
Seysses et Guilbert, la *Suzanne* biblique de
M. Barrau sont gracieuses et fines. M. Croisy,
avec *Sedan*, M. Soulès, avec le *Général Lamar-
que*, continuent la tradition de la sculpture militaire ou s'efforcent de la renouveler. Il est
impossible de faire sortir du bronze plus d'esprit
et de finesse, de ressusciter avec plus de vérité
un homme et un temps que dans le *Beaumar-
chais* de M. Clausade.

Ces artistes ne fournissent pas d'arguments
aux écoles rivales; ils valent par eux-mêmes;
on peut, devant leurs œuvres, se livrer, sans

arrière-pensée, au plaisir de regarder. Il est bon
que, dans chaque Salon, des œuvres de ce genre
reposent des tentatives batailleuses qui obligent
à réfléchir. Parmi leurs auteurs, plusieurs sont
parfaitement capables d'attester leurs préférences
et de combattre pour elles. Mais ils ont leurs
heures de détente et nous en profitons.

Pour vous procurer une impression reposante,
pour goûter un charme d'art délicat et fort, allez
chercher dans les Champs-Élysées, au fond du
jardin, le cadre de médailles exposées par
M. Chaplain. En les regardant longuement, vous
pourrez, à votre choix, demander à l'artiste le
plaisir rare que cause le maximum d'art dans
le minimum de matière, l'attrait d'un caractère
et d'une vie concentré en traits simples et pleins ;
vous pourrez aussi philosopher sur les tendances
de l'art contemporain et les influences si diverses
qui ont contribué à le former. M. Chaplain, en
effet, nourri d'antiquité et épris de la vie moderne, tourné vers l'idéal et respectueux de la
vérité, enferme dans la ligne antique le sentiment de la beauté contemporaine. Sobre, juste
et plein, il prouve, lui aussi, avec une éloquence

singulièrement convaincante, que les genres
sont des classifications commodes, pratiquées
par l'art dans le vaste domaine de la nature, mais
que la qualité de la pensée et de la main mesure
la valeur de l'œuvre. Avec des mérites semblables ou différents, supérieurs et exquis à
leur manière, son confrère, M. Roty, donnerait la même démonstration, mais il s'est abstenu
cette année.

Les divers caractères que je viens de recher-
cher, les tendances dont je me suis efforcé de
suivre la trace se rencontrent aussi dans une
branche d'art longtemps négligée, aujourd'hui
en pleine floraison, l'art décoratif. Elle s'est
développée aussitôt que des circonstances favo-
rables l'ont mise en lumière. Elle fera l'objet
d'une prochaine et dernière lettre.

16 juin 1893.

VI

L'ART DÉCORATIF [1]

Renaissance de l'art décoratif; ses nouvelles conditions
d'existence. — La grande et la petite décoration. — La
décoration classique; P.-V. Galland. — Le meuble; l'école
de Nancy. — Les arts mineurs. — La céramique; J. Carriès. — L'art décoratif du siècle.

Si l'on eût dit, il y a dix ans, aux peintres
et aux sculpteurs, membres des jurys d'admission, que bientôt les décorateurs entreraient

1. Voir comte DE LABORDE, *de l'Union des arts et de l'industrie*, 1856; HENRY HAVARD, *Dictionnaire de l'ameublement et
de la décoration depuis le* XIIIe *siècle jusqu'à nos jours*; ARSÈNE
ALEXANDRE, *Histoire de l'art décoratif*; P. ROUAIX,*Dictionnaire
des arts décoratifs*; ROGER MARX, *la Décoration et l'art industriel à l'exposition universelle de 1889*. Deux grandes enquêtes
sur l'état présent de l'art décoratif ont été ouvertes au cours
de ces dernières années, l'une, en 1882-1883, sur l'initiative de
M. ANTONIN PROUST, ministre des Arts, l'autre, en 1894, par
l'Union centrale des arts décoratifs. Voir *Commission d'enquête
sur la situation des ouvriers et des industries d'art*, 1884, et
*Congrès des arts décoratifs, comptes rendus sténographi-
ques*, 1893.

au Salon sur un pied d'égalité avec eux, ils
auraient nié et protesté, au nom de la hiérarchie et de la dignité artistiques. Pour eux, les
décorateurs n'étaient pas des confrères, mais
des subalternes; seuls, le tableau et la statue
pouvaient prétendre au titre d'œuvres d'art.
Dans la décoration, fixe ou mobile, peintres et
sculpteurs ne voyaient qu'une part secondaire
de l'architecture ou une variété du bibelot.

Les architectes auraient été moins dédaigneux; ils savaient, eux, ce qu'ils devaient aux
décorateurs et la somme d'invention, de talent,
de travail qui se dépensait dans une besogne
réputée inférieure. Je ne crois pas, cependant,
que, d'eux-mêmes, ils eussent pris en main la
cause de ces humbles collaborateurs. Eux aussi,
artistes classés, élèves diplômés d'écoles savantes, fidèles aux « ordres » et fervents de la
ligne noble, se croyaient très supérieurs à leurs
auxiliaires, moins artistes qu'ouvriers, dont
l'éducation se faisait dans les fabriques.

L'opinion et la critique ont fait justice de ce
dédain. Elles ont forcé les portes du Salon pour
les décorateurs; elles ont obtenu pour eux le

rang et les honneurs d'artistes. Le Champ-de-
Mars, le premier, a ouvert une section d' « objets
d'art »; bientôt, les Champs-Élysées suivaient
l'exemple, avec une section d' « art décoratif ».
L'État avait eu le mérite non seulement d'aider
cette initiative, mais de la provoquer; il la consacrait en faisant leur part aux objets d'art
décoratif dans ses commandes et ses achats; il
les admettait au Luxembourg. Aujourd'hui ce
qui eût paru subversif est admis.

L'art décoratif justifie pleinement ces mesures
de réparation. Chaque année, il fait davantage
et mieux. Après une longue période de décadence, il est en plein essor. Nous assistons à
une véritable renaissance de ce que l'on appelait
dédaigneusement l'art appliqué, par opposition
à l'art pur. Chacun admet aujourd'hui qu'il y a
seulement l'art sans épithète. Académique ou
industriel, conçu pour le magasin et la vente
courante, ou exécuté dans l'atelier, en vue de
l'amateur et du marchand à galeries d'exposition, des deux c'est peut-être le second qui, à
cette heure, serait coté le plus haut.

Il y aurait là quelque excès, suite ordinaire

de toute réaction. L'engouement passé, les vieilles hiérarchies remettraient chaque chose en sa place. Malgré l'exemple toujours invoqué de Benvenuto Cellini et de Bernard Palissy, de Meissonier (l'ancien) et de Gouthières, entre l'artiste qui fait un tableau ou une statue et celui qui décore un lambris ou un plat, la plus grande estime doit revenir au premier. Mais il fallait cette poussée vigoureuse pour réveiller une production endormie; il fallait cette faveur pour rendre confiance en lui-même à un genre qui vit, comme toutes les formes de l'activité artistique, des égards qu'on lui témoigne.

Ce retour d'opinion était d'autant plus nécessaire que l'art décoratif était tombé plus bas. Jadis, jusqu'à la Renaissance, il n'était pas seulement une forme de l'art appréciée à sa valeur : il était l'art lui-même. Durant le moyen âge comme dans l'antiquité, tout art était décoratif en ce sens que, toujours, conception et exécution, il prenait dans un ensemble une place arrêtée d'avance, ou qu'il avait un but d'utilité. L'œuvre d'art ne se produisait pas pour elle-même; son existence était provoquée, sa nature

déterminée par le plan général d'un édifice ou
par un usage direct. La définition, longtemps
admise, que l'œuvre d'art « ne sert à rien », eût
alors semblé un non-sens. La maîtrise de l'architecte ou le besoin de l'acheteur comman-
daient à tout artiste, peintre de figure ou d'ornement, sculpteur de statues ou modeleur d'objets
usuels, fabricant d'armes, menuisier ou potier.
Le genre de plaisir qui consiste à goûter la
représentation de la vie pour cette représentation même n'a commencé d'être le but de l'art
que du jour où l'art, comme la littérature, a
cessé d'être le besoin de tous, pour devenir le
privilège d'une aristocratie, conseillée elle-
même par une élite d'humanistes et d'académiciens.

C'est alors, à partir de la Renaissance, que la
hiérarchie des arts s'établit : en haut l'art pur,
en bas l'art appliqué. Et, lorsqu'une révolution
sociale eut détruit, après trois siècles, l'organisation sur laquelle reposait cette hiérarchie,
l'art pur, de plus en plus dédaigneux, alla toujours se rétrécissant; l'art appliqué, de plus en
plus dédaigné, tomba dans l'industrie. Il a fallu

cent ans pour que l'un commençât à se relever
de cette chute et l'autre à descendre de ces
hauteurs.

Nous ne pouvons pas espérer, cependant,
malgré l'alliance qui se conclut sous nos yeux
entre l'art appliqué et l'art pur, que leur union
redevienne jamais aussi intime qu'elle le fut
jadis. L'organisation sociale ne le permet plus.
Elle peut, en instruisant le plus grand nombre,
en égalisant les conditions, en multipliant et
raffinant les besoins, répandre le goût de l'art
et favoriser toutes les formes de la production
artistique. Les œuvres d'art ainsi provoquées
sont faites à l'image de la société actuelle. Elles
n'ont plus la stabilité, l'ampleur et la durée que
la société d'autrefois procurait, par ses conditions
mêmes, à ce qui était conçu pour elle. Privés
d'art décoratif durant un siècle, nous commen-
çons à avoir le nôtre, mais nous ne reverrons
pas celui que nos aïeux ont connu.

Jadis, en effet, l'organisation sociale comprenait une royauté, une noblesse et une bourgeoisie. Tout cela n'existe plus ou s'est trans-
formé. La royauté élevait des palais, la noblesse

des châteaux, la bourgeoisie des logis. Tous ces édifices étaient décorés et meublés avec l'espoir de la durée et de la conservation héréditaire. Si chaque génération cherchait en toute chose son utilité et son plaisir propres, elle espérait du moins que ses mobiliers, ses armes et ses bijoux dureraient autant qu'elle-même. Elle visait donc au luxe solide. En outre, il y avait, pour chaque classe, un goût dominant, réglé par les conditions de l'existence. Il y avait aussi une autorité dont l'action s'exerçait en tout, docilement acceptée par les diverses classes de la nation. De là, cette succession régulière de styles, nettement déterminés et faciles à reconnaître. Le roi et sa cour, par leurs préférences, imposaient à l'art une forme vite acceptée. François Ier aimait l'art italien : le style de la Renaissance consista dans l'adoption par le goût français des formes apportées d'Italie. Louis XIII était austère et triste : l'art de son temps participa de cette tristesse et de cette austérité, en conservant la vigueur qu'un siècle de guerres et d'épreuves avait donnée au tempérament national. Louis XIV aimait la pompe et la richesse :

le style de son temps fut noble, brillant et lourd.
Sous Louis XV, dans une cour de plaisir et de
grâce, l'art se contourna pour procurer la volupté
légère. Avec Louis XVI, un retour à la simplicité, tempéré par le goût persistant de l'élégance, provoqua la faveur des formes simples,
en attendant les bergerades du Trianon. Et,
durant ces trois siècles, l'influence gréco-romaine, subie à travers l'Italie, plus ou moins
impérieuse, plus ou moins transformée par l'originalité nationale, domina l'art français.

Malgré les progrès croissants de l'*académisme*,
qui favorisait le morceau d'exposition et de
concours, le tableau ou la figure séparés, l'architecture n'avait pas abandonné sa vieille suprématie sur les autres arts. Jusqu'à la Révolution,
le peintre et le sculpteur restaient décorateurs,
en ce sens qu'ils s'inquiétaient toujours l'un
de la surface, plafond ou panneau, que sa peinture devait décorer, l'autre de la place que
devaient occuper son fronton, son groupe ou sa
statue. Avant le portrait ou le tableau de genre,
le buste ou la figure isolée, leur ambition visait
à la grande décoration tracée par l'architecte,

et s'y soumettait. De même, les arts mineurs se
subordonnaient au plan général qui leur assignait leur rôle, leur place et leurs dimensions.
L'ébéniste établissait ses meubles en vue de la
pièce qu'ils devaient garnir; de même le tapissier,
le céramiste, l'orfèvre. Une étroite et mutuelle
dépendance unissait tous les arts; chacun d'eux
concourait à un ensemble. Le roi et les grands
seigneurs, les financiers et les bourgeois riches
avaient des *cabinets* où ils rangeaient des
tableaux, des statues et des vases de prix, mais
ils songeaient d'abord à la décoration générale
de leurs demeures [1].

Il résultait de ces conditions diverses que,
dans l'art décoratif, la décoration permanente, à
destination fixe, était la plus florissante et produisait les plus belles œuvres. Indispensable à
l'architecture, elle la complétait. Lorsque les
murs d'un édifice étaient élevés, le peintre et le
sculpteur s'emparaient de ce gros œuvre, sous
la direction de l'architecte, et y appliquaient
leurs peintures et leurs sculptures, conçues pour

1. Voir ci-après, deuxième partie, II.

cet édifice et ne devant plus en être séparées.
De la Renaissance à Louis XV, les grands peintres et les grands sculpteurs ont été ceux qui
attachaient leurs noms à de grands travaux de
décoration. Même après la Régence, lorsque l'affaiblissement général et la ruine prochaine des
institutions altéraient déjà les vieilles conditions
de l'art, lorsque les peintres et les sculpteurs
commençaient à s'inquiéter davantage de la toile
ou de la figure indépendante que du plafond ou
du fronton, il n'y avait pas encore de maître de
l'art qui ne dût une part de ses titres à la décoration. Pour les arts mineurs, la dépendance
restait aussi étroite que par le passé.

Brusquement, la Révolution vint changer
toutes ces conditions artistiques. Avec la monarchie disparaissait la cour, qui adoptait le goût
royal et le transmettait au reste de la nation. La
bourgeoisie, occupée à organiser sa victoire, se
désintéressait de l'art. Le peuple ne profitait
plus du raffinement d'en haut et lui-même diri-
geait ailleurs la sève qui, venue de lui, nourrissait tout. Avec l'Empire, l'art décoratif, inspiré
par Percier et Fontaine, qui recevaient directe-

ment les ordres de l'empereur, reprenait, en l'alourdissant, la tradition du goût Louis XVI. Cette reprise durait jusqu'en 1830, continuée par une monarchie aussi éphémère que l'Empire. Avec la révolution de Juillet et le triomphe de la bourgeoisie, l'anéantissement de la noblesse comme classe sociale et son appauvrissement graduel, l'art décoratif était frappé à mort. Brusquement, avec sa clientèle, il disparaissait lui-même.

Il en sera ainsi jusqu'en 1870. Le peuple travaille à détruire la suprématie bourgeoise et à se faire sa place; il s'instruit lentement. Les progrès rapides de l'industrie et de la fabrication à bon marché achèvent l'œuvre de la politique. L'art pur travaille pour une élite de plus en plus restreinte; l'art appliqué se réduit à un minimum.

Sous l'influence de la littérature, l'élite qui continue de s'intéresser à l'art, formée de bourgeois affinés et riches, ne pouvant se passer tout à fait d'art décoratif, rachète, à l'imitation des gens de lettres et des artistes, les objets d'art anciens, dont les historiens et les poètes

lui apprennent le mérite. Le goût devient éclectique et archaïque. Tandis que la bourgeoisie
haute et moyenne recherche le gros ou le petit
luxe, les amateurs achètent du vieux et ne com-
mandent plus de neuf. Il en résulte que la
grande décoration, celle que l'architecture dirige,
ne produit plus rien, et que la petite, celle du
meuble et de l'objet usuel, se subordonne à
l'industrie qui, reproduisant à l'infini les mêmes
modèles, fabriquant beaucoup et à bon marché,
stérilise l'invention et abaisse le goût public [1].

Avec 1870 commence une période de réparation nationale et une poussée démocratique
dont les résultats, au bout de vingt-cinq ans,
commencent à se dessiner nettement. L'instruction nationale reçoit un développement où les
arts du dessin ont leur large part. C'est l'honneur de l'administration des Beaux-Arts, dirigée
ou conseillée par MM. de Chennevières et
Eugène Guillaume, d'avoir organisé l'enseignement de l'art dans le sens démocratique [2]. L'édu-

1. Voir, pour les causes qui ont agi en notre siècle sur l'art
décoratif, mes *Études de littérature et d'art*, troisième série,
1893, *A la recherche d'un style décoratif*.
2. Voir ci-après, deuxième partie, I.

cation du goût général en a été la conséquence.
Nous assistons aujourd'hui à son éveil et la
renaissance de l'art décoratif en est la conséquence.

Art nouveau, qui doit répondre, puisqu'il en
est le résultat, à une nouvelle organisation
sociale et à une éducation différente ; art com-
plexe, car il a grandi sous des souffles venus
de tous les coins de l'horizon.

D'abord, avec la stabilité des anciennes classes,
une part de l'art décoratif a disparu, celle qui
avait besoin de richesse établie, de succession
héréditaire et de vastes cadres. L'État, seul,
construit aujourd'hui pour la durée ; seul, il
élève des édifices pour toute une génération et
les générations à venir. Encore ces édifices ne
sont-ils artistiques que par exception, car un
État démocratique vise surtout à l'utilité simple.
Peu de gens aujourd'hui sont riches pour
eux-mêmes et pour leurs enfants. L'aristocratie
nouvelle, aristocratie d'argent, mouvante et toujours renouvelée, se compose de parvenus dont
les fortunes, vite formées, vite défaites, ne
durent pas toujours autant qu'un homme. Il

faut à ces parvenus le luxe improvisé, et ceux
d'entre eux qui croient nécessaire, comme dit
M. Alexandre Dumas, de « se donner le goût
des arts », se contentent d'acheter des tableaux
de chevalet, des statues isolées et des bibelots.
L'habitation ornée par l'architecte était la règle
il y a cent ans; elle n'est plus que l'exception.
Chacun décore son logis avec des objets mobiles,
trop heureux s'il peut s'y installer sa vie durant
et si les conditions de l'existence ne l'obligent
pas aux déménagements périodiques. Comment,
dès lors, s'exercerait l'art décoratif réglé par
l'architecture, le seul qui puisse se donner le
prestige de la peinture et de la sculpture, en
s'élevant jusqu'à eux et en les élevant jusqu'à
lui?

Rares, par conséquent, ont été depuis cinquante ans les grands décorateurs. P.-V. Galland, mort en 1892, fut l'un des derniers [1]. Il
avait l'instinct et la passion de son art, le vif
sentiment de son importance et de sa dignité, le
courage qui fait entreprendre et soutient, l'inven-

1. Voir HENRY HAVARD. l'Œuvre de P.-V. Galland, 1895.

tion facile et riche. Il a surtout travaillé pour
l'État, mais il souffrait vivement des obligations
que l'État lui imposait en les subissant lui-même.
Il aurait voulu diriger l'art d'État, comme Lebrun
sous Louis XIV. C'était impossible, pour toutes
sortes de raisons, et il s'en prenait à ses chefs,
qui n'en pouvaient mais. Professeur à l'École
des Beaux-Arts, il s'était proposé de former des
élèves et il ne parvenait pas à les attirer dans
son atelier, car les élèves de l'École, peintres
et sculpteurs, voulaient faire des tableaux de
chevalet et des figures isolées, assurés d'une
vente, et non de la décoration, regardée par eux
comme dépendante et qui ne trouvait guère
d'amateurs. Leurs maîtres de peinture et de
sculpture pensaient de même; ils faisaient à
Galland une opposition sourde ou déclarée.
Quant aux élèves architectes, l'enseignement des
professeurs d'architecture leur suffisait.

Le malheureux professeur de décoration se
désespérait entre cette indifférence et cette
hostilité. Il se rabattait sur la manufacture des
Gobelins, où il était directeur des travaux d'art,
et là encore, il ne pouvait pas être le maître,

car il n'était pas le seul peintre à qui l'État fît
des commandes de tapisserie. Il y trouvait une
autorité administrative, qui, tracassée et tra-
cassière, était tourmentée par lui et le tourmen-
tait.

Enfin, Galland représentait une tradition qui
achevait de mourir, l'art académique dans la
décoration, art savant, mais où la science
commandait l'invention et gênait l'originalité.
S'il observait pieusement la nature et étudiait
la plante, principe de toute décoration, avec
une ferveur enthousiaste [1], il gardait le culte
des maîtres et des modèles consacrés. Admira-
teur de l'Italie, il travaillait les yeux fixés sur
elle. Il n'osait pas imaginer en dehors d'elle. Son
biographe, M. Havard, nous apprend que, gracieux peintre d'enfants et sachant les observer,
il les prenait de préférence dans les tableaux

1. Voir, dans l'ouvrage de M. Havard, un curieux exemple de
cette ferveur : Galland avait planté à Fontainebleau un jardin
« spécialement installé pour permettre à l'artiste de dessiner
et de peindre des plantes, dans toutes les conditions imagi-
nables et sous leurs aspects les plus variés : il était sillonné
d'allées creusées à 1 m. 50 en contre-bas des plates-bandes,
de façon que l'œil du promeneur, se trouvant au niveau de
la tige des fleurs, pouvait au passage en lire les formes, se
pénétrer de leur structure et surprendre leurs secrets ».

italiens et qu'il hésitait devant les tentatives dont
le passé ne lui offrait pas d'exemples.

Le résultat, c'est que Galland, s'obstinant à
suivre une voie dont les artistes et le public
s'éloignaient de plus en plus, n'a guère formé
d'élèves. Tandis qu'il restait fidèle à l'art italien et à celui des deux derniers siècles, tandis
qu'il proposait ainsi des imitations d'imitation,
l'art français se remettait, grâce au réalisme, à
observer directement la nature. Les travaux de
Galland à l'Hôtel de Ville ou à la Sorbonne
résument, avec une facilité gracieuse, une série
de réminiscences qui vont docilement de la
Renaissance à la Révolution. Enfin, dans cet art
traditionnel, Galland venait lui-même après des
maîtres tels que Baudry et Cabanel, M. Bouguereau et M. Lenepveu. Ce n'est pas lui que pouvaient prendre pour guide les jeunes peintres et
sculpteurs qui avaient conservé, avec le respect
du passé, le goût de la grande décoration.

Ils avaient aussi, plus rapproché d'eux par
l'âge, un maître que le grand public ne connaît
pas assez et qui, du reste, ne s'inquiète guère
d'attirer l'attention de la foule, M. Joseph Blanc,

le peintre énergique de l'*Histoire de Clovis*, au
Panthéon. Je ne crois pas que, dans l'hostilité
témoignée par Galland à son confrère, lorsque
des modèles pour les Gobelins furent demandés
à celui-ci, il y eût autre chose que le désir
d'être le maître à la manufacture, mais il était
humain que Galland vît avec quelque irrita-
tion l'arrivée près de lui d'un artiste dont il ne
méconnaissait pas la haute valeur, mais qui
entendait la décoration à sa manière.

L'ombre classique de Galland et M. Joseph
Blanc, qui nourrit une si haute idée de son art,
me pardonneront-ils de citer un artiste que la
hiérarchie des arts place bien loin après eux,
mais qui n'en est pas moins un maître dans un
genre de décoration et un talent original? M. Jules
Chéret, dont le frère, Joseph Chéret, mort récemment, a modelé tant de compositions faciles et
gracieuses [1], est un rénovateur de l'affiche, celui
de tous les genres de décoration qui s'impose
le plus aux yeux. Avec un dessin simplifié et
heurté, souvent incorrect, il a imaginé une

---

1. Voir le catalogue de son exposition posthume, 1895,
avec une étude sur l'artiste, par M. Arsène Alexandre.

silhouette de Parisienne, perverse et gracieuse, élégante et canaille, factice et vraie, parfaitement en rapport avec les rues où il la multiplie. Un petit nombre de couleurs vives lui procurent des effets d'harmonie vigoureuse; il a le don du geste et du mouvement. Son art n'est pas du grand art, mais c'est de l'art [1].

Tandis que la part de la grande décoration allait toujours se réduisant par la rareté des édifices auxquels elle pouvait travailler, la petite, celle que pratiquent les arts mineurs et qui s'applique au mobilier, renaissait peu à peu et n'attendait qu'une occasion pour affirmer son existence. Tout la favorisait : la permanence des besoins, l'enseignement, l'éducation du goût, l'état social. Avec la diffusion de l'instruction artistique, secondée par la littérature et l'histoire, les objets anciens, authentiques ou copiés, étaient recherchés par tous, en proportion de leurs ressources. Les relations commerciales avaient

---

1. Voir le catalogue de l'exposition des œuvres de M. Jules Chéret, faite en 1890 à la salle Bodinier, avec une étude de M. ROGER MARX. Voir aussi, sur l'art de l'affiche, les deux ouvrages de M. ERNEST MAINDRON, *les Affiches illustrées*, 1890 et 1896.

apporté en Europe une profusion d'objets turcs et
arabes, chinois et japonais. C'était de l'archaïsme
et de l'exotisme, mais, peu à peu, le goût français, sollicité par l'enseignement du dessin, se
réveillait au contact de l'art ancien ou étranger.
En même temps, des idées nouvelles, exprimées
par la littérature, travaillaient les âmes. Le sentiment religieux, à défaut de la foi, un vague
besoin de pitié, la misère humaine profondément
ressentie, le mysticisme et le pessimisme, de la
philosophie et de la littérature, passaient dans
l'art et lui demandaient une expression.

L'Exposition de 1889, par la profonde secousse
que les sentiments et les idées ont reçue d'elle,
par les sollicitations qu'elle a exercées sur tous
les sens, par l'éveil que ne pouvait manquer de
donner au sens esthétique une prodigieuse réunion d'œuvres d'art, anciennes ou contemporaines, françaises ou étrangères, a déterminé la
renaissance soudaine de l'art décoratif, latente
durant un quart de siècle. Le public la souhaitait ;
les artistes la préparaient. Voici artistes et public
en contact dans les deux Salons.

Malheureusement, cet art décoratif est mineur,

comme les arts sur lesquels il s'appuie. Il nous
offre des meubles et des tentures, de la céramique et de la verrerie, des statuettes et des
vases sculptés, des objets de console et d'étagère.
C'est tout ce que les conditions nouvelles de la
vie moderne nous permettent de lui demander.
Il est, du reste, singulièrement attachant et com-
plexe. L'archaïsme, bien qu'il cède peu à peu la
place aux objets neufs, s'y marque par l'imitation directe, l'adaptation ou le souvenir de styles
anciens. L'éducation classique lui fournit encore
nombre de formes et de motifs. La Chine et le
Japon l'inspirent de leur fantaisie et de leur
caprice. Joignez-y l'esthétisme, la philosophie,
l'individualisme, et vous aurez ses divers éléments, pas tous, mais les principaux. Le résultat
de tant d'influences est encore confus, mais il
commence à se dégager. Surtout, il nous offre
déjà des œuvres charmantes et, à cette heure, on
peut dire que le style du XIXᵉ siècle, celui de
la troisième République, est en voie de formation. Nous le léguerons au siècle qui vient.
S'il me fallait le définir en deux mots, je di-
rais qu'il est éclectique et sentimental, par l'in-

fluence combinée de l'archaïsme, de l'exotisme
et du tour d'esprit, mécontent et rêveur, qui
est la philosophie de notre temps.

Il y a, dès maintenant, une école nouvelle du
meuble proprement dit, le meuble meublant, lit,
table, siège, armoire. Le centre de cette école
est à Nancy, mais elle a des adeptes parisiens.
On n'a pas oublié le grand succès qui, en 1889,
révéla au grand public le nom de M. Émile Gallé.
Sur des formes inspirées, semble-t-il, par l'art
chinois et japonais, solides et légères, capri-
cieuses et logiques, il combinait des bois clairs,
imitant les fleurs de notre pays, des bois dont
les teintes douces, harmonieusement fondues,
étaient la joie de l'œil. C'était juste le contraire
des colorations sombres, des teintes chocolat,
des peintures, des dorures et des bronzes qui
régnaient encore dans l'ébénisterie, malgré l'influence du style Louis XVI, aux couleurs ten-
dres et aux fleurettes légères. En même temps
M. Gallé était verrier. Il exposait des cristaux
qui rappelaient, eux aussi, les formes de l'Ex-
trême-Orient, mais où la flore française, incor-
porant sa richesse et sa sincérité, emprisonnait

le charme de notre sol. Je ne crois pas que, jamais, artiste ait plié à sa fantaisie les formes et les couleurs du verre avec plus de vigueur et de caprice; il y a chez lui du magicien. Artiste épris de la forme, M. Gallé est aussi poète. Pour voir de quel travail intellectuel résultent ses créations, il n'y a qu'à lire la description, débordante d'idées, qu'il a donnée lui-même d'un vase offert à Pasteur. M. Gallé expose cette année une vitrine de cristaux, auxquels un vers de Shakespare sert d'épigraphe et une console en mosaïque de bois sur ce thème : « Les parfums d'autrefois, lavande, réséda, reine-des-bois ». Il a fait aussi bien, peut-être mieux; cependant, console et cristaux continuent d'affirmer sa maîtrise.

C'est encore à l'Exposition de 1889 que son compatriote M. Louis Majorelle s'est fait connaître des artistes et du public. Il procède, comme M. Gallé, par marqueteries claires, mais sur des formes moins exotiques. La table qu'il expose aux Champs-Élysées établit sa surface carrée sur des pieds qui, par la richesse sinueuse et régulière de l'ornementation, rappellent les

motifs de la Renaissance. C'est la tradition française, classique de pensée, moderne de sentiment. Sur le plan de cette table, c'est, comme
son confrère M. Gallé, une idée de poète que traduit le maître ébéniste. Le thème est la *Source*.
Une jeune femme, la tête penchante, dirige de
la main les flots symboliques de sa chevelure,
qui ruissellent sur son épaule nue et se répan-
dent au loin. Le sillon d'or fluide va refléter les
montagnes et les forêts, les cités et les tours. On
songe devant cette charmante figure, tracée avec
un art simple et fort, à l'époque rappelée par
l'ensemble de la composition. Dans cette naïade,
les nymphes de Jean Goujon reconnaîtraient une
sœur cadette, fille de France comme elles, malgré
le culte de l'Italie et des anciens dieux.

Autour de ces pièces capitales, M. Schuller
représente encore l'école de Nancy avec une
nombreuse exposition, où l'on trouve de la mar-
queterie, de la céramique, du vitrail, du métal,
des panneaux décoratifs. Ici encore, l'influence
de l'art oriental est sensible, mais transformée
par le goût français.

Nous revenons à un art plutôt parisien avec

MM. Eugène Grasset et Louis d'Emile Muller,
quoique l'un d'eux soit de Lausanne. M. Grasset
s'est fait une originalité archaïque et subtile avec
l'application des procédés du moyen âge à la
peinture décorative. Il nous offre une note d'art,
très artificielle, mais bien personnelle, et qui,
déjà quelque peu agaçante chez ses imitateurs,
garde chez lui tout son charme. De sa collaboration avec M. Muller est résultée une horloge
à ornementation de céramique, les *Heures*, que
le catalogue a rangée dans l'architecture et qui
le mérite. M. Ferdinand Levillain, lui, est né à
Paris et c'est un ensemble délicat comme le
goût parisien que son meuble en sycomore, avec
ornements de marbre et d'ivoire.

Il convient de louer, pour la justesse robuste
du travail, la crédence de M. Eugène Lambert
et le banc d'antichambre de M. Péjac, mais ce
sont des imitations exactes du style gothique.
On peut admettre, en art décoratif, le souvenir
et l'adaptation, qui peuvent être féconds, mais
non le calque, qui est stérile. Les anciens ont
fait, avec leurs formes propres, mieux que nous
ne ferons jamais, avec ces mêmes formes, parce

12

qu'ils traduisaient l'esprit de leur temps. Nous
ne les égalerons qu'en nous inspirant du nôtre,
sur des formes à nous. Ce que je dis pour
MM. Lambert et Péjac, je pourrais le répéter
de plusieurs autres, qui descendent plus bas
dans l'imitation, mais imitent eux aussi. Enca-
drer des peintures d'après la vie d'aujourd'hui,
dans un bois de paravent Louis XVI, c'est commettre un double anachronisme.

Les tapissiers sont mieux inspirés, en essayant
de renouveler l'invention par l'étude directe de
la nature, que nous voyons toujours nouvelle.
Les coquelicots et les pavots de M. Jorrand,
les tissus décorés par M. Émile Henry, d'après
les dessins de MM. Luc-Lévy et Conty, les hor-
tensias et les iris de M. Judant, marquent une
direction. MM. Gruel, Marius-Michel, Martin et
Meunier travaillent aussi heureusement le cuir,
d'après les mêmes modèles, dans leurs reliures
ou leurs buvards.

Les métaux, précieux ou vulgaires, offrent
la matière la plus commode pour l'objet mobile
et de petites dimensions, le bibelot de console
ou de vitrine, auquel nos habitudes sociales

réduisent trop les amateurs. On sait ce que
MM. Charpentier et Desbois ont fait de l'étain,
longtemps dédaigné et qu'ils ont remis en honneur, l'étain illustré par Briot, si doux à l'œil et
au toucher. Avec eux, il se prête aussi bien à la
fantaisie mythologique qu'à la vérité moderne.
M. Ernest Carrière se souvient avec originalité
des Japonais dans ses vases décorés de poissons
et d'oiseaux. Le regretté Joseph Chéret mêle
agréablement la nature à la mythologie. Les
plantes sont fidèlement reproduites ou ingénieu-
sement stylisées dans les projets de lampe signés
par M. Marioton et M. Coupri.

M. Baffier, dont j'ai signalé, en traitant de la
sculpture, le naturalisme sincère et robuste, a
tiré un charmant service de salle à manger des
fleurs et des graines les plus ordinaires. Il
réunit la femme et la fleur dans un vase « conçu,
dit le livret, d'après l'observation d'une jacinthe,
et soutenu par trois jeunes filles de ferme,
nivernaises et berrichonnes ». M. Wallgren fait
de même dans son projet de lustre et ses che-
nets, empreints d'une fantaisie qui ne provoque
plus la même objection que ses figures. Il con-

vient de signaler à part le projet de tronc de
M. Embry, qui renferme, dans sa décoration
minuscule, une quantité singulière de fantaisie,
de vérité et d'émotion. C'est, au haut, sur l'ouverture, un ange de charité qui, du geste, sollicite l'offrande, et, au bas, assis en bordure, un
groupe de misérables.

Les projets de vitraux sont nombreux. Entre
tous, on remarque ceux de M. Carot, d'après les
cartons de M. Lerolle et de M. Besnard, car ils
ont l'avantage d'être placés de manière à solli-
citer l'examen, et aussi ceux de M. Laumon-
nerie, dont l'auteur, artiste et ouvrier, exécute
ses propres compositions..

Il se pourrait bien que la céramique fût la partie
la plus originale de notre art décoratif contemporain. C'est elle, en effet, qui, par la variété
des formes et des usages, les découvertes ou les
surprises que le feu réserve au potier, favorise
le plus l'originalité et l'invention. Les noms déjà
connus du public y abondent; aussi puis-je me
borner à les rappeler. M. Delaherche étend
chaque année les harmonies de sa gamme vigoureuse; M. Dalpeyrat et Mme Lesbros exposent

une série de pièces aux tons chauds et lumineux;
MM. Massier et Lucien Lévy des faïences à reflets
métalliques; M. Bigot revêt le grès critallisé de
teintes sobres et fortes. On a tout dit sur les
vases à émaux translucides cloisonnés d'or de
M. Thesmar. Ce sont de pures merveilles, légères
comme un souffle, brillantes et somptueuses
comme des bijoux. J'en dirai autant des coupes,
des flacons et des vases de M. Tiffany, aux
formes simples, aux teintes opalines et irisées.

Une salle spéciale est réservée à l'exposition
posthume du sculpteur-céramiste Jean Carriès,
mort l'été dernier dans la force de l'âge. Elle
mérite qu'on s'y arrête longuement. Mystique et
naïf, ignorant et orgueilleux, profondément
sensible à la beauté et désireux d'emprisonner
dans la forme la volupté que sa main éprouvait
à la modeler, Carriès fut un sculpteur incomplet,
auteur de quelques très beaux bustes (il n'abor-
dait pas du tout le nu et guère la figure en pied),
de masques où il cherchait laborieusement les
expressions grotesques, et un céramiste de premier ordre. M. Arsène Alexandre vient de lui
consacrer une étude enthousiaste, mais où les

réserves sortent toutes seules de la précision
même des renseignements [1]. On y voit par
quels efforts le pauvre artiste essaya peu à peu
de dégager son originalité des obstacles qui l'en-
travaient; surtout, on y suit pas à pas la vocation du céramiste. Saisi par la double passion de
la terre et du feu, il s'était abandonné à ces
deux maîtres avec la ferveur tenace d'un Palissy;
il l'a satisfaite jusqu'au bout, malgré bien des
déboires et des souffrances.

Carriès avait choisi comme matière le grès,
dans lequel il voyait « le mâle de la céramique ».
Mettant son honneur d'artiste à être surtout un
« artisan parfait », il a trouvé des patines d'une
coloration délicieuse, dans leurs tonalités assour-
dies. Il en revêtait des vases aux formes simples et compliquées, fantaisistes et logiques,
qu'il empruntait tantôt à la nature végétale —
ce sont les meilleures, — tantôt au visage humain
bizarrement déformé. Ici, comme dans ses masques, sa fantaisie manque de gaieté. Notre temps
n'a plus les mêmes raisons que le moyen âge

1. Voir Arsène Alexandre, *Jean Carriès, imagier et
potier*, 1895.

pour tirer du grotesque une expression d'art;
elle est trop affaiblie, l'antithèse chrétienne
qui permettait aux vieux imagiers de mettre un
sentiment de vérité ou même de piété dans l'en-
laidissement de la forme humaine. Carriès a
tenté la décoration architecturale, en exécutant
une porte de grès à figurines et à masques, sur
un plan dessiné par le peintre Grasset. Il n'a pu
la terminer, et, si la mort de l'artiste est profondément regrettable, il n'y a pas lieu de voir
dans cette porte un chef-d'œuvre interrompu.
Carriès, sculpteur incomplet, avec des parties de
génie, fut surtout un maître potier.

D'une décadence profonde et d'une stérilité
qui semblait irrémédiable, l'art décoratif est
remonté peu à peu à la lumière et a retrouvé
la fécondité. J'ai essayé de marquer les étapes
de cette renaissance. Elle a commencé par l'archaïsme et continué par l'exotisme. Elle a trouvé
sa véritable voie lorsque nos artistes se sont
décidément pliés aux conditions de leur temps
et ont essayé de traduire une façon nouvelle de
sentir et de comprendre. Tant qu'ils se bornaient
au pastiche, ils n'attiraient guère l'attention. Il

manquait à leurs œuvres l'émotion personnelle
qui fait l'œuvre d'art. Dès qu'ils ont offert à
leurs contemporains la traduction claire de ce
qu'éprouvait confusément l'âme du siècle, ils
ont été compris. Ils ont profité bien vite de leur
insuccès. Sous la pression de l'opinion, les
vieilles barrières de l'art se sont abaissées à
leur profit; le Salon s'est ouvert pour eux. Les
voici en pleine lumière.

L'art décoratif s'est ranimé par l'étude du
passé et de l'étranger. Il est difficile qu'il re-
nonce dès maintenant à ces deux écoles, et le
goût public avec lui. Longtemps encore, dans
nos habitations, nous ferons une place à l'archaïsme et à l'exotisme. Les musées, enrichis
et multipliés, entretiennent ce goût; la lecture
et les voyages le développent. Mais, en lais-
sant au passé et à l'étranger leur part, le présent et le tempérament national doivent s'attribuer la plus large. Nos artistes décorateurs
font, dès aujourd'hui, aussi bien que leurs
devanciers. Ils ne peuvent pas nous rendre
la grande décoration, puisque la vie moderne ne
le permet pas, mais ils ont singulièrement élargi

le champ de la petite. Aidons-les; ils créent le
style de notre siècle. C'est par cette constatation
que doit se terminer une étude sur l'art contemporain.

23 juin 1895.

DEUXIÈME PARTIE

APRÈS LE SALON

APRÈS LE SALON

I

L'ENSEIGNEMENT DES ARTS DU DESSIN

Qu'il n'y a plus un art d'État. — L'enseignement de l'art par l'État. — Principes de cet enseignement. -- L'École des Beaux-Arts. — L'Académie de France à Rome. — L'enseignement général du dessin; sa méthode. — MM. Ph. de Chennevières et Eugène Guillaume.

En commençant les « Lettres sur le Salon » que les lecteurs du *Temps* ont trouvées à cette place, je croyais que ma tâche se terminerait avec la clôture des Champs-Élysées et du Champ-de-Mars. J'avais compté sans le nombre et la complexité des questions que la nature de mon but m'obligeait à soulever chemin faisant. Désirant surtout, à propos des œuvres exposées, marquer l'état général de l'art français, je devais remonter assez haut. Pareille enquête ne va pas sans un luxe de considérations, d'autant plus étendues, en l'espèce, que je ne pouvais supposer connus les renseignements sur lesquels je devais m'appuyer. Le directeur du *Temps* m'engage à la poursuivre, le Salon fermé, et je me rends bien volontiers à son invitation. Je serais trop payé de ma peine, si je pouvais intéresser l'opinion à des principes dont elle ne juge que les résultats et sur lesquels, faute d'information précise, elle se trompe souvent.

Le public sait à peu près en quoi consiste l'enseignement des lettres et des sciences. Pour celui de l'art, il s'en inquiète moins. Il n'y voit qu'un luxe et une parure, alors qu'il y a là une forme de l'éducation nationale et une source de la richesse publique. Depuis la Révolution surtout, c'est par l'action directe de l'État qu'une tradition d'art se maintient dans notre pays. Si cette action venait à s'affaiblir ou à s'égarer, si les pouvoirs publics lui retiraient leur appui ou le diminuaient, il y aurait aussitôt déchéance morale et appauvrissement matériel.

D'autre part, l'organisme de notre enseignement artistique est assez compliqué. Il s'est
constitué peu à peu, avec beaucoup de tâtonnements; il n'est pas encore cohérent et complet; il provoque toujours des controverses. La
réforme de l'enseignement secondaire, qui a été,
au cours de ces vingt dernières années, qui est
encore une question infiniment délicate et malaisée, n'offre pas plus de difficultés que l'organisation rationnelle de l'enseignement artistique
à tous ses degrés. S'il importe moins de savoir
dessiner que de savoir lire et écrire, il n'a pas été
moins difficile et moins méritoire de formuler
les principes d'après lesquels s'enseignent la lecture et l'écriture de la forme, de les traduire en
programmes, de recruter et de former un corps
de professeurs, que de refondre après 1870 notre
système d'instruction nationale.

Pour l'enseignement de l'art, la difficulté se
compliquait d'une prévention fortement exploi-
tée. On ne reproche pas à l'enseignement des
lettres et des sciences de provoquer une littérature et une science d'État. On reprochait, au
contraire, on reproche encore à l'enseignement

artistique de tourner au profit d'une production
spéciale : il y aurait un art officiel, tout de convention et de routine, contre lequel sont invo-
qués les intérêts de la liberté et du progrès.
L'autre jour, à la distribution des récompenses
au Salon des Champs-Élysées, le Ministre des
Beaux-Arts réclamait contre cette erreur avec
beaucoup de sens et d'esprit. Elle ne disparaîtra
pas de sitôt; travailler à la détruire, c'est servir
l'art et la vérité.

Il y a un enseignement de l'art par l'État, et
il importe qu'il y en ait un; il y a beau temps
que l'art d'État n'existe plus et c'est tant mieux.
Le second empire a eu quelques velléités de
ressusciter l'art officiel, mais il agonisait depuis
le comte Sosthène de la Rochefoucauld, piteux
successeur de Colbert, et, en réorganisant d'un
seul coup, en 1863, l'École des Beaux-Arts et
l'Académie de France à Rome, le comte de
Nieuwerkerke, impérialiste dévoué, qui croyait
servir à la fois un intérêt dynastique et une conception particulière de l'art, portait le dernier
coup à la vieille conception de l'art officiel. A
cette heure, si l'on pouvait faire un reproche

à l'État, ce ne serait pas d'avoir, en matière
d'art, une doctrine autoritaire, mais de marquer
quelque préférence pour les excès de la liberté [1].

L'enseignement supérieur de l'art est donné
à l'École des Beaux-Arts. Jusqu'en 1863, l'École
était sous la dépendance directe de l'Académie
des Beaux-Arts. Placée depuis cette époque, par
une mesure énergique et soudaine, sous l'autorité de l'administration centrale, elle y est restée [2]. La liberté a profité de ce changement. Il

1. Dès 1878, le rapporteur d'une commission de réorganisation des services administratifs des Beaux-Arts, dont il
sera question ci-après (voir IV), LAMBERT DE SAINTE-CROIX,
écrivait : « S'il est un pays au monde où toutes les écoles
vivent et se développent en toute liberté, où la diversité
des genres soit à cette heure la plus complète, où l'on sente
moins le mot d'ordre venu d'en haut, c'est à coup sûr celui
qu'on accuse de vouloir donner à l'art un cachet officiel
et qui, en effet, presque seul en Europe, possède une administration des Beaux-Arts ». Cela est très juste, sauf les derniers mots, qui, ainsi qu'on l'a vu, demandent quelque atté-
nuation.
2. Voir sur cette mesure, d'importance considérable et qui
fit grand bruit en son temps, le recueil intitulé *Réorganisation de l'École impériale des Beaux-Arts, documents officiels,*
1864. On y trouvera le relevé des principaux articles et brochures publiés à cette occasion. L'attaque la plus vive contre
l'Institut fut menée par VIOLLET-LE-DUC, dans son travail intitulé : *Intervention de l'État dans l'enseignement des Beaux-
Arts.* L'Institut se défendit avec énergie, par l'organe de
Beulé, son secrétaire perpétuel, et d'Ingres. Voir aussi comte
HENRI DELABORDE, *l'Académie des Beaux-Arts, depuis la fondation
de l'Institut de France,* 1891, et *l'Académie des Beaux-Arts et*

n'y a pas à cette heure d'école, pas même l'École normale, où l'action individuelle des maîtres soit plus libre et plus diverse. Il est vrai qu'en principe l'École normale doit former des professeurs et l'École des Beaux-Arts des artistes. Or, on peut être un excellent professeur de lettres ou de sciences sans être un écrivain ou un savant; tels professeurs réputés ne publient guère. Au contraire, on ne saurait enseigner la peinture, la sculpture ou l'architecture sans avoir fait ses preuves de maîtrise, sans produire et exposer. Le résultat, c'est que, après avoir reçu les conseils et les corrections de son maître, l'élève regarde ses œuvres, mais il ne regarde pas que celles-là. Il élargit la conception de l'art reçue de ce maître par les salons et les musées, par le contact de ses camarades, par la comparaison de l'enseignement qu'il reçoit avec celui des maîtres voisins. L'essentiel est qu'il vive dans une atmosphère d'art et que, en apprenant la technique, il se pénètre d'une influence qui élève la notion de l'art peu à peu formée en lui. Le

les anciennes académies, dans mes Études de littérature et d'art, 1893.

rôle de l'État est de créer cette atmosphère, de l'entretenir libre et ouverte. Lui seul le peut, par la force et la variété de son enseignement.

En ceci, et par le moyen de ses autres écoles d'art, l'État reprend le rôle du patronat artistique et des anciennes maîtrises, supprimés, le premier par la fondation des académies d'art, entre 1648 et 1671, les secondes par la Révolution. C'est à la fois un rôle d'intérêt général et d'éducation individuelle. Il n'y est pas arrivé du premier coup. Jusqu'au milieu de notre siècle, le résultat de sa double initiative — institution des académies et suppression des maîtrises — avait été de favoriser l'art académique, incomplet et restreint. En donnant à l'École des Beaux-Arts, soustraite à l'influence exclusive d'un corps académique, le caractère d'une école d'enseignement supérieur et en faisant d'elle une sorte d'université artistique, il l'ouvrait et l'élargissait.

Le résultat a été de maintenir les caractères de conscience, de force et de souplesse qui, dans l'émiettement des écoles partielles, demeurent le mérite général de l'école française, assurent sa supériorité et, surtout, lui permettent de

s'essayer sans trop de risques à toutes les au-
daces, à toutes les nouveautés, à toutes les
recherches que provoquent la mode, le désir de
forcer l'attention ou, plus noblement, la poursuite de l'originalité. Depuis longtemps, nos
peintres et nos sculpteurs sont habitués à étudier l'antique et à serrer la nature de près.
Aussi conservent-ils des habitudes, au moins
relatives, de précision et de conscience, jusque
dans les à peu près et les intentions auxquels
la légéreté du goût public fait si aisément des
succès. Les manifestes révolutionnaires rencontrent, surtout chez les sculpteurs, une moyenne de
science et de métier qui les dégonflent. Le char-
latanisme a toujours été moins fort en sculpture
que cette science courante, maintenue par l'enseignement de l'école. Quant aux architectes, les conditions mêmes de leur art, appuyé sur la science
et où le génie lui-même ne peut se passer de
notions pratiques, lentement apprises et patiemment vérifiées, étaient pour eux une sauvegarde.

Nous sommes une race naturellement et essentiellement artiste. Une part de l'âme antique a
passé dans l'âme française; le sentiment du beau

nous est un instinct. Le climat, le sol, la situation géographique ont contribué à nous faire ce
tempérament. Mais la culture y est aussi pour
beaucoup. Depuis les origines de la France, les
forces sociales se sont toujours employées à
faire l'éducation du goût national. Ç'a été d'abord
l'Église, plus la féodalité, puis la Royauté. Au-
dessus des instincts médiocres, naturels aux
foules, ils ont élevé des besoins supérieurs et,
en les satisfaisant sans cesse, ils en ont fait
un besoin général. La démocratie contemporaine ne peut abandonner ce rôle. C'est pour
cela qu'elle a fait de l'art un service public. Ce
service, l'État l'exerce par ses constructions
d'édifices, ses acquisitions d'œuvres d'art, les
encouragements qu'il donne aux formes supérieures de l'art — qui sans lui disparaîtraient
vite, comme la peinture et la sculpture monumentales, — les facilités qu'il procure aux
expositions libres, mais surtout par son enseignement et par ses musées, qui sont une forme
de l'enseignement [1].

Cet enseignement ne peut atteindre son but

1. Voir, sur la nécessité d'un enseignement de l'art dans

qu'à la condition d'être souple et perfectible, au même degré qu'il est savant, c'est-à-dire traditionnel. Il faut rendre cette justice à l'État que, lent et prudent, surtout en France, il a suivi avec attention la marche libre de l'art pour en faire profiter son enseignement. Il a ouvert l'École des Beaux-Arts aux nouveautés utiles et en a éliminé peu à peu l'esprit de convention et de routine. Parcourez la liste du Conseil supérieur qui règle l'enseignement de l'École, vous y trouverez les noms qui ont illustré la génération d'artistes qui s'en va et ceux qui honorent la génération présente. J'ai dit quelles rivalités de doctrines avaient partagé l'architecture fran-

notre pays, l'étude de H. Taine, *l'École des Beaux-Arts en France, milieu, défauts et mérites de l'art contemporain* (1867), dans les *Essais de critique et d'histoire*. D'autre part, Lambert de Sainte-Croix écrivait dans son rapport : « De tous temps, dans notre pays, on a considéré que c'était un devoir impérieux de la puissance publique d'encourager sous toutes les formes le développement des arts. Si la grande peinture s'est encore maintenue parmi nous, si la sculpture française est aujourd'hui sans rivale, n'est-ce pas à cette protection constante que nous le devons? Le véritable acheteur de leurs œuvres, des œuvres de statuaire surtout, n'est-ce pas l'État? Le luxe des tableaux de genre peut se combiner avec les exigences de la vie moderne, mais la statue en est à peu près exclue. Aussi est-ce la sculpture qui prend la plus grande part dans les encouragements encore trop restreints du budget des achats et des commandes. »

çaise depuis le milieu du siècle. L'État les a conciliées, en installant dans ses écoles des chaires d'architecture médiéviste à côté des chaires classiques. Lui seul est assez impartial pour opérer ces conciliations; car il ne peut avoir d'autre intérêt que l'intérêt général.

Dans un pays moins centralisé, cette action de l'État pourrait être remplacée par l'effort individuel ou l'esprit d'association, comme en Angleterre ou en Amérique. Mais nous sommes la France, c'est-à-dire un pays auquel sa situation géographique et le souci de sa conservation imposent la centralisation comme une nécessité d'existence. Toute notre histoire a été orientée vers la cohésion et l'unité; plus que jamais, elles nous sont un besoin impérieux. L'art français a subi cette loi, comme la langue, la littérature, la politique. Il ne peut continuer à en recueillir les bénéfices que par l'enseignement de l'État, héritier démocratique de la monarchie, des académies et des corporations. La liberté est le correctif et le complément de cette centralisation. Malgré ce que ces deux principes ont de contradictoire, il faut les concilier à tout

prix. L'enseignement de l'État doit être traditionnel et libre, souple et ouvert; il doit
accueillir toutes les nouveautés, dès qu'elles ont
fait leurs preuves.

L'École des Beaux-Arts a été trop profondément modifiée depuis la Révolution pour qu'elle
puisse être considérée surtout comme un legs
de l'ancien régime. La société moderne l'a faite
à son image et les académiciens de Louis XIV
ne la reconnaîtraient plus. En revanche, l'Académie de France à Rome est restée semblable à
l'idée de ses fondateurs [1]. Elle a toujours pour
but de donner à quelques jeunes gens d'élite le
moyen de « se former le goût et la manière sur
les originaux des plus grands maîtres de l'antiquité et des siècles derniers », comme l'écrivait
Charles Perrault, exprimant la pensée de Colbert. Ce caractère archaïque lui a valu des
attaques très vives et toujours reprises depuis
cinquante ans.

1. Voir A. LECOY DE LA MARCHE, *l'Académie de France à
Rome*, 1874; *Correspondance des directeurs de l'Académie de
France à Rome avec le surintendant des bâtiments*, publiée par
A. DE MONTAIGLON, 1887-1893; H. JOUIN, *Charles Lebrun et les
arts sous Louis XIV*.

Les uns admettent à la rigueur la nécessité de maintenir le goût français en contact avec les chefs-d'œuvre de l'art antique et de l'art italien, mais ils trouvent que le séjour de Rome est mal choisi et va contre son but. D'après eux, l'art romain n'est que décadence; ses monuments représentent une mauvaise époque et ses musées sont remplis d'œuvres médiocres. C'est à Florence qu'il faudrait établir l'Académie de France ou même, comme l'aurait voulu un archéologue très savant, mais très fougueux et absolu dans ses opinions, le regretté Olivier Rayet, à Athènes. A ceux-là on peut répondre que l'art de Michel-Ange et de Raphaël marque une apogée; que, au point de vue de la sculpture, les musées romains offrent les plus parfaits modèles de vérité indi-viduelle; que, dans les monuments et les collec-tions de Rome, la plupart des écoles italiennes sont représentées par des œuvres typiques, ainsi à la Chapelle-Sixtine où, devant le *Jugement der-nier* de Michel-Ange, sous le plafond où son imagination colossale a raconté l'histoire sainte, survivent les peintures réalistes et fines des maî-tres florentins; que, si Rome est un séjour pour

les pensionnaires de la villa Médicis, ce n'est pas
une prison, et que loin de les y enfermer, le
règlement de l'Académie les oblige à en sortir
pour visiter Venise, Pise, Ravenne, Florence,
Parme, Sienne, la Sicile et la Grèce; enfin, que,
si le voyage d'Athènes est nécessaire aux architectes et aux sculpteurs, il serait d'un médiocre
secours aux peintres, car il n'y a pas un tableau.
Depuis cinq ans, ce n'est plus seulement l'Italie
et la Grèce que doivent visiter les pensionnaires
de l'Académie de France. Ils peuvent aussi
voyager en Europe, étudier sur place l'art espagnol, flamand, hollandais, allemand. Et il faut
rendre cette justice à l'Académie des Beaux-Arts,
à qui appartient la tutelle de la villa Médicis,
qu'elle est entrée avec empressement dans les
vues de l'État, en modifiant dans ce sens le
règlement dont la rédaction lui est confiée[1].

1. La question fut ouverte par une lettre ministérielle,
adressée le 7 novembre 1890 au secrétaire perpétuel de l'Académie des Beaux-Arts. L'Académie mit aussitôt cette lettre
en délibération et la réponse fut rédigée par M. le comte
Henri Delaborde, secrétaire perpétuel. Saisi à son tour, au mois
de mars 1891, le Conseil supérieur des Beaux-Arts nomma
une sous-commission d'études dont le rapporteur fut M. Bardoux. Au mois de juin suivant, l'Académie apportait à son
règlement les principales modifications demandées par le

D'autres ne voudraient voir l'Académie de France ni à Rome, ni à Florence, ni à Athènes. Ils en réclament purement la suppression. Désormais, disent-ils, l'art français peut se suffire à lui-même; il n'a plus besoin d'écoles étrangères. Il faut désaffecter la villa Médicis et employer l'argent qu'elle coûte soit à créer des bourses de voyage, soit à créer une école d'Arles. Oui, d'Arles, vous avez bien lu : n'y a-t-il pas assez de monuments romains dans le midi de la France? Ce raisonnement a tout l'air d'une plaisanterie; il n'en est pas moins produit et reproduit avec obstination. Si l'art français peut se suffire, il n'est pas nécessaire que nos artistes voyagent aux frais de l'État; qu'ils restent chez nous. Les envoyer à Arles pour étudier l'art romain, ce serait leur proposer l'étude d'une part restreinte et finissante de cet art, alors que, en Italie, ils peuvent l'étudier dans son développement complet.

D'autres enfin proposent des termes moyens.

ministre. Les trois documents que je viens de rappeler sont d'une importance capitale pour l'histoire de la villa Médicis et la définition de ce qu'elle doit être. La lettre de M. le comte Delaborde n'a pas été imprimée, mais elle est analysée dans le rapport de M. Bardoux.

Il faut élargir le prix de Rome et le rendre plus accessible, c'est-à-dire augmenter le nombre des pensionnaires à la villa Médicis. Le malheur est que cela coûterait cher et que la villa ne s'y prête guère. On propose encore d'en faire simplement une étape de voyages, une auberge pour les boursiers. Mais, pour cela, un palais n'est pas nécessaire; il suffirait d'un Terminus ou d'un Continental, et l'on ne voit pas bien la France cabaretière à l'étranger.

La vérité, c'est que ces attaques partent de parti pris, d'ignorance ou, hélas! d'envie. Ce triste, ce honteux, ce stérile sentiment est le principal mobile des attaques dirigées contre le prix de Rome. Ce prix recrute une élite d'artistes; il leur rend la carrière plus facile. C'est assez pour que les vaincus du concours ou ceux qui n'ont pas osé l'aborder ne pardonnent pas aux vainqueurs. Et comme, dans un pays de liberté, il n'est pas de revendication, si mal fondée ou si basse, qui ne trouve des avocats, celle-ci a déjà provoqué beaucoup d'attaques; elle en provoquera bien d'autres. L'intérêt de l'État est d'y résister. Un avantage obtenu au concours n'est

pas un privilège, et toute victoire suppose des
vaincus. L'art résulte d'une sélection et n'a
rien à voir avec l'égalité. Il y faut une aristocratie. Il n'y a pas de régime politique qui puisse
donner à tous les artistes du talent, des commandes et des honneurs. Tout ce qu'exigent la
liberté et l'égalité, c'est que la rivalité artistique
soit encouragée et s'exerce loyalement. L'Académie de France a fait ses preuves par tous les
artistes qu'elle a formés. Quelques-uns ont eu
du génie, la plupart ont eu du talent; tous ont
appris à fond leur métier.

Quant aux avantages que l'art français dans
son ensemble retire de cette institution, le principal est de le maintenir en contact avec ses
origines. Certes, il s'est émancipé depuis la
Renaissance; il n'est plus sous la tutelle italienne. Mais, si la thèse d'après laquelle l'imitation de l'Italie fut pour nous une servitude
devient une nouveauté, ce n'est pas une vérité
acquise. Lorsque l'art italien nous arriva,
l'art du moyen âge se mourait. Le moyen âge
avait interrompu la tradition latine; en la res-
saisissant, la France rentrait en possession de

son patrimoine. La Renaissance ne fut pas une conquête de notre pays, mais la reprise d'un bien sur l'étranger. De la fusion de l'esprit français avec l'esprit antique résulta un art nouveau, aussi national que l'ancien, surtout plus capable de renouvellement. Cet art, original et composite, mesuré et hardi, moyen et supérieur, c'est l'art français. Il ne s'est jamais borné à l'imitation italienne, non pas même au temps de Lebrun et de David, de Mansard et de Gabriel. Il a toujours été national, mais, par cela même, il s'incorporait un des éléments par lesquels la nation française s'était formée, l'esprit italo-grec. S'inspirer uniquement de cet esprit lui est aussi impossible que s'en passer.

Il faut donc maintenir et fortifier l'École des Beaux-Arts, où la tradition française a son aboutissement, et l'Académie de France à Rome, où elle a son point de départ et de retour. Ni l'originalité individuelle ni la liberté des talents n'ont souffert en notre siècle de cette double institution. Ils leur doivent au contraire l'éducation première, la science que rien ne remplace; ils sont protégés par elle contre l'ignorance et l'infatuation. Les maîtres du passé apprennent la modestie et la conscience à quiconque les regarde longuement. Et lorsque, dans notre désir de nouveauté, dans cet esprit de dénigrement qui alterne chez nous avec l'excès de la satisfaction, nous sommes tentés de détruire, sous prétexte de réformes, des institutions qui ont coûté beaucoup de temps et d'efforts, d'aliéner ces legs où le passé a déposé pour nous des trésors d'expérience, songeons que, dans l'émiettement des écoles partielles, dans le triomphe de l'esprit individuel, c'est la communauté des études qui a maintenu l'unité de l'école française.

Songeons aussi que notre École des Beaux-Arts, unique au monde comme moyen d'études, est plus recherchée à elle seule par les étrangers que tous nos établissements d'enseignement supérieur réunis, et que, tandis que nous revenons périodiquement sur la nécessité de fermer la villa Médicis, l'Allemagne, l'Espagne et la Hollande, trois pays qui ont pourtant un art national, ouvrent à Rome des institutions du même genre. Le jour où nous abandonnerions le noble édifice qui déploie nos couleurs au

sommet du Pincio, nous y serions vite remplacés, et je n'ai pas besoin de dire par qui [1].

Si l'ancienne France n'avait qu'une École des
Beaux-Arts rudimentaire et si, avant 1789, l'Académie de France à Rome semblait fournir une
élite suffisante d'artistes, c'est que le patronat
et la maîtrise étaient fortement organisés. Le
patronat formait des artistes, et la maîtrise, c'est-
à-dire les corps de métier, les ouvriers d'art
décoratif. Les uns et les autres suivaient l'éducation lente, patiente et forte qui, en tout, était
la règle de l'ancien régime. Par la destruction
des maîtrises et la substitution de l'action de
l'État à l'initiative individuelle ou à l'éducation
libre, la Révolution assumait la responsabilité
de créer un enseignement national de l'art. Telle
était bien son intention et ce ne fut pas sa faute
si elle ne parvint pas à la réaliser. L'Empire et

1. L'Académie de France est installée à la villa Médicis
depuis 1803 (nivôse an XII). Elle occupait auparavant le palais
Mancini ou de Nevers, sur le Corso. Voir V. BALTARD, *Villa
Médicis à Rome*, 1817. C'est la plus belle des propriétés de la
France à l'étranger; quant à son régime intérieur, on pourrait écrire un curieux chapitre d'histoire artistique en retra-
çant l'existence qu'y mènent les pensionnaires. Ce chapitre
a été plusieurs fois esquissé; voir notamment FRANCIS WEY,
Rome, descriptions et souvenirs, 1871.

les gouvernements successifs qui, jusqu'en 1870, conservèrent avec docilité les institutions de l'Empire, ne virent dans l'art que le privilège d'une aristocratie, aristocratie d'artistes ou d'acheteurs, alors que la Révolution avait voulu en faire le bien de tous. Ils développèrent l'École des Beaux-Arts et maintinrent l'Académie de France; mais, pour l'enseignement général du dessin, c'est-à-dire pour la base de toute éducation artistique et la condition première de tout art appliqué, ils ne firent à peu près rien. Le dessin n'était pas enseigné à l'école primaire; dans les lycées et les collèges son enseignement était illusoire. J'en appelle aux souvenirs de ceux qui ont fait leur éducation avant 1870 : les cours de dessin ressemblaient à ceux de musique, de gymnastique et de langues vivantes; on n'y faisait rien ou pis que rien. Quelques villes entretenaient des écoles de dessin ou même de Beaux-Arts, mais on comptait celles de ces écoles qui montraient quelque vitalité et rendaient vraiment des services.

Le résultat, c'est que le goût public baissait avec une rapidité inquiétante et que l'art appliqué

14

se mourait. Encore quelques années de ce
régime, et l'art n'aurait plus vécu que par la
tête. Ses racines se desséchaient sur un sol qui
ne les nourrissait plus, et nos industries d'art,
compromises d'ailleurs par les conditions nouvelles de l'industrie et du commerce, allaient
disparaître. En vain les expositions internationales de Londres en 1851 et de Paris en 1855
et 1867 avaient offert à ce sujet des indices
menaçants et montré la supériorité rapide que
prenait sur nous l'étranger, longtemps notre tri-
butaire dans les industries d'art. Malgré les aver-
tissements d'observateurs éclairés, comme le
comte Léon de Laborde, on n'avait encore rien
fait en 1870.

L'exposition universelle de 1878 nous ouvrit
les yeux. Mais, dans l'intervalle et sans attendre
une nouvelle leçon, l'initiative d'un fonctionnaire, chose rare dans notre pays, parce qu'elle
y est singulièrement difficile, avait commencé
de remédier au mal. J'ai déjà cité le nom de
M. de Chennevières, directeur des Beaux-Arts de
1873 à 1878. Malgré les critiques soulevées par
son administration, il a été un de ces grands

directeurs, tenaces et volontaires, laborieux et
patients, mettant une rare puissance de travail
au service de quelques idées fortes, comme l'administration française en a compté beaucoup et
dont le dévouement soutient des services con-
stamment ébranlés par l'instabilité ministérielle[1].
Vers 1876, reprenant un projet exposé dès 1865
par M. Eugène Guillaume, M. de Chennevières
avait mesuré toute l'étendue du mal et résolu d'y
remédier. Il s'agissait non pas de restaurer l'enseignement du dessin, mais de le créer, non pas
même de relever des ruines, mais de bâtir un
édifice neuf.

Car, si l'ancienne France avait un enseignement du dessin fortement organisé, il reposait
uniquement sur la tradition, l'empirisme, le
goût individuel, toutes choses utiles ou excellentes, mais il n'avait pas de caractère rationnel.

1. Très attaqué, selon l'usage, M. DE CHENNEVIÈRES a tenu,
avant de prendre sa retraite, à exposer les principes qui
l'avaient guidé et les résultats qu'il avait obtenus. Il l'a
fait, sous une forme digne et complète, par un *Rapport au
ministre de l'Instruction publique, des Cultes et des Beaux-
Arts*, 1878. Ce rapport conserve la valeur d'un programme;
tout ce que le manque de temps, d'argent ou d'appui l'a
empêché de faire, M. de Chennevières en expose du moins
les projets.

Or, tout système d'enseignement, même en art, doit être une application de la méthode scientifique; il est d'autant plus sûr que ses principes sont plus directement inspirés par elle. Allait-elle, cette méthode, trouver la formule dont l'enseignement du dessin avait besoin, lui tracer une voie sûre, le mettre à même de produire en peu de temps tout le bien que l'on attendait de lui, de réparer le mal fait par trois quarts siècle?

Saisi par M. de Chennevières, le Conseil supérieur des Beaux-Arts fut gagné à ses raisons. Trois ans après, M. Eugène Guillaume, directeur général des Beaux-Arts, obtenait la création d'un bureau de l'enseignement dans son administration, et son ministre, M. Bardoux, faisait voter par les Chambres un crédit annuel de 51 000 francs, destiné à créer une inspection de l'enseignement du dessin. Vivement menée, l'enquête de ces inspecteurs fournissait à Jules Ferry les arguments nécessaires pour obtenir un second crédit annuel de 350 000 francs. Celui-ci devait servir à subventionner les écoles des Beaux-Arts et de dessin dans les départements. Jamais argent ne fut mieux employé. Avec cette somme, la direction des Beaux-Arts parvenait à organiser en quelques années l'enseignement du dessin dans les lycées, les collèges et les écoles primaires. En même temps, elle réorganisait l'École d'art décoratif de Paris, fortifiait les écoles des Beaux-Arts des départements, encourageait les créations municipales d'écoles d'art industriel et, surtout, faisait prévaloir dans toutes les écoles une méthode rationnelle d'enseignement [1].

Ici, la direction des Beaux-Arts avait trouvé le guide plus compétent et le plus dévoué dans M. Eugène Guillaume, un traditionnel ouvert aux nouveautés, surtout un esprit éminemment méthodique. M. Guillaume, nourri dans le culte de l'art pur, était persuadé que l'art est un; que, par conséquent du plus haut au plus bas, son enseignement doit reposer sur les mêmes principes. Cette théorie est devenue banale; en ce

1. Voir, à la suite du rapport sur le budget des Beaux-Arts pour 1884 par M. Antonin Proust, une note très intéressante et très complète fournie par la direction des Beaux-Arts sur les écoles nationales et municipales des Beaux-Arts et de dessin dans les départements, leur histoire, leur organisation et leurs rapports avec l'administration centrale.

temps-là elle était hardie et vivement contestée. Avec douceur, avec fermeté, avec suite, M. Guillaume persuada ses confrères et la plupart de ses adversaires que, l'art ayant pour but de représenter la nature, il doit décomposer par l'analyse la synthèse que la nature offre à l'observation, démêler d'abord la géométrie cachée qui soutient et explique les formes, partir du dessin linéaire pour arriver au dessin d'imitation. C'était tout simple et c'était aussi hardi que neuf. Par entêtement d'esthétique, on objectait au réformateur que, seule, la figure humaine est capable de former le goût et qu'il faut, du premier coup, la prendre telle qu'elle est, avec son modelé. Mais, de même que l'enseignement des lettres commence par la grammaire et aboutit à la rhétorique, de même que l'arithmétique est le chemin nécessaire des mathématiques supérieures, de même dans le dessin, il faut partir des formes les plus simples — lignes droites et courbes, polygones et circonférences — pour arriver aux combinaisons de la nature vivante.

Ce principe admis, l'enseignement du dessin

ne relevant plus seulement du sentiment individuel et de l'habileté naturelle, mais de l'étude et
du travail, les diverses catégories d'élèves se
trouvaient dotées d'un instrument sûr et souple,
qui leur apprenait graduellement à reproduire
toutes les formes avec vérité. Les divers ordres
d'enseignement artistique, primaire, secondaire
et supérieur, avaient un point de départ commun
et, selon leur but, poussaient ou restreignaient
dans l'application les principes d'une méthode
toujours la même et suffisant à tout, car elle
reposait sur la logique [1].

Aujourd'hui l'enseignement du dessin est partout constitué. S'il n'en est pas en France
comme au Japon, où les enfants apprennent en
même temps à dessiner et à écrire, du moins y

1. A la suite de la publication de la présente étude dans *le
Temps*, M. Eugène Guillaume m'a fait l'honneur de m'écrire
une lettre dont je reproduis la partie essentielle dans l'appendice du présent volume. Elle précise en plusieurs points les
indications sommaires que je donne ici; elle les rectifie en
d'autres. Il résulte notamment de cette lettre que la création
d'un enseignement rationnel du dessin était préparée depuis
longtemps; elle indique aussi comment, après la retraite de
M. de Chennevières, elle fut continuée par M. Guillaume. On
y remarquera l'intérêt témoigné par Victor Duruy aux projets
de M. Guillaume et l'on ne s'étonnera pas de trouver ainsi
l'influence du grand ministre au berceau d'une institution
dont un tel esprit ne pouvait méconnaître l'utilité.

a-t-il chance pour que toutes les aptitudes artistiques soient suscitées et favorisées. Nous avons
étudié les institutions d'enseignement artistique
à l'étranger et profité de leur exemple [1]. Après
ses programmes, et avec la même rapidité,
l'enseignement nouveau a reçu un corps de
professeurs, nombreux et savant. L'État l'a fait
accepter par les départements et les municipalités. Les ressources de cet enseignement n'ont
pas été augmentées et elles lui suffisent encore
pour obtenir des résultats toujours plus considérables. Je renvoie, pour apprécier ces résultats,
aux statistiques spéciales, notamment au remar-

[1]. Plusieurs enquêtes ont été instituées à ce sujet et quelques-unes ont provoqué des travaux considérables. Voir,
notamment, E. Saglio, *Rapports sur l'organisation des musées, Allemagne*, 1886, et *Sur l'enseignement en Autriche des
arts appliqués à l'industrie*, 1890; M. Vachon, *Rapports sur
les musées et les écoles d'art industriel et sur la situation des
industries artistiques en Allemagne, Autriche-Hongrie, Italie
et Russie*, 1885; *Suisse et Prusse rhénane*, 1886; *Belgique et
Hollande*, 1888; *Danemark, Suède et Norvège*, 1889; *Angleterre*,
1890; E. F. Régamey, *Rapport sur l'enseignement du dessin en
Amérique*, 1881. Voir aussi le travail d'ensemble, récemment
publié par la direction des Beaux-Arts (mai 1894), à l'occasion du congrès des Arts décoratifs, *Résumé des rapports
de missions sur les institutions d'enseignement industriel et
artistique à l'étranger*. Outre le résumé des travaux que je
viens de citer, on y trouvera celui d'un important rapport
de M. Victor Champier sur *l'Art et l'industrie aux États-Unis
d'Amérique*.

quable rapport rédigé par M. Paul Colin sur l'*Enseignement des arts du dessin*, à la suite de l'Exposition de 1889. Il me suffira de dire que, depuis
M. de Chennevières, tous les directeurs des
Beaux-Arts ont eu à cœur d'étendre le bien-
fait de l'institution. Secondés par le chef du
bureau de l'enseignement, M. Crost — qui
joue, pour sa part, un rôle assez semblable à
celui que M. de Chennevières a joué pour la
sienne, car, plus stable qu'un directeur, il procure à ses chefs la continuité des vues, — ils
ont tous servi la « méthode » et la « cause »,
comme on dit rue de Valois. Ils ont compris,
en effet, que, dans une démocratie comme celle
de la France contemporaine, avec la concurrence acharnée que se font les divers pays
d'Europe sur le terrain de l'art industriel, la
raison d'être de l'action de l'État en matière d'art
consiste à préparer des ouvriers d'art, au moins
autant qu'à former des peintres et des sculpteurs.
Pour cela, le plus sûr procédé est de répandre
un enseignement élémentaire du dessin qui suf-
fise, comme moyen de travail immédiat ou préparation d'une éducation supérieure, à tous ceux

qui, du plus haut au plus bas, étudient l'art, pur ou appliqué.

En ceci comme en tout le reste, la direction des Beaux-Arts vient en aide à l'initiative privée ou s'appuie sur elle, suppléant à l'insuffisance de ses propres ressources par l'appui moral et les encouragements de l'État. Elle s'est mise en rapport avec les chambres syndicales des industries d'art; elle a donné des modèles, des livres et des prix aux écoles qu'elles entretiennent; elle a invité leurs représentants à siéger dans ses commissions. Les résultats de cet appui réciproque se sont manifestés avec une clarté frappante à l'Exposition universelle de 1889, dans la section de l'enseignement des arts du dessin. Aussitôt après l'Exposition, se formait, par les soins du regretté Gustave Sandoz [1], une *Société d'encouragement à l'art et à l'industrie*, recrutée parmi les représentants les plus considérables des industries d'art et qui se plaçait sous le patronage de la direction des Beaux-Arts. Cet accord, par l'institution de concours et de bourses

1. Voir, sur Gustave Sandoz et son œuvre, la notice de MM. Ém. Cuper de Postel et L. Layus, 1894.

d'apprentissage, qui ne coûtent rien à l'État,
produit déjà de très heureux effets.

Je le dis avec une profonde conviction acquise
dans la pratique du service des Beaux-Arts, cette
impulsion donnée à l'enseignement du dessin,
à tous les degrés, est le bien et peut-être le salut
de ce service. Oui, le salut. Le budget des
Beaux-Arts ne passe plus tout seul à la Chambre
et la presse le discute sans bienveillance. Il a eu
son moment de faveur, de 1879 à 1884. Alors,
il obtenait assez facilement des augmentations
de crédits. Depuis, il est épluché et rogné.
Parmi ses rapporteurs qui, tous, devraient être
ses défenseurs naturels, parce qu'ils peuvent
l'étudier de près, s'il en est qui le défendent
avec vigueur et succès, plusieurs, par ignorance
ou par étroitesse de vues, voire pour servir de
mesquines rancunes, se sont rangés au nombre
de ses ennemis. Pourtant, il n'est si petite
somme qui ne soit nécessaire, dans ce service
pauvrement doté. Qu'il s'agisse des institutions
ou des personnes, l'État ne lui donne pas trop
d'argent. Même les inspecteurs des Beaux-Arts,
généraux ou ordinaires, ont leur utilité et

ne font pas double emploi avec les inspecteurs de l'enseignement du dessin. Mais je n'ai pas à les défendre ici et, certainement, ils ne seront pas abandonnés par leurs défenseurs naturels.

Mieux vaut, pour conclure, indiquer le lien qui unit étroitement les diverses parties du service et doit leur servir à toutes de sauvegarde. Sous un régime tel que le nôtre, c'est l'enseignement de l'art qui justifie un budget d'État pour les Beaux-Arts. Un enseignement suppose des musées, c'est-à-dire des collections de modèles. Il faut donc un budget des musées. Les musées doivent être tenus à jour et accueillir les œuvres marquantes de l'art contemporain. D'où la nécessité de voter des fonds pour les acquisitions d'œuvres d'art. Les théâtres peuvent sembler au premier abord des institutions de luxe; à y regarder de près, eux aussi sont des musées de l'art dramatique et musical. Ils se recrutent par un enseignement particulier, qui forme aussi des maîtres pour l'enseignement général.

Ainsi, dans le budget des Beaux-Arts, tout se

rattache à l'enseignement et se justifie par lui;
tout y sert la démocratie, par l'instruction du
plus grand nombre. C'est à ce point de vue
que je me placerai pour étudier, dans une prochaine lettre, l'organisation des musées.

16 juillet 1895.

II

LES MUSÉES

Origine des musées. — Musées nationaux et musées départementaux. — Incohérence de l'organisation et insuffisance de la législation. — Le Louvre : remaniements et accroissements nécessaires. — Nécessité d'un musée d'art décoratif. — L'enseignement par les musées.

Nationaux ou municipaux, les musées de France sont de date récente : ils ne remontent vraiment qu'à la Révolution. C'est dire que les grandes époques de l'art s'en passaient. Un musée, c'est une réunion d'objets d'art, sans rapports nécessaires les uns avec les autres, disparates pour parler net, mais qui, ayant une valeur propre ou historique, sont exposés pour servir à l'agrément et à l'instruction des visiteurs. L'idéal d'un musée serait celui où chaque

objet de peinture et de sculpture — car d'architecture il ne peut être ici question — marque-
rait une date et où l'on pourrait suivre, sur
fragments, l'histoire complète d'un art ou de
l'art dans un pays ou en tous pays. Chaque
musée essaie de se rapprocher de cet idéal,
aucun ne l'atteint. A peine si, en prenant dans
tous les musées du monde, on pourrait constituer un musée universel et sans lacunes.

Les anciennes époques de l'art ne poursui-
vaient pas cette entreprise chimérique. Il leur
suffisait d'élever des édifices — temples ou
églises, palais ou hôtels de ville, châteaux ou
logis — répondant à leurs besoins et où elles
réalisaient le beau par l'utile. A ces édifices,
l'architecture, la peinture et la sculpture con-
couraient par des œuvres inséparables de l'ensemble dont elles faisaient partie et de la place
qui leur était marquée. Chaque toile et chaque
figure étaient commandées par cette nécessité.
Même la statue isolée se rattachait à une conception d'ensemble, et, en la modelant, le sculpteur suivait un programme. Même le tableau de
chevalet était commandé pour une destination

spéciale. Une ville, reconnaissante envers un grand homme, lui élevait un monument sous la forme et sur l'emplacement qui répondaient le mieux au but de cet hommage. Un simple portrait était destiné à telle salle, un tableau à telle église. Dans les arts mineurs, c'était encore et surtout l'utilité qui commandait chaque objet, ustensile ou arme, vase ou épée, monnaie ou bijou. Comme la théorie de l'art pour l'art, celle de la curiosité artistique sans autre but qu'elle-même, eût été alors un non-sens.

Il faut descendre très bas dans l'histoire pour trouver non pas l'origine du goût qui a donné naissance aux musées — il y avait déjà, chez les anciens Romains, des amateurs et des collectionneurs, — mais sa diffusion et une action sensible exercée par lui sur la production et la conservation des œuvres d'art. Le dilettantisme, c'est-à-dire l'amour éclectique de l'art pour l'art, est un fruit des civilisations avancées. Le jour où les chefs des républiques et des principautés italiennes, où les rois de France commencèrent à former des *cabinets*, c'est-à-dire, à réunir, en dehors de leurs grands appartements, où chaque

œuvre d'art avait un rôle dans la décoration
générale, des collections d'objets dont tout l'intérêt résidait dans leur beauté propre et où l'antique se rangeait à côté du moderne, le tableau
de sainteté près d'une bacchanale, le buste d'un
César près de l'image de la Vierge, le ciboire
près d'un hanap, ce jour-là, les premiers musées modernes prirent naissance [1]. Pour donner
un caractère public à ces collections il suffira

1. Voir, sur cette question, le lumineux exposé du comte
De Laborde, *De l'union des arts et de l'industrie*, 1856, t. I,
p. 83 et suiv., 110 et suiv. Il dit notamment : « Les tableaux
placés dans l'église sur l'autel, les tableaux de sainteté accro-
chés au chevet du lit, et surtout ces tableaux à deux volets
où l'on peignait des scènes de la Passion, et qui servaient *d'autels portatifs*, doivent être considérés comme
le point de départ de la décoration des appartements par
des tableaux-meubles; les portraits ne vinrent qu'ensuite ».
Et encore : « Le mot de *cabinet*, qui désignait, au milieu
du xviie siècle, la plus privée des petites chambres d'un
appartement..., s'appliquait aussi aux chambres qui formaient
des petits appartements, auprès ou au-dessus des grands;
ceux-ci, tout entiers réservés à l'apparat, étaient décorés par
l'architecte et tendus de tapisseries. Si le peintre intervenait,
c'était en traçant ses compositions sur les plafonds, les
lambris et les places réservées exprès dans la décoration:
mais les tableaux qu'on accroche et qu'on déplace à volonté
n'y avaient pas entrée, à l'exception toutefois des grands
tableaux que l'architecte avait compris dans l'ornementation
générale et rivés à poste fixe et d'un ou deux cadres de sainteté placés dans l'alcôve de la chambre à coucher. Quant aux
tableaux-meubles, on les réservait pour les *cabinets*... ; le
cabinet des médailles, ceux des estampes, des laques du Japon,
des porcelaines de Sèvres sont venus de là. »

de les ouvrir et, pour leur donner un développement énorme, d'y recueillir tous les débris
artistiques des édifices détruits, mutilés ou déna-
turés par les révolutions, apportés par le butin
de guerre, procurés par la dissolution des fortunes privées.

Désormais, la marche des événements se
chargera de les enrichir. En France, l'amas de
ruines accumulées par la Révolution arrache à
leur destination primitive une quantité d'objets
d'art. Les résidences royales et les châteaux, les
églises et les couvents, livrent à la nation leurs
tableaux et leur statues. En 1793, la Convention
réunit au Louvre, sous le titre de *Muséum
national des arts*, les anciennes collections
royales, et c'est la véritable origine de notre
grand musée. En même temps, elle ouvre des
« dépôts provisoires », où sont recueillis tous
les objets d'art affluant des divers points du territoire.

Le plus riche et le plus célèbre de ces dépôts
fut celui qu'Alexandre Lenoir organisa au couvent des Petits-Augustins et qui subsista jusqu'en 1816 sous le titre de *Musée des monuments*

français. Le gouvernement consulaire créait, en 1802, le musée du Luxembourg, pour la peinture et la sculpture contemporaines, le gouvernement de Louis-Philippe celui de Versailles, en 1837, pour l'histoire de France; le second empire celui de Saint-Germain, en 1867, pour les antiquités nationales. Telle est l'origine de nos quatre musées nationaux.

Successivement, d'autres musées d'État se sont joints à ceux-là : le musée de Cluny, pour l'art du moyen âge, en 1843, par l'acquisition de la collection du Sommerard; le musée de sculpture comparée, collection de moulages organisée en 1879 au Trocadéro, d'après un programme tracé par Viollet-le-Duc [1]; le musée Khmer, créé, de 1873 à 1878, par le lieutenant

---

1. Ce musée est une de nos plus utiles institutions d'art. Voir le catalogue de 1890 et le catalogue raisonné publié en 1892 par MM. L. COURAJOD ET P.-F. MARCOU. Il convient d'ajouter que l'idée première de Viollet-le-Duc fut élargie et complétée par L. DE RONCHAUD, secrétaire général de l'administration des Beaux-Arts. Viollet-le-Duc, dans son amour exclusif du moyen âge, n'admettait les œuvres antiques dans son programme qu'à l'état d'éléments de comparaison. L. de Ronchaud fit décider que le musée de sculpture comparée répondrait vraiment à son titre en réunissant, à côté des monuments de la sculpture française, les principaux types de l'art antique et de l'art étranger.

Delaporte ; le musée d'ethnographie, ouvert en 1882 ; le musée des religions offert à l'État par M. Guimet, en 1888.

A côté de ces musées d'État, nationaux en fait, s'ils ne le sont pas en titre, plusieurs établissements publics ont aussi les leurs; ainsi, la Bibliothèque nationale avec ses cabinets des estampes et des médailles, l'École des Beaux-Arts avec sa collection de moulages et de copies, les musées de céramique et de tapisserie annexés aux manufactures nationales de Sèvres, des Gobelins et de Beauvais, le garde-meuble, le musée d'artillerie et celui du Conservatoire des arts et métiers, sans parler de collections qui sont de véritables musées, comme celles du Conservatoire de musique, de l'Opéra et de la Comédie-Française.

Tout cela constitue un ensemble très riche et très incohérent, mal installé et mal classé, répondant de manière insuffisante à son double but d'agrément et d'enseignement. C'est une image fidèle de la France elle-même depuis cent ans, bouleversée par les révolutions, campant au milieu des ruines, créant un nouvel état social

avec les débris de l'ancien régime, poursuivant
cette création avec une énergie et une persévé-
rance admirables, mais périodiquement arrêtée
et obligée aux expédients, entreprenant beaucoup, ne finissant guère et espérant toujours,
pour unifier les résultats de ce travail confus,
l'apaisement des esprits et l'union des volontés
dans la patrie libre.

En même temps que les musées nationaux,
par le fait des mêmes circonstances et avec les
mêmes éléments, la Révolution constituait les
musées municipaux et départementaux. Selon
l'importance des villes, les œuvres d'art qu'elles
possédaient déjà, les locaux dont elles dispo-
saient, une commission instituée près le *Muséum
national des arts* répartissait entre elles les
œuvres qui n'étaient pas réservées pour le
Louvre. Jointes aux résultats des confiscations
et dispersions opérées sur place, à des donations
particulières, aux envois provenant des acquisitions de l'État aux Salons annuels, ces premières distributions d'œuvres d'art ont donné
naissance aux musées de province. Ils sont très
nombreux. Il n'est pas un chef-lieu de départe-

ment qui n'ait le sien. Mais il s'en faut que la
qualité réponde à la quantité. Quelques grandes
villes ont des collections vraiment dignes des
cités dont elles portent le nom; ainsi Lyon,
Marseille, Bordeaux, Lille, Nantes, Toulouse,
quelques autres. Ailleurs, la générosité d'un
particulier, léguant à sa ville une galerie formée
avec goût, l'a gratifiée d'un ensemble d'œuvres
choisies; ainsi Lille, dotée par Wicar, et Montpellier, à qui Fabre, Valedau et Bruyas ont laissé
successivement trois collections de premier ordre.
D'autres fois, un artiste a disposé de son atelier
en faveur de sa ville natale. Ainsi La Tour, dont
quatre-vingts et quelques pastels ou esquisses
forment, à Saint-Quentin, un ensemble d'un
intérêt exquis et puissant [1]; ainsi Ingres, dont
Montauban possède l'inestimable collection de
dessins et n'en expose qu'une partie. Enfin,
quelques villes ont su profiter des richesses d'art
que la crise révolutionnaire mettait à leur disposition et ont orné leurs musées d'œuvres uniques, nées sur leur sol, d'un intérêt à la fois

1. Voir, sur cette collection, une étude de M. MAURICE BARRÈS,
dans *Trois stations de psychothérapie*, 1891.

indigène et national, comme Dijon avec les tombeaux des ducs de Bourgogne.

Mais, pour quelques collections de ce genre, d'une importance capitale dans l'histoire de l'art, cause de fierté, moyen d'enseignement et source de richesse pour les villes qui les possèdent, installées avec goût et méthode, conservées avec soin et patiemment augmentées, que de piteuses galeries dont ne voudrait pas un amateur! Nombre de chefs-lieux de département appliquent le titre de musées à des bric-à-brac de tableaux d'église, d'oiseaux empaillés et d'armes rouillées auxquels vient se joindre à longs intervalles, sur les sollicitations du député local, un médiocre envoi de l'État.

Comme tutelle et contrôle sur ces musées grands et petits, l'action de l'État se réduit à un droit d'inspection motivé par les œuvres qu'il leur envoie et à une intervention dans la nomination des conservateurs. En réalité, il n'existe pas de régime légal pour les musées de province, alors que les bibliothèques en ont un [1]. Pour y

1. La seule prescription légale dont puisse user l'administration centrale sur les musées de province est le décret-

suppléer, l'administration des Beaux-Arts a usé
avec patience et diplomatie des moyens que lui
donnent les deux dispositions que je viens de
dire. Encore faut-il que la politique locale, imposée sur place au préfet, ne paralyse pas à distance le directeur des Beaux-Arts. Malgré tout,
avec ces moyens insuffisants, l'administration
centrale a beaucoup fait en liant la cause des
musées à celle de l'enseignement du dessin.
Comme fonds d'encouragement, elle dispose en
tout de 15 000 francs. Ce n'est certes pas en ceci
qu'il y a lieu d'économiser et de décentraliser.
La première chose à faire serait de donner une
législation aux musées de province; la seconde,
de leur constituer un budget d'État. Celui-ci
permettrait de leur appliquer le système des
subventions qui a donné de si remarquables
résultats dans les écoles d'art.

Le *Muséum national des arts* résultait d'une
de ces grandes idées, élevées et pratiques,
comme l'esprit révolutionnaire en a plus conçu
à lui seul, en quelques années, que l'ancien

loi du 25 mars 1852, qui attribue aux préfets la nomination
des conservateurs sur la présentation des maires.

régime en dix siècles. La Convention voulait
non seulement réunir les plus belles des œuvres
qui appartenaient désormais à la nation et les
rendre accessibles à tous, mais encore faire par
elles l'éducation du goût public et fournir des
moyens d'études aux artistes. Elle avait beaucoup détruit; mais était-il en son pouvoir de
moins détruire ou d'empêcher les destructions?
Certes, il eût mieux valu ne pas saccager tant
de palais, de châteaux, d'églises et de couvents;
mais la Révolution était une guerre, avec toutes
les nécessités et tous les excès de la guerre. La
victoire obtenue, la Convention voulait bâtir à
nouveau avec les matériaux que lui offraient les
ruines. En groupant les œuvres d'art d'abord
entassées dans les « dépôts provisoires », elle
créa les musées. Ceux-ci ne pouvaient être que
ce que sont par définition tous les musées : des
institutions d'enseignement et d'agrément. Pour
les législateurs révolutionnaires, c'est l'intérêt
d'enseignement qui venait en première ligne. Ils
avaient raison. L'état social qu'ils instituaient,
la démocratie, c'est-à-dire le gouvernement de
tous par tous et pour tous, se préoccupe plus

d'utilité que de plaisir et, même en matière d'art, il faut que chacune de ses institutions soit d'intérêt public [1].

Il n'y a pas d'enseignement sans méthode, et, dans un musée, la méthode se marque par le choix et le classement. Le musée national de France fut installé au Louvre par la force des choses [2]. En 1793, on ne pouvait, pour toutes sortes de raisons, lui élever un édifice spécial. Or, au Louvre, existait, depuis 1750, un noyau de musée à demi public. On se contenta d'y joindre les collections nouvelles aux collections anciennes. Cette nécessité initiale pèse encore sur le musée et lui impose la plus dangereuse et la moins commode des installations, la moins rationnelle aussi et la plus fâcheuse pour l'étude.

1. Sur les créations artistiques de la Révolution, voir E. DESPOIS, le Vandalisme révolutionnaire, 1868, et L. COURAJOD, Alexandre Lenoir, son journal et le musée des monuments français, 1878-1887. Ces deux ouvrages s'opposent exactement l'un à l'autre. On sait que le titre du premier est une antiphrase. Le second, de beaucoup le plus nourri, est aussi le plus passionné, et c'est dommage. Les faits et les documents dont il est rempli ne perdraient rien à être commentés avec plus de mesure. La thèse initiale prête aussi à beaucoup de réserves.

2. Voir ALBERT BABEAU, le Louvre et son histoire, 1895. On y trouvera, dans l'appendice, l'indication des emplacements actuellement occupés par le musée.

Un musée doit préserver les œuvres contre les chances de destruction, offrir des surfaces propres au classement, des salles moyennes, bien éclairées et peu élevées. Le Louvre est un vieux palais, formé de parties hétérogènes, où les chances d'incendie abondent. Il y a, outre le musée, deux ministères et la cour des Comptes. Les cheminées circulent dans les murs, et les dépôts de papiers s'accumulent en maints endrois[1]. Les salles sont immenses ou minuscules; dans toutes la lumière est défectueuse; dans quelques-unes, elle manque tout à fait. Surtout, elles sont trop hautes; d'où la disposition des tableaux sur trois ou quatre rangs. Nombre

1. Le danger de cette occupation du Louvre par diverses administrations est toujours grand ; il était alarmant en 1881. A cette date, le Louvre abritait : la préfecture de la Seine, le service des postes, le ministère des finances, le logement du gouverneur de Paris, celui des conservateurs du musée et d'une quantité de gardiens, ouvriers, lingères, domestiques, etc. M. ED. LOCKROY, rapporteur du budget des Beaux-Arts pour 1882, signalait énergiquement le mal : « C'est toute une ville, disait-il, et, malheureusement, une ville très peuplée ». Il révélait ce fait prodigieux que les magasins à fourrage pour les écuries du gouverneur de Paris se trouvaient au-dessous de la grande galerie de peinture. La commission du budget invita le gouvernement à prendre d'urgence les mesures nécessaires. Plusieurs administrations et un certain nombre d'employés durent déménager, mais la situation reste grave.

de toiles qui devraient être vues à hauteur
d'homme se trouvent à la hauteur d'un troisième
étage.

Le musée ainsi installé contient-il, du moins,
un ensemble d'œuvres qui, par leur valeur
propre ou leur intérêt historique, offrent un
enseignement complet de l'art? Il s'en faut de
beaucoup. Il y a au Louvre beaucoup d'œuvres
de premier ordre et quelques œuvres uniques,
mais les lacunes y sont énormes. Pour la partie
antique, on peut consulter l'étude comparative
d'Olivier Rayet avec les musées de l'étranger[1].

1. On trouvera ce rapport « sur la richesse et l'organisation
comparée du Louvre, du Cabinet des médailles, du Musée de
Berlin, du British Museum et de l'Ermitage », à la suite du
rapport de M. Antonin Proust sur le budget des Beaux-Arts
pour 1887. Professeur d'archéologie, Rayet traitait surtout
de l'art antique et de l'enseignement. Il constatait au Louvre
« une séparation complète, et souvent même une hostilité
sourde, entre le personnel des musées et celui de l'enseignement »; il estimait que, dans les acquisitions, on ne se plaçait
pas « au point de vue scientifique, mais à celui du curieux et
du dilettante ». Il ne voulait pas que le Louvre fût regardé
par ses conservateurs « comme un grand cabinet de collectionneurs, comme un endroit où des gens de goût doivent
venir de temps en temps faire un tour de promenade, et
passer une heure agréable au milieu de belles choses, achetées et exposées pour le plaisir des yeux ». Il constatait que
« une manière de voir toute contraire domine partout à
l'étranger » et que, « pour les Anglais comme pour les Allemands, un musée n'est pas un lieu de délassement, mais

Cette étude est sévère; elle n'en est pas moins juste dans ses conclusions principales. Il manque, au Louvre, pour la sculpture antique, des périodes complètes; il y a trop d'œuvres secondaires. Pour la peinture, ce département, formé d'œuvres acquises par les rois sous l'influence prépondérante de l'art italien, ne contient pas, pour la seule Italie, assez de toiles du xvᵉ siècle, il en contient trop du xviᵉ ou même du xviiᵉ; il y a trop de romains et de bolonais, pas assez de vénitiens et surtout de florentins. Il est très pauvre en espagnols et surtout en anglais. Mais, dans ce musée français, l'école française est encore une des moins bien partagées. Notre sculpture du moyen âge et de la Renaissance n'y a vraiment reçu que dans ces dernières années une part proportionnée à son impor-

d'étude, un véritable établissement d'enseignement, au même titre que les universités ». Il faut reconnaître que, depuis dix ans, s'il reste beaucoup à faire dans le sens indiqué par Rayet, le principe de la réforme est admis au Louvre. En 1882, a été créée une *École du Louvre*, dont les cours sont faits par les conservateurs du musée et qui a pour but de « former des élèves capables d'être employés soit comme conservateurs ou bibliothécaires dans les musées de Paris ou des départements, soit dans des missions scientifiques ou à des fouilles pour l'enrichissement de collections nationales ».

tance; notre peinture, assez bien représentée
pour le xviiᵉ siècle, offre des vides attristants
pour les origines, le xviiiᵉ et le xixᵉ siècle. Il
faut avoir le courage de dire la vérité. Ce Louvre,
dont nous sommes si fiers, ne justifie pas complètement notre fierté. Il renferme des trésors
et ne contient pas cette richesse moyenne que
devrait posséder en abondance un pays où l'enseignement de l'art est un service public.

Ce qu'il possède est-il, du moins, bien classé?
Ici encore il faut être franc. Jusqu'à ces deux
dernières années, le classement des collections
du Louvre était un exemple d'incohérence et de
désordre[1]. De l'origine à 1870, les musées
nationaux s'administraient eux-mêmes, et s'administraient mal. Placés sous l'autorité directe
de la Couronne, ils ne relevaient pas de l'administration centrale des Beaux-Arts. Aussi, sans

---

1. Cela au grand dommage de l'enseignement. Olivier
Rayet disait : « Nos collections publiques sont, non pas sans
doute absolument inutiles pour la science, mais tellement
incommodes à utiliser que très peu de gens s'en servent, et
que, pour le progrès des études archéologiques, elles ne donnent pas le dixième de ce qu'elles devraient produire. Le
musée du Louvre est moins connu des archéologues que le
musée d'Athènes. »

contrôle ni stimulants, acceptés tels quels par le public, ils restaient à peu près ce qu'ils étaient depuis 1815. De temps en temps, les tableaux ou les statues étaient déplacés, par caprice et comme pour le plaisir de dérouter le visiteur, en lui faisant chercher au petit bonheur l'œuvre qu'il voulait étudier. Les écoles étaient mêlées avec un arbitraire inouï. Italiens et espagnols, allemands et anglais étaient confondus, sans égard à l'école ni à la date. Il fallait chercher dans des salles différentes et à des centaines de mètres de distance, les œuvres d'un même pays, d'un même temps et d'un même artiste.

L'insuffisance des indications écrites correspondait au désordre du classement. La plupart des œuvres ne portaient pas sur leurs cadres l'indication indispensable de l'auteur, du sujet et de la date. Volumineux et coûteux, diffus et encombrés de longues dissertations, les catalogues étaient peu clairs et peu maniables. Travailler au Louvre était extrêmement difficile. Il y fallait beaucoup de temps et de peine. Sauf les copistes, toujours installés devant les mêmes tableaux, l'élève, l'amateur et l'archéologue fatiguaient également leurs yeux et leur esprit.

Peu à peu, de 1870 à 1880, une série de mesures ont enlevé aux musées nationaux cette autonomie fâcheuse. Aujourd'hui, ils sont rattachés, comme les autres parties du service, à la direction des Beaux-Arts, et, s'ils conservent la liberté d'action et l'initiative nécessaires au travail, l'administration centrale peut obtenir qu'ils fassent quelque chose pour améliorer le classement de ce qu'ils possèdent, faciliter la vue et l'intelligence des objets exposés. Une mesure récente, l'institution d'un Conseil des musées nationaux [1], a eu pour but d'ouvrir encore plus largement une administration qu'Olivier Rayet qualifiait d' « hermétiquement close ». En effet, le Conservatoire des musées nationaux, formé par la réunion des conservateurs, sous la présidence du directeur des musées, fonctionnait avec une indépendance que l'autorité ministérielle contrariait rarement. Il répartissait à sa

1. Elle était réclamée depuis longtemps. Voir ED. LOCKROY, *Rapport sur le budget des beaux-arts pour 1886*. Il convient d'ajouter que, déjà, dans son rapport sur le budget de 1881, M. Lockroy avait formulé dans leur ensemble la plupart des critiques que Rayet a exposées en détail.

guise les maigres fonds d'achat mis à sa disposition. Désormais, il devra compter, pour toutes les mesures importantes, avec l'avis du Conseil, où figurent des compétences notoires. Quoique les attributions de ce Conseil ne soient pas très nettement définies, on peut espérer quelques bons effets de son institution. Il ne saurait être comparé, quoi qu'on ait dit, au corps des *Trustees* qui contrôlent et surveillent le British Museum de Londres, ni même à la commission permanente des *Standing Committee*, à laquelle les *Trustees* délèguent leurs pouvoirs. En attendant que l'expérience lui indique les moyens de se rendre aussi utile que possible, il aura du moins cet effet d'attirer l'attention du public sur les accroissements nécessaires du Louvre. Déjà, sa première réunion a été suivie d'une importante libéralité, celle de M. le baron Edmond de Rothschild, qui lui a permis d'acquérir le trésor de Bosco-Reale [1].

La direction des Beaux-Arts a obtenu sans

---

1. Voir HÉRON DE VILLEFOSSE, *le Trésor d'argenterie de Bosco-Reale*, dans les *Comptes rendus de l'Académie des Inscriptions et Belles-Lettres*, 1895.

trop de peine que des cartels indicateurs fussent placés sur toutes les œuvres. Avec beaucoup plus de difficultés elle a fait établir, au moment de l'Exposition de 1889, des catalogues simples et à bon marché. Quant au classement, il ne gagnait guère en méthode et en clarté. Il y a un peu plus d'un an, un ministre des Beaux-Arts, M. Georges Leygues, a pris une décision énergique. Après une visite personnelle au Louvre, il a exigé que le classement méthodique commençât aussitôt. L'ordre ministériel a été exécuté.

On a donc beaucoup travaillé au Louvre depuis un an, par comparaison avec la nonchalance qui durait depuis un siècle. Mais comme il reste encore à faire! D'abord, il faut établir à nouveau des catalogues usuels, puisque la disposition des œuvres n'est plus la même, et, avec l'aversion que ce genre de catalogues inspire, je ne sais pourquoi, à quelques départements du Louvre, nous attendrons longtemps cette rédaction nouvelle. Tel département, celui de la sculpture du moyen âge, de la Renaissance et des temps modernes, n'a pas fourni son catalogue en 1889. Il n'en a d'aucun genre, ni détaillé ni succinct, ni gros ni petit. Cela sans autre motif qu'il n'en a pas, et il semble bien décidé à ne pas le fournir de sitôt [1]. Le prétexte, je crois, est qu'il est en voie de formation, et, de fait, il est enrichi chaque jour avec un zèle ardent. Mais, pour intéresser l'opinion et les pouvoirs publics à combler ses lacunes, le mieux ne serait-il pas d'indiquer ce qu'il a et ce qui lui manque [2]?

Pour le classement, à peine si les remaniements de ces derniers mois ont mis un peu d'ordre dans ce vaste désordre. Quelques salles ont été disposées avec plus d'agrément; un certain nombre d'œuvres sont moins pressées et mises en meilleur jour. Pour la disposition

---

1. Je dois dire que son histoire a été écrite avec intérêt et de manière à faire désirer plus vivement encore un catalogue. Voir L. COURAJOD, *Histoire du département de la sculpture moderne au musée du Louvre*, 1894.

2. En 1881, M. Lockroy, rapporteur du budget des Beaux-Arts, constatait que « la plupart des catalogues étaient ou inachevés ou épuisés et que les renseignements faisaient complètement défaut au public ». Il en exprimait un regret profond. L'aversion des conservateurs pour les catalogues n'en fut pas diminuée ni leur quiétude troublée. Sauf la publication des catalogues de 1889, la situation est à peu près la même à l'heure actuelle qu'il y a quatorze ans.

générale, la même incohérence subsiste. Vou-
lez-vous des exemples? Parcourez les salles
de peinture. Dès l'entrée, la salle Henri II
vous offre une prodigieuse salade d'œuvres
et de noms : Girodet, Courbet, Ingres, Diaz,
Chassériau, Benouville y figurent côte à côte.
Mais dira-t-on, c'est ici une salle sacrifiée.
Il y a là pourtant quelques œuvres qui mérite-
raient un meilleur traitement. Continuez la
promenade, et passez dans la salle Duchâtel.
Vous y trouvez la *Source* et le *Sphynx* d'Ingres,
avec des Luini, des Memmling et des Antonis
Moor. Comptez ce que cela fait de siècles,
d'écoles et de pays. Pourquoi ces toiles d'Ingres
sont-elles séparées des autres œuvres du même
maître? Pourquoi *Madame Récamier*, de David,
est-elle dans une autre salle que le *Sacre*? Pourquoi l'*Erasme* n'est-il pas avec les autres tableaux
d'Holbein? Pourquoi les paysagistes de l'école
anglaise se trouvent-ils dans la même salle que
les Lesueur? Dans la grande galerie, qui offre
sur ses immenses parois toutes les facilités de
classement méthodique, pourquoi l'école française du XVIᵉ siècle succède-t-elle aux écoles

italiennes et espagnoles? Pourquoi les Van Dyck,
les Rembrandt et les Van der Meulen sont-ils
éparpillés, au lieu d'être groupés? Je pourrais
multiplier ces questions, et je n'y vois pas de
réponse possible. Ce désordre n'a d'autre motif
que d'exister depuis longtemps.

Il importe que l'administration, la presse, le
public, réclament et obtiennent le Louvre auquel
ils ont droit. Ce qui a été fait dans ces derniers
temps n'est rien au prix de ce qui reste encore
à faire pour mettre un peu d'ordre dans cet amas
incohérent, pour y faciliter l'étude et le travail,
pour faire de notre premier musée ce qu'il doit
être avant tout : un moyen d'enseignement. Il
faudra toujours compter avec la mauvaise disposition des locaux. Pas plus aujourd'hui qu'en
1793 on ne peut songer à bâtir pour notre grand
musée un édifice spécial, et le Louvre tel qu'il
est, avec ses salles inégales, ses immenses galeries et ses cabinets noirs, la décoration de plusieurs salles, écrasante de richesse lorsqu'elle
est ancienne, de lourdeur lorsqu'elle est moderne, restera toujours un dédale somptueux
et incommode pour l'organisation d'un musée.

Du moins peut-on exiger que les conservateurs
tirent un meilleur parti de ces locaux défec-
tueux, qu'ils disposent les œuvres d'après la
chronologie, qu'ils nous donnent des catalogues.

Le Louvre est immense, et pourtant, si l'on
pouvait le consacrer tout entier au musée, il ne
serait pas trop grand, à condition de ne placer
les tableaux que sur deux rangs, c'est-à-dire à
la portée de l'œil. Les pouvoirs publics, et surtout l'opinion, qui, dans notre régime actuel,
est la souveraine maîtresse et la plus obéie,
tôt ou tard, devraient se préoccuper des dangers
permanents que font courir aux collections d'art
entassées dans une partie du Louvre les administrations logées dans l'autre partie. Si le ministère des Finances, le ministère des Colonies et
la cour des Comptes pouvaient être transportés
ailleurs — au Palais-Royal, par exemple, d'où
la vie se retire, — avec les locaux qu'ils lais-
seraient libres on pourrait faire à l'intérieur du
Louvre, de tout le Louvre [1], admirable d'archi-

---

1. « Le Louvre doit appartenir tout entier à nos collections
artistiques et n'appartenir qu'à elles. » (Ed. LOCKROY, Rapport sur le budget des Beaux-Arts pour 1882.)

tecture extérieure, un musée digne de la France
et de l'art français. Il resterait alors à gou-
verner le talent de nos architectes; il faudrait
les obliger à subordonner l'installation aux œuvres, à ne pas écraser les tableaux et les statues
par l'ornement des plafonds, à se préoccuper de
l'éclairage, à pratiquer de petites salles pour les
œuvres de dimensions moyennes, à installer des
cabinets, comme on disait jadis, pour les œuvres
de cabinet, et des *galeries* pour les œuvres de
galerie. On ne peut pas loger des Teniers comme
des Rubens, ni des Meissonier comme des Dela-
croix. Cela semble élémentaire, et, pourtant,
cela est encore méconnu.

Il resterait alors à combler les lacunes, et
pour les acquisitions nouvelles, au Louvre
comme dans les autres musées nationaux, à
s'inquiéter uniquement de ce que doit être un
musée, de nos jours et en France.

Pour combler les lacunes il faut de l'argent,
et jusqu'à l'année dernière les musées nationaux
étaient misérablement dotés. Ils avaient à leur
disposition un fonds annuel de 162 000 francs
à se partager entre eux quatre, alors que Lon-

dres dispose de 800 000 fr., et Berlin de 510 000.
Notez encore que ce fonds devait être dépensé
annuellement sans réserve, que le marché artistique offrît ou non des acquisitions désirables.
Le résultat, c'est que le Louvre — Versailles
et Saint-Germain ne coûtant presque rien, et
le Luxembourg ayant d'autres ressources, —
presque toujours à court pour les grandes acquisitions, éparpillait son argent sur les petites et ne
paraissait même pas dans les ventes importantes.
Les musées étrangers, libres de répartir leurs
ressources sur plusieurs exercices, s'y dispu-
taient sans lui les œuvres maîtresses. Combien
nous ont échappé de la sorte dans ces dernières
années! Pour les œuvres françaises, il fallait
que des particuliers, par des legs ou des dons,
comme Lacaze — à qui nous devons, entre
autres, les seuls Watteau que nous possédions,
outre *l'Embarquement pour Cythère* — et
Mme Pommery — qui, à défaut de *l'Angelus*,
offrait au Louvre *les Glaneuses* de Millet —
vinssent en aide à l'État. La constitution récente de la caisse des musées, si défectueuse
qu'elle soit encore — c'est une simple addition à

la loi annuelle de finances, alors qu'elle aurait
dû former une institution spéciale, sérieusement
étudiée et largement dotée, — cette création a
remédié en partie au mal [1]. Ici encore, heureusement, les particuliers ne demandaient, pour
se montrer généreux envers nos musées, qu'à
savoir où porter leur argent. Quelques-uns
même, comme Mme la marquise Arconati-Vis-
conti, Italienne de nom, Française de naissance
et de cœur, avaient devancé l'initiative de l'État
et pourvu par testament à cette future caisse.

Il faut aussi, pour compléter nos musées, une
méthode d'acquisition, aussi nécessaire que la
création d'un caisse. J'ai dit plus haut ce que,
par définition, devrait être un musée. On ne
saurait songer à en faire la réunion des princi-

1. Le projet de cette caisse des musées est resté près de
dix-sept ans à l'étude. S'il n'a pas abouti plus tôt, ce n'est pas
la lenteur traditionnelle des bureaux qu'il faut accuser;
chaque année, ou peu s'en faut, l'administration des Beaux-
Arts, aidée par quelques députés amis de l'art, revenait à la
charge. Il faut surtout mettre en cause l'incohérence du
travail parlementaire. Voir, sur l'historique de la question,
le rapport rédigé en 1891, par la sous-commission du Conseil
supérieur des Beaux-Arts, « pour la création d'une caisse
des musées ». Voir aussi, parmi les nombreux articles et
brochures publiés à ce sujet, E. RICHTENBERGER, la Caisse des
musées, 1894.

pales richesses d'art d'un pays. Elles sont à leur
place dans les édifices qu'elles décorent, à l'endroit et dans la destination pour lesquels elles
ont été conçues. Il ne faut dépouiller qu'à la dernière extrémité un palais, une église et une place
publique, une ville ou une province, des œuvres
d'art qui non seulement sont leur parure, mais
qui expriment leur génie et racontent leur histoire. Louis XVIII eut raison de disperser, en
1816, le musée Lenoir, si intéressant qu'il fût,
et de rendre à chaque édifice les œuvres dont
il avait été dépouillé. Récemment, j'ai vu avec
peine le tombeau de Philippe Pot entrer au
Louvre; je l'aurais préféré au musée de Dijon.
Je comprends qu'à la suite de l'Exposition de
1889 l'évêque d'Autun ait refusé de céder au
Louvre, en échange d'une copie, le *Saint Sébas-
tien* d'Ingres. Il n'est pas nécessaire que tout
afflue à Paris, et les richesses d'art de la France
doivent se répartir sur la France entière. En
outre, je répète qu'une œuvre d'art doit, autant
que possible, rester dans son pays et dans son
cadre. Les musées nationaux installés à Paris ne
doivent pas s'enrichir en dépouillant la nation

au profit de sa capitale. Surtout, ils ne doivent pas accaparer des œuvres qui, à leur place originelle, sont vivantes et, partout ailleurs, sont mortes. Le Louvre ne saurait traiter la France, au profit de Paris, comme lord Elgin a fait du Parthénon au profit de l'Angleterre.

Ce que peuvent faire nos musées, à ce point de vue, c'est de recueillir les épaves artistiques des grands naufrages de l'histoire. Tel a été le rôle du Louvre après la Révolution. Ils doivent aussi donner asile aux œuvres dépossédées de leur place primitive, profiter de ce que l'étranger ou des particuliers mettent en vente, s'enrichir des œuvres sans destination propre que les conditions nouvelles de l'art suscitent depuis la Renaissance : tableaux de chevalet et figures isolées. Toutes ces œuvres doivent se recommander par une valeur d'art et une valeur historique, la valeur d'enseignement résultant de ces deux-là. Il faut classer ces œuvres avec une méthode rigoureuse, en suivant la marche même de l'art, les présenter de manière accessible, multiplier les facilités d'étude, en un mot songer avant tout à l'enseignement. L'État n'est ni un collection-

neur ni un amateur. Il est le gardien de la tradition nationale. La fréquentation d'un musée doit
susciter et former des artistes. Elle doit aussi
exciter le désir de voir sur place les grandes
œuvres, dans leur pays, sous leur lumière, là
où elles sont nées. Tels sont les principes dont
notre grand musée national doit s'inspirer, maintenant qu'il peut combler ses lacunes et regagner
l'avance que des collections étrangères ont prise
sur lui.

Créés à diverses époques, nos musées ne
répondent pas à une idée d'ensemble, et les
quatre musées dits « nationaux » ne sont pas
les seuls qui méritent ce titre. Cluny a le caractère national au même degré que la galerie
d'Apollon. Ces distinctions, contraires à la logique, nuisent à l'étude; elles multiplient les
doubles emplois, empêchent les échanges, entretiennent un esprit d'autonomie et d'individualisme, souvent de taquinerie et d'envie. Il y
aurait tout profit à ce que tout ce qui a le caractère de musée fût placé sous une seule autorité
et organisé d'après les mêmes principes. Ces
principes se réduisent à trois; ils consistent à

observer l'histoire de l'art, la valeur propre et l'intérêt de l'enseignement [1].

Parmi nos musées d'État, il nous manque un musée d'art décoratif. J'ai dit, dans une précédente étude, combien cet art a besoin d'être encouragé. Le modèle des institutions de ce genre est en Angleterre, avec le South-Kensington [2]. En France, nous avons tous les éléments d'un musée semblable, mais ils sont disséminés à Cluny, au Louvre, au Garde-Meuble, dans les manufactures nationales, etc. Il suffirait de les réunir dans un seul local où nos ouvriers d'art trouveraient les moyens de renouveler leur originalité par la connaissance de la la tradition. L'État, seul, a les ressources nécessaires pour l'organiser. Il a préféré remettre le

1. L'éphémère ministère des Arts avait pris à ce sujet une utile mesure dont l'effet ne lui survécut pas. Un décret du 26 janvier 1882 divisait les musées en deux grandes catégories : 1° musées de l'État, 2° musées des départements et des villes. Dans la première catégorie étaient rangées toutes les institutions publiques ayant le caractère de musées, jusqu'aux musées spéciaux du Conservatoire des arts et métiers, du Conservatoire de musique et de l'Opéra.

2. Voir, sur l'origine et l'organisation du South-Kensington, A. DE MALARCE, *Thomas Twining*, 1895, étude sur l'initiateur de ce musée, « le promoteur de l'enseignement économique et artistique par l'objet », et MARIUS VACHON, *Rapport sur les musées et les écoles d'art industriel en Angleterre*, 1890.

soin de le créer de toutes pièces à une société privée, l'Union centrale des arts décoratifs. Cette société n'a pas encore abouti, quoiqu'elle semble décidée à sortir de la période de tâtonnements. En outre, elle ne saurait se substituer complètement à l'État et le décharger d'un devoir qui le regarde seul. Il possède, en effet, des modèles dont une société privée, si riche qu'elle soit, ne pourra jamais réunir l'équivalent, car ils sont uniques. Et, puisqu'il entretient une École des Arts décoratifs, il devrait avoir un musée qui fût pour cette école ce que le Louvre est pour l'École des Beaux-Arts.

Pour les musées de province, presque tout est à faire [1]. Il faudrait ici une législation qui permît à l'État de lutter contre la négligence des départements et des villes, un budget qui lui permît d'encourager et d'aider les initiatives locales. Il n'y a pas de collection si riche et si indigène qui ne puisse tirer profit des subsides ou des renseignements de l'administration cen-

1. Voir HENRY HOUSSAYE, *les Musées de province, leur origine et leur organisation*, dans la *Revue des Deux Mondes* du 1er avril 1880.

trale. Il n'y en a pas de si pauvre qui ne puisse
s'augmenter, avec un peu d'appui et quelques
conseils. Varié entre tous, précieux pour l'histoire et de grande valeur propre, l'art français
est peut-être celui pour lequel les musées de
province ont le moins fait et peuvent faire le
plus. A part quelques grandes collections d'art
formées avec beaucoup de soin et d'intelligence
dans quelques villes, comme à Lyon le musée
de soieries — pas plus ici que dans mes précédentes études, je ne sépare l'art appliqué de l'art
pur, — à part quelques autres qui sollicitent utilement l'appui de l'État, comme à Saint-Étienne
et à Reims, la plupart des villes françaises sont
trop indifférentes aux monuments de l'art en
général, et de leur art en particulier. Après la
grande crise de la Révolution, nombre d'écoles
d'art florissantes se sont fermées brusquement.
Il faudrait peu de chose pour les rouvrir. Je ne
dis pas que toutes les villes de France puissent
nous donner, comme Toulouse, une grande
école de sculpture; mais, la nature et la race
étant toujours les mêmes, il suffirait de susciter
par l'enseignement les énergies latentes, pour

faire reparaître la fécondité sur nombre de points aujourd'hui stériles. Les musées de province pourraient beaucoup pour atteindre ce résultat; ils sont le complément nécessaire des écoles régionales.

Il me reste à parler des théâtres et de l'enseignement musical et dramatique. Il y a moins à faire ici que pour les musées, mais les principes qu'il y faut appliquer sont les mêmes. J'essayerai de le montrer dans une prochaine lettre.

6 août 1895.

III

LE CONSERVATOIRE ET LES THÉATRES NATIONAUX

Origines du Conservatoire. — L'art théâtral et l'enseignement. — Le Conservatoire et la presse; les concours
publics. — Les méthodes et le personnel enseignant. —
Les réformes; le Conseil supérieur d'enseignement. — Les
concerts. — L'Opéra et l'Opéra-Comique. — La Comédie-
Française et l'Odéon.

Si l'on avait des doutes sur l'utilité du Conservatoire, on trouverait dans son histoire les meilleurs arguments pour s'en convaincre [1]. Comme
tout ce qui dure, notre École nationale de musique et de déclamation n'est pas sortie complète
des mains de ses fondateurs. Le temps et l'expé-

1. Voir LASSABATHIE, *Histoire du Conservatoire de musique
et de déclamation*, 1860, et le recueil publié par la direction
des Beaux-Arts sous le titre : *Législation théâtrale, recueil
des lois, décrets, arrêtés, règlements, circulaires, se rapportant
aux théâtres et aux établissements d'enseignement musical et
dramatique*, 1888.

rience l'ont constituée peu à peu, beaucoup plus
qu'un dessein réfléchi. L'ancien régime y avait
pensé; la Révolution l'a ébauchée; un demi-
siècle et cinq ou six régimes politiques ont
dégagé peu à peu ce que l'idée première de
l'institution contenait d'utile. Semblable au vieil
hôtel des Menus qui l'abrite et dont nos architectes ont fait, tant bien que mal, une école
populeuse, le Conservatoire résulte d'un vieux
projet royal repris par la Convention. Ce projet,
peu viable et confus à l'origine, a été lentement
fortifié et précisé.

Un chanteur et un comédien ne se forment
pas tout seuls. Il n'y a même pas d'art où l'éducation et le métier soient plus nécessaires que
dans le théâtre lyrique et dramatique. Une voix
et une diction mal formées se gâtent vite, tandis
que l'éducation non seulement les développe,
mais dirige leur force et y supplée au besoin.
Ici surtout, des moyens faibles peuvent beaucoup avec quelque habileté, et des moyens forts
restent stériles si l'artiste n'a pas appris à les
maîtriser. Cependant, depuis les origines de
l'opéra et de la comédie jusqu'à la Révolution,

les vocations musicales et dramatiques étaient à peu près livrées au hasard. On devenait chanteur ou comédien au gré de la nature et des circonstances. Les chefs de troupes recrutaient leurs sujets d'après les révélations des maîtrises religieuses et le hasard des débuts. Il y eut quelques essais d'écoles tentés par Lulli et Mlle Le Rochois pour l'Opéra; Lekain en demanda de semblables pour la comédie; entre 1782 et 1786, aux derniers jours de l'ancien régime, un arrêt du conseil fondait une école de chant et de déclamation; mais, somme toute, lorsque la Révolution éclata, rien de durable et de complet n'était encore fait [1].

C'est que, si hasardeuses qu'elles fussent, ces conditions assuraient à peu près le recrutement des artistes, et il n'était encore venu à la pensée de personne que l'art théâtral dût être une branche de l'enseignement public. En fondant la Comédie-Française et l'Opéra, Louis XIV ne prévoyait guère ce que serait leur histoire ni le

[1]. M. CONSTANT PIERRE annonce la publication prochaine de deux études sur ces diverses écoles : *l'École de chant de l'Opéra* et les *Anciennes écoles de déclamation dramatique.*

caractère qu'ils revêtiraient : il se préoccupait
simplement d'assurer ses plaisirs et ceux des
Parisiens. Malgré sa fameuse devise, le théâtre
lui-même ne songeait guère ni à moraliser ni à
instruire. Cette devise était un lieu commun littéraire et pas du tout un principe de gouvernement.

Lorsque la Révolution eut fermé les églises,
il fallut bien s'inquiéter de trouver des chanteurs ailleurs que dans les maîtrises et, en songeant aux chanteurs, on s'inquiéta aussi des
comédiens. D'autant que, pour ceux-ci, une
théorie révolutionnaire qu'il est facile de railler,
mais qui n'en reste pas moins juste, commençait à être formulée. Cette théorie professait que
le théâtre doit servir à l'instruction autant qu'à
l'agrément du plus grand nombre. Dès 1789,
Bailly écrivait : « Le théâtre, où beaucoup
d'hommes se rassemblent et s'électrisent mutuellement, est une partie de l'enseignement public ». Que cette théorie soit allée dans l'excès,
qu'elle ait nourri beaucoup d'illusions et abouti
souvent à des niaiseries, c'était inévitable dans
sa nouveauté et en un pareil temps. Il n'en res-

lait pas moins que, dans la pensée des législateurs révolutionnaires, le théâtre et l'enseignement de l'art théâtral allaient désormais devenir
le complément nécessaire des musées et des
écoles d'art plastique. De là tout un organisme
nouveau pour réaliser cette pensée. A cette
heure, les théâtres nationaux ont pour but de
conserver des œuvres capables d'enseignement,
au sens le plus large et le plus élevé du mot; le
Conservatoire de musique et de déclamation est
destiné à former des artistes capables de traduire
l'enseignement contenu dans ces œuvres. Si
l'État subventionne deux théâtres de chant et
deux théâtres de comédie, s'il entretient une
école pour recruter le personnel de ces théâtres,
c'est qu'il y trouve un intérêt national.

Dès qu'on les serre de près, ces principes
deviennent banaux à force d'évidence. Pourtant,
ils sont souvent méconnus. Bien des gens continuent à ne voir dans les théâtres que des lieux
de plaisir, dont le budget n'a pas à s'inquiéter,
et ils professent que ceux qui veulent s'offrir ce
plaisir doivent seuls le payer. La vérité, c'est
que notre héritage dramatique et musical est

une part de la richesse nationale; que, sans la tutelle de l'État, cet héritage s'amoindrirait dans le passé et ne s'accroîtrait pas dans le présent; que les théâtres nationaux distribuent, au point de vue de l'art, un certain genre d'enseignement, et que leur donner une subvention c'est assurer un service public.

La Convention était pénétrée de cette vérité lorsqu'elle continuait la protection royale à plusieurs théâtres, et surtout lorsqu'elle donnait d'un seul coup les plus vastes proportions à la modeste école ouverte par Sarrette pour former les musiciens de la garde nationale [1]. Depuis, Napoléon Ier, en mettant la Comédie-Française sous la dépendance plus étroite de l'État, et les régimes suivants, en constituant le groupe des trois autres théâtres nationaux, Opéra, Opéra-Comique, Odéon, n'ont fait qu'appliquer l'idée révolutionnaire.

Il peut être utile, pour les débuts d'une institution, de dépendre d'un seul homme sachant ce qu'il veut et le faisant librement. En ce cas, elle

1. Voir Constant Pierre, *B. Sarrette et les origines du Conservatoire national de musique et de déclamation*, 1895.

vaut ce qu'il vaut lui-même. Ce fut l'histoire du
Conservatoire de musique et de déclamation.
En quelques années, maître chez lui et très
autoritaire sous des formes douces, Sarrette eut
aménagé sa pépinière d'artistes. Cherubini et
Auber n'eurent qu'à continuer son œuvre, chacun
avec sa nature propre et ses préférences, mais
tous deux avec une notion nette de ce que devait
être l'institution. Depuis vingt-cinq ans, la direction du Conservatoire est aux mains de M. Am-
broise Thomas. Il n'y avait pas, en 1871, dans
l'école française, un artiste plus capable de
continuer l'œuvre de Sarrette. L'illustration
personnelle, la dignité du caractère, l'exemple
de la conscience et du travail, lui ont fait, entre
tous les directeurs du Conservatoire, une place
de reconnaissance et de respect.

Autour de ces directeurs, le Conservatoire a
groupé un ensemble de maîtres où ont figuré,
sauf exceptions rares, la plupart des artistes
capables d'enseigner l'art qu'ils pratiquaient
excellemment. A la composition musicale et à
l'exécution, au chant et à la comédie, il a fourni
une quantité d'auteurs, d'instrumentistes et

d'acteurs qui ont donné à la production artistique de notre siècle un éclat égal à celui des
plus brillantes et des plus fécondes époques. Pas
plus que l'École des Beaux-Arts, l'École poly-
technique ou l'École normale, il n'a formé tous
nos compositeurs, tous nos chanteurs et tous
nos acteurs : là, comme ailleurs, il faut toujours
compter sur les vocations libres ; mais il peut en
réclamer le plus grand nombre.

Cependant, on lui reproche, avec une insistance chaque année plus vive, de ne pas enseigner assez et d'enseigner mal. Pour apprécier
ces critiques il faut d'abord faire la part qui
revient au genre, à une époque spéciale de
l'année et à la manière dont les résultats de
l'enseignement dramatique et musical sont présentés au public. Le Conservatoire n'offre guère
plus d'insuffisances que nos autres grandes écoles
spéciales ; mais la nature de ce que l'on y enseigne fait que la presse s'occupe plus de lui seul
que de toutes les autres écoles réunies. Notre
passion nationale pour le théâtre et tout ce qui
en dépend lui a constitué une presse spéciale,
très attentive et très désireuse d'attention. Cette

presse est si nombreuse, que, pour y être écouté, il faut frapper fort, et l'on s'y fait une autorité par la violence plus aisément que par la justesse. Le public est toujours intéressé lorsqu'on lui parle théâtre, et il trouve qu'on ne lui en parle jamais trop. Esthétique supérieure et bas potins, considérations générales et critiques individuelles, il accepte tout. Les concours du Conservatoire ont lieu dans un mois où tout chôme, où journalistes et public trouvent difficilement à s'occuper. Jointe à l'attrait de curiosité qu'inspire le théâtre, cette disette fait que de modestes exercices d'élèves prennent les proportions d'un événement et que, pendant des semaines, comptes rendus, articles de fond et interviews roulent sur eux. En ce moment, une enquête de ce genre bat son plein.

Tout cela doit entrer en ligne de compte, lorsqu'il est question du Conservatoire et, dans les reproches qui lui sont adressés, il faut, comme on dit, diviser par soixante. D'éloges, le Conservatoire n'en reçoit guère, car le blâme se fait lire plus facilement que l'éloge. Il faut aussi tenir compte de la manière dont la presse et le

public sont mis à même d'apprécier les résultats
de cet enseignement. On les lui présente sous
forme de concours. Il n'y a pas de système plus
mauvais, plus trompeur, plus immoral. Voilà
des élèves, de simples élèves, qui n'ont jamais
paru — ou devraient n'avoir jamais paru —
devant le public, et, du jour au lendemain, vous
les obligez à subir le jugement d'une salle de
théâtre, la plus nerveuse et la plus passionnée
des salles, la plus incapable de réflexion et de
sang-froid. Sur une épreuve d'un quart d'heure,
ils hasardent tout le travail d'une année. Et ils
sont jugés de la sorte non seulement par l'assis-
tance, mais par le jury. Celui-ci, quoique isolé
dans sa loge, subit grandement l'influence de
l'atmosphère générale. Ce sont de belles tem-
pêtes lorsqu'il s'avise de n'être pas d'accord avec
le public. L'auditoire se transforme en réunion
publique.

Si, dans cette épreuve hâtive et factice, le
candidat réussit, il va aux nues; s'il échoue, il
tombe à plat. On traite ce débutant comme un
vieil acteur, avec le même excès de faveur ou de
sévérité. Et voilà toute une carrière orientée par

un tel début. Il n'y a pas de milieu pour l'élève ·
il lui faut, dès les premiers pas, entrer dans la
gloire ou se casser les reins. On a vu, cette
année encore, tel candidat, sur lequel ses juges
et ses concurrents comptaient également, échouer
par le hasard d'une mauvaise disposition et laisser
le prix à un autre qui ne le valait pas.

Je sais bien que l'avenir remédie en partie à
ces erreurs et que les succès ou les mécomptes
excessifs se réduisent à leur valeur vraie devant
le vrai public, au moment des vrais débuts.
N'importe : il y a là un danger et une injustice.
Le danger consiste à gâter par l'infatuation des
talents qui auraient tout à gagner par la modestie
et la docilité, dans un art où ces qualités sont
aussi nécessaires que rares; l'injustice consiste
à hâter ou à entraver une carrière au gré du
hasard et de la passion. Il serait plus juste et
plus probant de faire tous les concours à huis
clos, en tenant grand compte des notes générales
de l'année, devant un jury qui serait le même
qu'aux examens trimestriels, sans autre public
que les directeurs de théâtre. Le rôle de la presse
et du grand public commencerait assez tôt en

prenant les élèves du Conservatoire à leurs débuts. S'exerce-t-il sur les examens de sortie des autres écoles? Pour maintenir ces concours publics, on ne peut invoquer ici d'autre intérêt que le désir d'influence personnelle et l'esprit badaud.

Mais, ce que j'en dis est pour l'acquit de ma conscience. Les concours publics du Conservatoire ne seraient supprimés qu'au prix d'une émeute autrement sérieuse que celle du *Lohengrin*. Tout ce qui tient au théâtre descendrait dans la rue, depuis les ouvreuses jusqu'au Jockey-Club.

Parmi les critiques produites au moment de ces concours, il en est deux qui reviennent avec une insistance particulière. Pour la musique, on rend justice aux instrumentistes, mais on estime que, pour les compositeurs et les chanteurs, l'enseignement du Conservatoire suit une mauvaise méthode et qu'il ne s'occupe pas assez de l'art contemporain.

Remarquez d'abord que l'enseignement dramatique est l'objet du reproche justement opposé. Malgré le Théâtre-Libre, et faute sans doute d'un auteur de génie, qui serait dans la comédie ce qu'est Wagner dans l'opéra, on reprochait, il y a quelque temps, au Conservatoire de trop donner au théâtre contemporain et pas assez au répertoire ancien. Mais je reviendrai tout à l'heure sur ce sujet. Les méthodes d'enseignement dans tout art valent surtout ce que valent les maîtres. Or, en consultant la liste du personnel enseignant au Conservatoire, je ne crois pas que, dans l'état présent de l'art français, il soit possible, à deux ou trois exceptions près, de trouver de meilleurs maîtres, plus réputés et plus éprouvés que les maîtres actuels. Que l'on y appelle ces deux ou trois exceptions, ce serait tant mieux; mais, pour créer de nouvelles chaires, il faudrait de l'argent, et les Chambres ne sont pas décidées à en donner.

Il est certain que la musique française traverse en ce moment une crise, exagérée du reste, par l'outrance et la mode. Un souffle puissant est venu d'au delà du Rhin; il faut l'accueillir et en profiter. Mais ne renonçons pas à notre originalité et ne forçons pas notre talent; ne dédaignons pas, surtout, ce que nous avons par nous-mêmes d'exquis ou de fort, de grand ou de charmant. Surtout, soyons d'abord convaincus de ceci, que tout enseignement, par définition, ne peut suivre que d'assez loin les révolutions du goût. Les corps enseignants sont, comme les Académies, les représentants de la génération antérieure. Ils tiennent donc au passé et ils ne sont solides que par lui. S'ils l'abandonnent tout à fait pour le présent, ils ruinent ce qui en art est aussi nécessaire que le progrès et ce que l'enseignement a pour but de maintenir, la tradition.

Pour le Conservatoire, je ne lui reprocherais pas d'avoir une tradition trop ancienne, mais de l'avoir trop récente, de la prendre à peu près exclusivement dans le milieu de notre siècle, sans tenir compte des origines de la musique française. Qu'il accueille Berlioz, Wagner et son école; qu'il fasse une place plus large à Bizet, ce sera tant mieux; qu'il laisse la leur à Meyerbeer, à Rossini, à Gounod, voire à Auber, car le répertoire de ces maîtres est encore le fond de nos spectacles; mais qu'il remonte plus haut et qu'il ressaisisse les origines de la tradition française, de Lulli à Glück et de Philidor à Méhul. Alors son enseignement sera complet.

Pour la comédie, on peut dire, comme pour l'opéra, que deux ou trois acteurs, tout au plus, capables d'enseigner excellemment, ne figurent pas dans le personnel du Conservatoire. Il y aurait profit à ce qu'une place leur y fût faite ; mais, pour cela, il faudrait élargir des cadres, complets à cette heure, demander de l'argent et résoudre une question de principe. Or, il se forme au Conservatoire plus de comédiens que non seulement les théâtres d'État, mais tous les théâtres, n'en peuvent employer ; il n'y a pas plus de chances d'obtenir de l'argent pour la comédie que pour l'opéra, et, les professeurs du Conservatoire se recrutant à la Comédie-Française, il n'y a pas lieu de les emprunter aux autres théâtres. Outre que le Conservatoire, institution d'État, doit pouvoir se suffire avec les théâtres d'État, il a pour but d'apprendre non le jeu, mais la diction. Seule, la scène peut former les comédiens au costume, au geste et à la composition. Il suffit au Conservatoire d'apprendre la grammaire de l'art dramatique qui

18

est la diction, et les acteurs de la Comédie-Française sont les premiers diseurs du monde.

La diction elle-même s'apprend surtout par
les classiques, dont les œuvres sont claires,
sobres et pleines. Ici, il y a peu de chose à
demander aux contemporains. C'est l'ancien
répertoire, de Molière à Augier, qui doit faire
le fond de l'enseignement. On peut y joindre
M. Alexandre Dumas, qui est dès maintenant un
classique [1]. Mais, malgré Ibsen, il n'en est pas de
l'art dramatique français comme de la musique.
Il n'attend pas son Wagner.

Dans le recrutement des maîtres, il serait à
souhaiter qu'une part plus égale fût faite aux
femmes. Admises à enseigner dans les classes
d'instruments, elles ne le sont pas dans les
classes d'opéra et de comédie. Rien ne justifie
cette anomalie, et il y aurait tout profit à la faire

---

1. Le Conservatoire a ceci de particulier que, s'il a une
tradition et des habitudes, il n'a pas de programmes d'enseignement. Dans ces dernières années, l'étude du répertoire
classique était de plus en plus négligée au profit du répertoire moderne. Une lettre ministérielle du 25 janvier 1890, pres-
crivant un certain nombre de mesures pour remédier à cet
inconvénient, a été le premier programme du Conservatoire.
Voir cette lettre à l'appendice.

cesser. Qu'un homme voie clair dans le talent
d'une femme et le dirige au mieux, cela est
possible, sans être toujours certain; mais pourquoi se priver des services que peuvent rendre
les femmes dans la formation des talents féminins? Leurs preuves sont faites. Tous ceux qui
s'occupent d'art dramatique ou musical savent
que Mme Arnould-Plessy et Mme Miolan-Carvalho
ont été d'incomparables professeurs; elles eussent enseigné au Conservatoire aussi utilement
qu'elles l'ont fait au dehors. A l'étranger, cette
anomalie n'existe pas; l'enseignement y profite de tous les talents de professeur, sans distinction de sexe. Au Conservatoire de Bruxelles,
une ancienne pensionnaire de notre Comédie-
Française, Mlle Tordeus, donne un enseignement de premier ordre et dont je souhaiterais
l'équivalent au Conservatoire de Paris [1].

Quelques autres mesures de détail pourraient
être prises au Conservatoire, plutôt que des
mesures d'ensemble et de principe. Ainsi il
serait digne et juste d'attribuer à la déclamation

[1] Voir JEANNE TORDEUS, *Manuel de prononciation* avec une
préface d'ÉDOUARD THIERRY, 1894.

une place proportionnée à son importance, moins congrue et moins dépendante, en regard de la musique, impérieuse et hautaine, qui s'y croit uniquement chez elle et traite parfois en intruse une sœur qui peut prétendre à l'égalité des droits [1]. Il y aurait à fortifier l'enseignement de l'histoire de l'art musical et dramatique. Il faudrait compléter en bas par des obligations de lecture, voire des leçons d'orthographe, en haut par un cours d'histoire générale, comme à l'École des Beaux-Arts, l'instruction insuffisante dont la plupart des élèves sont pourvus en entrant.

Pour opérer ces réformes et d'autres encore, le ministre des Beaux-Arts nomme de temps en temps une commission. J'ai dit ce que je pensais de la *polysynodie*. Pas plus au Conservatoire qu'ailleurs, les commissions extraordinaires ne peuvent faire œuvre utile. Outre que, là aussi, elles sont le but favori des prétentions tracassières, les progrès ne se réalisent guère que par

---

1. Voir, à ce sujet, les considérations présentées par M. HENRY MARET dans son *Rapport sur le budget des Beaux-Arts pour 1889*.

l'initiative des maîtres et par l'esprit de suite,
c'est-à-dire par la tutelle de conseils permanents,
à la fois ouverts et fermés, qui se renouvellent
par la force des choses et ne se recrutent que
parmi les capacités démontrées. Les maîtres
devraient être nommés sur la présentation de
ces conseils et sous la responsabilité de l'administration centrale. Il existe bien au Conservatoire un double Conseil d'enseignement, l'un pour
les études dramatiques, l'autre pour les études
musicales. Il devrait n'y en avoir qu'un, plus
complet, avec des attributions mieux définies et
plus étendues. Pour le constituer de la sorte, il
faudrait prendre exemple sur celui de l'École des
Beaux-Arts, qui a fait ses preuves. Ici peintres,
sculpteurs et architectes délibèrent en commun,
quelle que soit la branche d'études intéressée.
De la sorte, il y a solidarité entre les diverses
parties de l'enseignement, et chaque mesure
prise dans l'intérêt d'une partie de l'enseignement contribue à l'intérêt général de l'école. Un
pareil corps est aussi le plus capable d'éclairer
l'administration centrale et d'avoir quelque autorité aux yeux de la presse et de l'opinion, si

puissantes au Conservatoire, mais peu ou mal
informées. Comme à l'École des Beaux-Arts,
ce Conseil fournirait au directeur l'appui dont
il a besoin, et une fois constitué il dispense-
rait de commissions extraordinaires [1].

Pour la comédie, le Conservatoire ne se
recrute guère qu'à Paris; pour la musique, il
emprunte beaucoup à la province. Il n'y a pas,
en France, moins de huit succursales du Conservatoire et de dix-huit écoles nationales de
musique. Quelques maîtrises religieuses reçoi-
vent aussi des subventions de l'État. En ceci
comme dans les autres parties du service, la
direction des Beaux-Arts applique le système
des subventions, qui, dans l'enseignement des
arts du dessin, lui permet de faire beaucoup
à peu de frais [2]. Elle assure l'unité de méthodes
par un corps d'inspecteurs.

1. Un arrêté ministériel du 6 août 1894, rendu sur l'avis
d'une commission de réorganisation du Conservatoire, a heureusement modifié sur quelques points l'organisation de la
maison. D'autres réformes, proposées par la commission,
n'ont pu être opérées, faute des crédits nécessaires.

2. Voir le *Rapport fait le 13 juin 1883, au nom de la
commission chargée d'organiser l'enseignement musical*, par
M. HENRI REGNIER, sous-chef du bureau des théâtres. Actuellement le budget total de l'enseignement musical est de

La direction des Beaux-Arts fait venir à Paris
les sujets d'avenir; mais surtout les écoles pro-
vinciales de musique assurent le recrutement
des instrumentistes nécessaires aux sociétés de
concerts qui se sont multipliées en si grand
nombre depuis vingt-cinq ans et rendent de si
grands services. A l'exemple des grandes sociétés
parisiennes, et sur le modèle, suivi avec plus ou
moins de bonheur, des concerts du Conservatoire, elles continuent l'œuvre d'éducation musicale commencée par Pasdeloup et continuée par
MM. Lamoureux et Colonne. Si le goût de la
musique s'est répandu en France, s'il a pris
quelque délicatesse et quelque sérieux, c'est aux
sociétés de concerts qu'est dû ce grand bien,

241 200 francs, auxquels il faut ajouter 1 470 000 francs de subvention aux théâtres et 100 000 francs d'indemnités et secours.
Quant aux subventions des maîtrises, le rapporteur les justifie ainsi : « Le grand mérite des maîtrises n'était pas seulement de transmettre la notion d'une graphique propre à
une certaine époque, mais bien d'inculquer au musicien le
sentiment mélodique du texte même du plain-chant; de l'ini-
tier, de l'accoutumer à une espèce particulière d'*harmonisa-
tion*; de lui donner la clef d'une langue que l'intérêt bien
compris de l'art commande de ne pas laisser tomber à l'état
de langue morte; de perpétuer enfin des traditions précieuses
dont elles sont demeurées les seules gardiennes, et de la
conservation desquels découle, comme élément essentiel d'une
éducation musicale sérieuse, une intuition spéciale et profonde des principes mêmes de l'art. »

si nécessaire et si tardif. L'amour du flon-flon
et de la banalité cède à celui des grandes œuvres chez une portion notable du public. Les
62 000 francs par lesquels l'État contribue à
cette œuvre sont loin de suffire, et, faute de ressources, la direction des Beaux-Arts a dû plusieurs fois laisser en détresse des sociétés éminemment utiles. Tout ce qui aura pour but de
développer cette œuvre d'enseignement et de
mettre ainsi le plus puissant des arts à la portée
du plus grand nombre, sera un service rendu à
l'éducation nationale.

Le coûteux et luxueux Opéra, et l'Opéra-Comique, plus accessible et plus modeste, ne représentent, en effet, pour les amateurs de musique,
ni la vraie musique ni la musique populaire. Ils
sont à la musique ce que les théâtres de comédie
sont à la littérature générale, et, loin de tout
tirer à leur profit, ils ne peuvent subsister que
si la symphonie et le livre ont beaucoup d'auditeurs et de lecteurs. Longtemps ils ont été de
simples institutions de luxe. Ils seraient con-
damnés à disparaître bientôt, dans notre nouvel
état social, par le plus simple et le plus prompt

des moyens, le rejet des subventions, s'ils
n'étaient soutenus par le goût national de la
musique, et seuls les concerts, qui ont fait naître
ce goût, peuvent l'entretenir.

Il faut aussi que l'Opéra et l'Opéra-Comique
prennent de plus en plus le caractère de musées
lyriques, à la fois Louvre et Luxembourg. Il
faut qu'ils deviennent accessibles au plus grand
nombre et, si la société élégante y conserve ses
habitudes, que la bourgeoisie et le peuple y
prennent les leurs. Pour l'Opéra-Comique, il y
aurait peu de chose à faire dans ce sens, l'accès
du « genre éminemment national » étant suffisamment ouvert. A l'Opéra, au contraire, cette
œuvre est à peine commencée. Pour juger combien elle est urgente, il n'y a qu'à lire les comptes rendus de la discussion annuelle du budget.
Les ministres des Beaux-Arts se préoccupent
de cette situation, et, dans la dernière rédaction
du cahier des charges de l'Opéra, un effort considérable a été fait pour concilier une vieille
organisation, fort délicate à remanier, avec les
exigences nouvelles [1]. Avec les frais énormes

1. Voir le cahier des charges de l'Opéra, rédigé sous le

qu'exige le genre, il n'est pas possible de marcher à la légère sous peine d'imposer la faillite à brève échéance. Mais que les directeurs et les habitués de l'Opéra ne croient pas que la part du feu est faite désormais. La réorganisation de l'Opéra commence à peine; elle doit se continuer. Il y faudra du temps et de l'attention, mais elle aboutira, ou l'Opéra disparaîtra.

À cette question d'un Opéra plus accessible se rattache celle d'un répertoire plus complet. Quelque chose aussi a été fait dans ce sens. Les vieilles œuvres ont cédé un peu de place aux œuvres nouvelles. Il ne faudrait pas, cependant, que cet élargissement du répertoire tournât au profit du seul Wagner. La musique française, ancienne ou nouvelle, est riche d'œuvres qui restent ensevelies dans les partitions. Si l'on attend, pour les remettre en lumière, la réouverture, périodiquement annoncée, du Théâtre-Lyrique,

ministère de M. Léon Bourgeois, après une discussion approfondie par la commission des théâtres. Expérience faite, il a fallu renoncer à quelques dispositions de ce nouveau contrat, inspirées par une intention démocratique, mais trop onéreuses pour la direction, on attendra longtemps. A cette heure, et dans l'état de l'opinion traduit par les Chambres, c'est beaucoup de conserver quatre théâtres d'État. La libéralité du Parlement n'en créera pas un cinquième. C'est donc sur l'Opéra et l'Opéra-Comique que l'effort doit porter. Il faut les mettre à même de prendre le caractère de musées complets. Toutes les autres questions sont subordonnées à celle-là.

C'est grâce à ce caractère, réalisé depuis long-temps, que la Comédie-Française et l'Odéon courent beaucoup moins de dangers que les théâtres de musique. Ils entretiennent et forment un répertoire; ils exposent et enseignent. Aussi ne soulève-t-on guère à leur sujet de questions de principe. Ils provoquent des critiques de détail; leur raison d'être n'est pas niée. Par leur nature même, ils se sont rattachés, dès le début du siècle, au programme que l'État démocratique se proposait en matière d'art, et, par la force des choses, ils l'ont appliqué fidèlement.

La Comédie-Française est une institution nationale; l'Odéon n'est qu'une entreprise particulière subventionnée par l'État. Si les deux théâtres se ressemblaient, ils feraient double emploi, car, à la différence de l'Opéra et de l'Opéra-Comique, leur répertoire et leur genre sont les mêmes. La Comédie-Française est, à la fois, notre premier théâtre littéraire et le musée de l'ancien répertoire. Selon les temps et ses directeurs, elle a plus ou moins répondu aux deux termes de cette définition, mais, somme toute, elle l'a toujours justifiée. On compte les œuvres qui, dignes de la Comédie-Française, n'ont pas été données ou adoptées par elle; on compte aussi celles qui ont été jouées par elle et qui n'auraient pas dû l'être. Pour le répertoire, il ne cesse pas, sauf exceptions rares et regrettables, d'y être l'école des acteurs. On le joue plus ou moins, mais on le joue sans interruption, toujours de façon honorable, plus souvent encore de façon supérieure.

Il n'y a donc pas à réformer la constitution même de la Comédie-Française [1]. Toucher à ces

1. En revanche, il serait utile de fondre en un seul les divers actes administratifs, qui, avec le fameux décret de Moscou, régissent la Comédie-Française. Plusieurs de leurs dispositions ne sont plus assez nettes ou même sont contra-

vieux murs, vénérables d'antiquité et d'une
noble ordonnance, serait folie. On risquerait de
les renverser au premier coup de pioche, et, à la
place, on ne pourrait élever qu'un Vaudeville
ou un Gymnase. La Comédie-Française honore
et enrichit les auteurs; aussi voudraient-ils la
trouver plus accessible. De là beaucoup d'attaques où, seul, l'intérêt personnel est en jeu.
Elle ne procure réputation et fortune que par
la difficulté même de son accès. Il ne faut
pas attacher trop d'importance aux critiques
dont elle est l'objet. La coalition des intérêts
personnels ne saurait prévaloir ici contre l'intérêt général. Tout ce que l'État, la presse et l'opinion peuvent exiger d'elle, c'est d'appliquer ses
vieux règlements. En toute circonstance, leur
observation l'a protégée; toutes les fois qu'elle
les a méconnus ou tournés, elle a subi un préju-
dice ou couru des dangers.

L'Odéon doit à son caractère d'entreprise
particulière des avantages et des inconvénients.

---

dictoires. On ne saurait objecter le prestige du décret de
Moscou, car, en fait comme en droit, ce n'est plus lui qui
régit la Comédie-Française, mais le décret du 27 avril 1850.

Tandis que la Comédie-Française vaut surtout
par elle-même, il ne vaut, lui, que par son
directeur. Le contrat qui le lie à l'État, son
cahier des charges, l'entrave plus qu'il ne le
protège; il y trouve ce qu'il ne doit pas faire; il
n'est pas guidé par lui. Il a le même répertoire
que la Comédie-Française, et cependant il ne
doit pas faire double emploi avec elle. Pour justifier l'existence de l'Odéon, il faut admettre
d'abord qu'il existe à Paris un excédent de
public pour le répertoire classique et ensuite
que l'excès de la production dramatique, arrêté
aux Français, trouve à l'Odéon une dérivation.

Il s'en faut que la réalité réponde exactement
à cette définition abstraite, d'abord, parce que,
malgré les rubriques et les mots, l'Odéon est avant
tout un théâtre de quartier, et sa situation, qui
lui est souvent un obstacle, lui est plus souvent
encore un secours. Au milieu des Écoles et
d'une population lettrée, il faut un théâtre littéraire. Mais, éloigné du centre, l'Odéon ne vivrait
pas avec ses seules recettes; d'où la nécessité
d'une subvention. A son public spécial il faut le
répertoire classique. Mais si ce public veut une

soirée de choix, il ne va pas la chercher à
l'Odéon. Il passe les ponts et la demande à la
Comédie-Française. D'où la nécessité pour
l'Odéon d'avoir un répertoire plus large qu'à la
Comédie, et aussi d'accès plus facile. De là ces
représentations populaires à prix réduits dont
la nécessité s'est imposée peu à peu. Elles font
passer sous les yeux du public un grand nombre
de pièces qui, sans l'Odéon, ne reverraient
jamais la rampe; elles y joignent les chefs-
d'œuvre assez forts pour supporter une exécution hâtive.

Ainsi, par la force des choses, l'Odéon répond
plutôt à une nécessité de fait qu'à une nécessité
de principe. Il s'y emploie avec un courage et
une ardeur au travail dont on ne trouverait
d'exemple dans aucun autre théâtre. Surtout, il
contribue, pour sa large part, à l'exécution du
programme d'enseignement artistique dont toutes
nos institutions d'art appliquent une partie. Aux
soirées populaires il a joint des matinées classiques, précédées de conférences, qui sont une
des plus utiles innovations de ces dernières
années et augmentent encore le nombre des

œuvres représentées. Ainsi, dans le répertoire classique, il trouve sa justification et, par surcroît, son profit le plus net.

Au demeurant, il fait de son mieux ce que font les autres théâtres. Il tente des reprises qui ont un intérêt littéraire et qu'il espère fructueuses ; il joue des pièces nouvelles, semblables à celles que jouent non seulement la Comédie-Française, mais encore le Gymnase et le Vaudeville. Il contribue à maintenir les genres élevés qui, sans lui et la Comédie-Française, ne trouveraient ni scène ni acteurs [1]. Et ceci encore est un service public.

1. « Sur les vingt-cinq théâtres ouverts aujourd'hui à Paris, treize sont restés ou devenus des théâtres de musique, bien que les œuvres musicales sérieuses aient rarement été représentées autre part qu'à l'Opéra ou à l'Opéra-Comique. Douze théâtres seulement jouent encore la tragédie, la comédie et le drame. Si, cependant, on retranche de ce nombre tous ceux où le décor et le costume sont devenus le principal, et le dialogue l'accessoire, on verra qu'il ne reste guère que cinq ou six théâtres à la littérature proprement dite. La situation de la province est, à ce point de vue, encore plus regrettable. Les derniers théâtres de comédie et de drame ont succombé dernièrement. Des artistes parisiens la parcourent encore à de rares intervalles, mais il ne s'y forme plus de ces troupes sérieuses qui servaient au recrutement de nos grandes scènes subventionnées. D'une part, donc, les acteurs manquent aux théâtres, et, de l'autre, les théâtres manquent aux acteurs. » (ED. LOCKROY, *Rapport sur le budget des Beaux-Arts pour 1884*.)

L'Odéon devrait être pour les acteurs une
école d'application où ils se formeraient pour la
Comédie-Française. Malheureusement, il lui est
difficile de remplir ce rôle. C'est, en partie, le
résultat de la force des choses et d'une situation supérieure à la bonne volonté de ses directeurs. Un règlement récent oblige les lauréats
du Conservatoire à passer d'abord par l'Odéon.
A cela se réduit, sauf exceptions rares, la part
de recrutement que l'Odéon fournit à la Comédie-
Française. Celle-ci est encombrée et n'ouvre
guère ses portes; elle a beaucoup d'utilités et
quelques inutilités. L'Odéon souffre du même
mal. Sa troupe est presque toujours trop nombreuse. Il se croit obligé d'engager ou de garder
des artistes qui ne sont pour lui ni une force
ni même une sauvegarde. Les ayant, il faut les
faire jouer : cela chagrine le public qui n'est pas
dans le secret et ne soupçonne pas les obligations d'un théâtre qui dépend de l'État, de la
presse et des Chambres. Pour remédier à ce
mal, il faudrait que la Comédie-Française ouvrît
à l'Odéon un débouché plus large et que l'Odéon
lui-même éliminât ses non-valeurs. De la sorte,

19

conservant les acteurs de quelque avenir et les
faisant beaucoup jouer, il deviendrait une école
d'application où la Comédie-Française ferait
d'utiles recrues.

Tel qu'il est, l'Odéon rend de grands services
et que lui seul peut rendre. Il offre même ceci
de particulier, que, ne répondant pas, au premier examen, à une nécessité initiale, comme
les trois autres théâtres nationaux, il rend autant
de services que celui qui en rend le plus. Non
seulement il est l'auxiliaire de la Comédie-Française, mais ce qu'il fait, elle ne le ferait pas. Lui
aussi prouve que le temps et l'expérience peuvent souvent beaucoup plus que les projets
improvisés et les décisions de principe. Il complète dans l'enseignement théâtral l'ensemble
d'institutions dont je me suis efforcé de dégager
la raison d'être et d'indiquer le but.

Il me reste à tirer la conclusion de cette série
d'études sur le rôle de l'État en matière d'art, et
ce sera l'objet d'une dernière lettre.

27 août 1893.

IV

RAPPORTS GÉNÉRAUX DE L'ART ET DE L'ÉTAT

L'art et le roi sous l'ancien régime; l'art et l'État depuis la
Révolution. — L'administration des Beaux-Arts. — Les
Beaux-Arts et l'Instruction publique. — Le ministère des
Arts. — Les Beaux-Arts et les Bâtiments civils. — Complé-
ment rationnel d'une administration des Beaux-Arts. — Le
Conseil supérieur des Beaux-Arts. — L'opinion et le Parle-
ment.

Des études pour lesquelles le Salon de 1895
m'a servi d'objet et de point de départ dans ce
journal, me semble résulter une double constatation : depuis 1789, il n'y a plus, en France, un
art d'État, pas plus qu'il n'y a une littérature et
une science d'État, mais, comme la science et la
littérature, et libre comme elles dans sa production, l'art est devenu une branche de l'éducation
nationale. L'État achète des œuvres d'art comme
il achète des livres et il forme des musées comme

il forme des bibliothèques; il enseigne les arts
comme il enseigne les lettres et les sciences.
Mais, pas plus qu'il ne favorise telle école littéraire ou scientifique de préférence à d'autres, il
ne tend à faire dominer telle ou telle théorie
d'art. Son rôle, ici comme là, se borne à conserver et à enseigner.

Cette conception est essentiellement moderne
et démocratique; elle s'oppose de tout point à la
conception autoritaire de l'ancien régime.

Avant la Révolution, le roi était le premier
des amateurs d'art et, comme tel, il réglait la
production artistique. A son exemple, la cour
et l'aristocratie se formaient un certain goût
d'art; l'Église elle-même se réglait sur ce goût
depuis la Renaissance : le changement de style
dans les édifices religieux a suivi pas à pas celui
des palais et des châteaux. Le reste de la nation
imitait, de plus ou moins loin, le goût royal et
aristocratique. Sous Louis XIV, où le droit
monarchique s'applique en toutes choses de la
manière la plus nette et la plus consciente
d'elle-même, « l'homme du roi » chargé de
régler la production artistique dans ses rapports

avec la Couronne s'appelle le « surintendant
général des bâtiments du roi, arts et manufactures ». En architecture, sculpture et peinture,
il commande ce qui plaît au roi ; il protège les
arts dont le roi a besoin ; il administre les manufactures où se fabriquent les meubles du roi. Il
n'est pas alors question de liberté ni d'intérêt
général. La nation n'est pas libre d'aimer ce que
n'aime pas le roi, car le roi incarne la nation
et l'intérêt général se confond avec l'intérêt
royal.

La théorie opposée, celle de la subordination
du pouvoir central à la volonté nationale, ne
s'est pas établie du jour au lendemain. Depuis
1789 jusqu'en 1870, elle s'est dégagée peu à
peu, dans les rapports généraux de l'art et de
l'État, avec les mêmes difficultés et malgré les
mêmes résistances que dans les autres formes
de l'activité nationale sur lesquelles l'État exerce
une action. Sous les quatre monarchies qui se
sont succédé en France avant la République
actuelle, il n'y a eu, en fait, avec des titres
divers, qu'une surintendance directement soumise à la Couronne et soustraite à l'autorité des

divers ministères qui assuraient les services
publics. Comme le disait en 1875 Édouard Charton, dans un rapport parlementaire où se trouve
la première définition complète du rôle de l'État
démocratique en matière d'art, « alors qu'ils ont
été rattachés à la maison du chef de l'État, les
Beaux-Arts ont apparu, moins comme un service public que comme une partie du luxe royal
ou impérial, un élément de magnificence, un
rayonnement du trône, ou, ainsi qu'on l'a dit,
une mise en scène de la puissance souveraine ».

Ils n'ont pris le caractère de service public
qu'en 1870, le jour où ils ont été annexés au
ministère de l'Instruction publique. Ici, en effet,
rapprochés des lettres et des sciences, placés
sous la même autorité et soumis aux mêmes
principes, ils deviennent, avant tout, un objet
d'enseignement. Alors, pour reprendre les
expressions d'Édouard Charton, « on reconnaît
leur droit à la sollicitude de l'État, non pas seulement parce qu'ils sont pour quelques esprits
délicats une source de jouissances exquises et
rares, mais parce qu'ils répondent réellement à
un besoin général, en tendant à développer dans

le pays entier le sentiment et l'amour du beau,
dont une nation ne saurait se désintéresser impu-
nément, soit pour le progrès de sa civilisation,
soit pour sa gloire ». Cette définition pourrait
être serrée, mais, en faisant la part de la rhétorique spéciale dont le style parlementaire lui-
même ne croit pas devoir se passer lorsqu'il
parle d'art, et qui résiste encore au progrès de
nos hommes politiques vers la simplicité du langage, on reconnaîtra que l'idée exprimée par
Édouard Charton est juste et qu'elle était neuve
en son temps. On reconnaîtra surtout que,
depuis qu'il l'a formulée, la théorie du service
n'a fait que se préciser dans le sens qu'il indiquait.

L'application de cette théorie ne pouvait se
terminer en quinze ans. Si, malgré les révolutions, la politique est toujours lente, l'administration, à cause des révolutions, est plus lente
encore. Tout ce que peut faire une révolution
politique, c'est d'assurer la victoire d'un principe; appliquer le principe victorieux est affaire
d'administration. Pour cela, il faut beaucoup de
temps, car la crise violente qui a modifié la loi

en retarde, par un effet contraire, l'application pratique.

Entre ces deux nécessités, l'administration des Beaux-Arts a poursuivi sans arrêt le changement de ses vieilles habitudes, avec plus de sincérité et d'esprit libéral qu'on n'en aurait pu attendre d'un corps de fonctionnaires longtemps plié à d'autres errements. Son ancien personnel, celui de la surintendance, s'est éliminé avec le temps; le recrutement du nouveau est devenu moins fantaisiste. Aujourd'hui, elle a la notion très nette de sa tâche. On ne regrette plus au Palais-Royal le temps où le caprice, s'exerçant en haut sur les Beaux-Arts, laissait en bas une grande marge d'arbitraire à quiconque s'occupait d'art au nom de l'État. Là, comme ailleurs, la démocratie est servie avec dévouement.

Je ne dis pas que, dès maintenant, tout y soit pour le mieux. Tant qu'il y aura des partis, de l'égoïsme chez les hommes politiques et, chez les fonctionnaires, le désir de se servir eux-mêmes en servant l'État, les Beaux-Arts seront un but de sollicitations et de petites pratiques inspirées par l'intérêt personnel. Ils peuvent

être, en effet, une source de libéralités personnelles et un moyen de complaisances politiques;
ils offrent des satisfactions de vanité et des occasions de plaisir. Tout ce que peut leur organisation générale, c'est de restreindre la part du feu.

L'administration actuelle s'y attache et y
réussit. A cette heure, les bureaux de la rue de
Valois, jadis irréguliers et peu laborieux, ne
conservent plus que le minimum inévitable de
la fâcheuse originalité que leur avaient value
jadis des nécessités plus fortes qu'eux. Ils ont
les qualités et les défauts de l'administration
française en général. D'un côté, ils profitent du
contrôle parlementaire; de l'autre, ils restrei-
gnent les effets dangereux du parlementarisme,
dont les plus graves, avec les impôts électoraux,
sont l'instabilité ministérielle et la désorganisa-
tion des services par des votes de caprice, rendus
à la légère sous prétexte de réformes. Ils sont
économes et paperassiers; ils travaillent lentement et bien. Si, dans certaines parties du service, le personnel est encore trop nombreux,
s'il compte un certain nombre de cinquièmes ou
même de sixièmes roues, il supplée dans plu-

sieurs autres à l'insuffisance des cadres par le
zèle individuel. Cette administration est jalouse
et jalousée; tantôt elle empiète sur les administrations voisines et tantôt elle se défend contre
leurs empiétements. Car, en France plus qu'ailleurs, l'esprit d'égoïsme, individuel ou collectif,
est en lutte permanente, en tout et toujours,
contre l'intérêt général, et les organismes partiels se subordonnent malaisément au service
commun de l'État. Au demeurant, cette section
du ministère de l'Instruction publique complète
à peu de frais et en remplissant un rôle considérable, l'ensemble des trois directions qui embrassent, rue de Grenelle, notre système d'enseignement national des lettres et des sciences.

L'administration des Beaux-Arts a poursuivi
l'application de son nouveau programme au
milieu de secousses nombreuses et de changements plus ou moins heureux. En 1878, sous la
présidence d'Édouard Charton, une commission
extra-parlementaire était chargée, par le ministre de l'Instruction publique, de préparer un
projet de réorganisation des services administratifs des Beaux-Arts. Son rapport, rédigé par

Lambert de Sainte-Croix, est un modèle de précision et de justesse [1]. Il fut suivi d'un décret qui mettait à la tête du service un directeur général, « chef immédiat du personnel de l'administration centrale », et qui définissait ainsi ses attributions : « Il dirige et contrôle tous les établissements ressortissant aux Beaux-Arts ; aucune mesure intéressant le service ou engageant le budget ne peut être prise sans son avis. Il préside de droit, en l'absence du ministre, toutes les commissions, ainsi que le Conservatoire des musées nationaux. » C'était, avec l'autorité, lui donner la responsabilité, comme aussi le moyen d'exercer l'une et l'autre. Malgré quelques diminutions assez notables, ces attributions sont restées les mêmes. Le directeur des Beaux-Arts n'est plus « général », parce qu'il eût été seul de son espèce au ministère de l'Instruction publique, mais, en principe, il est bien le chef de son service, et les règlements lui attribuent une liberté d'action suffisante.

Par cela même, il est plus exposé aux acci-

1. Ce rapport est imprimé à la suite du rapport sur le budget des Beaux-Arts pour 1882, fait par M. Ed. Lockroy.

dents généraux du pouvoir et moins couvert par
son ministre que la plupart des chefs de service.
Outre l'attrait que les Beaux-Arts exercent sur
tous les représentants de l'opinion, depuis le
député à systèmes jusqu'au journaliste à potins,
le directeur des Beaux-Arts doit compter avec
tous les ennuis que chaque jour suscite dans un
pays où les Chambres et la presse ont tous les
droits de la libre discussion. Il lui faut beaucoup payer de sa personne et, plus il agit, plus
il sert de cible.

Cette organisation est-elle la meilleure? Les
royautés et les aristocraties aiment les titres
pompeux; les républiques et les démocraties
aiment les titres simples. Il n'est donc pas éton-
nant que la place de l'ancien surintendant soit
tenue aujourd'hui par un simple directeur. L'essentiel serait que, directeur ou surintendant, le
fonctionnaire chargé d'administrer les Beaux-
Arts disposât d'une autorité suffisante pour faire
de bonne besogne. A l'Instruction publique, de
simples directeurs ont pu, sous des ministres
nombreux et divers, accomplir l'œuvre la plus
importante, avec la réorganisation de l'armée,

qu'ait eue à poursuivre la troisième République. Mais aux Beaux-Arts, l'autorité d'un directeur, plus considérable en apparence, peut-elle autant, en fait, qu'à l'Instruction publique?

Le contraire serait plutôt vrai. D'abord, en matière d'art, les questions de personnes sont particulièrement nombreuses et difficiles. En général, un artiste, voire dramatique, provoque des sollicitations, ou même des mouvements d'opinion, que les simples professeurs évitent à leurs chefs. Il en est de même pour les questions de principe ou de fait. Alors qu'une affaire comme celle de Cempuis est exceptionnelle rue de Grenelle et que le déplacement d'un professeur amène rarement une interpellation, il faut toujours compter, au Palais-Royal, sur les discussions de presse ou de tribune provoquées par des incidents comme l'affaire Coquelin, la question de *Thermidor* et la couronne du monument Henri Regnault. Le théâtre, la politique et le patriotisme, trois motifs inégaux de passions vives, touchent aussi souvent aux Beaux-Arts qu'ils touchent rarement à l'Instruction publique. En pareil cas, le directeur des Beaux-Arts est journellement mis en jeu. Ce n'est pas juste. Il n'a pas toujours provoqué ou décidé lui-même les mesures qui, huit jours durant, passionnent la presse et les Chambres. Si l'on s'en prend à lui, c'est que l'opinion est simpliste. Elle lui attribue une autorité supérieure à celle dont il dispose. Sa fonction est considérable et en vue. Cela suffit pour qu'on le suppose très puissant. Ni au ministère de l'Intérieur, ni au ministère des Affaires étrangères, les plus exposés aux incidents journaliers, les chefs de service ne courent au même degré de pareilles aventures.

Là c'est le ministre qui assume toutes les responsabilités, parce qu'il les exerce toutes. Aux Beaux-Arts, le voulût-il qu'il ne le pourrait pas toujours. D'abord, parce que le ministre des Beaux-Arts est, en même temps, ministre de l'Instruction publique. Or, l'Instruction publique est devenue un ministère plus que suffisant pour l'activité d'un homme politique. Il en est presque de même pour les Beaux-Arts. L'ampleur et le poids du service croissant avec le développement qu'il ne peut manquer de prendre, il se pourrait que, d'ici à quelques années, le même

ministre ne pût suffire aux deux départements.
Pour prendre des mesures politiques, en cal-
culer la portée et les défendre, il faut un homme
politique.

Or, le directeur des Beaux-Arts ne l'est pas
et ne doit pas l'être; il n'a que par exception
l'accès de la tribune et, même alors, il ne
parle pas en son nom; il est un simple commissaire du gouvernement. Pourtant, il se trouve
souvent, par la force des choses, dans l'obligation d'agir de son chef. Telle question, sans
importance apparente, qu'il aura dû résoudre au
plus tôt, acquiert tout à coup une gravité impossible à prévoir. Avec toute la déférence et toute
la prudence possible, il ne lui est pas toujours
possible de se couvrir par un ordre ministériel.
L'eût-il fait, journalistes, députés et public ne le
savent pas. Ils dénoncent en lui l'auteur responsable. Quant au ministre, souvent il ne voit dans
les Beaux-Arts qu'une cause d'ennui, un fagot
d'épines, et il laisse faire le directeur, quitte à
payer de sa personne à la première affaire, sans
parvenir toujours à couvrir son subordonné.
D'autres fois, il s'occupe volontiers des Beaux-

Arts et il risque de s'en occuper trop, car la besogne y est non seulement délicate, mais technique, et y introduire la politique, ce serait revenir aux vieux procédés de l'ancien régime et de la surintendance.

Ainsi, trop ou pas assez d'autorité, et par suite une situation fausse. Un ministre entrant en fonctions disait, paraît-il, à son directeur des Beaux-Arts : « Mon cher directeur, je n'entends rien aux Beaux-Arts et je n'ai pas le temps de les apprendre. Donc, faites ce que vous croirez devoir faire. J'ai confiance en vous et je signerai les yeux fermés ce que vous me présenterez. Seulement, le jour où la Chambre me mettrait en cause au sujet de votre service, je monterais à la tribune pour déclarer que, depuis la veille, justement, vous ne faites plus partie de mon administration. »

Voilà pourquoi les Beaux-Arts, à plusieurs reprises, ont formé à eux seuls un sous-secrétariat d'État, une fois même un ministère distinct. Ce ministère, le ministère des Arts, créé par Gambetta, n'a pas duré longtemps : son histoire comprend deux mois et demi, du 14 no-

vembre 1881 au 30 janvier 1882[1]. Les Chambres
et l'opinion ne semblent pas disposées à le
rétablir. Peut-être, cependant, là serait le véritable intérêt du service. Nous avons eu, assez
longtemps, un ministère des Postes et Télé-
graphes; nous avons un ministère du Commerce
et un ministère des Colonies. Tous ont commencé par être de simples directions. L'importance croissante de ces divers services a provoqué leur érection en ministères. Le jour où
la République, pacifiée au dedans et dégagée de
ses préoccupations extérieures, donnerait plus
d'attention et de place aux questions d'administration intérieure qui intéressent l'honneur
et la richesse de la civilisation française, le
ministère des Arts pourrait être rétabli. Dans

---

1. M. ANTONIN PROUST a été ministre des Arts pendant cette
période. Rapporteur du budget des Beaux-Arts à plusieurs
reprises, il a publié, en 1892, un livre intitulé : *l'Art sous la
République*. Il dit dans l'avant-propos : « Sous ce titre, je
résume les rapports ou discours que j'ai publiés ou prononcés
depuis quinze ans sur les questions qui intéressent les Arts ».
Il y a, dans ce livre, des idées justes et des idées fausses,
celles-ci plus nombreuses, à mon sens, que celles-là, et, dans
la même proportion, des renseignements intéressants et
exacts ou trop peu contrôlés et mal présentés. Voir aussi
HENRY HOUSSAYE, *le Ministère des Arts*, dans la *Revue des Deux
Mondes*, du 1er février 1882.

un pays où la conservation et le développement
des richesses artistiques, le développement de
l'art industriel et la diffusion de l'enseignement ont tant d'importance, ce ne serait pas
trop que le service consacré à de tels intérêts
reçût un chef politique capable de s'y donner tout
entier et de le défendre en connaissance de
cause.

Mais je répète que ce n'est pas là une création
d'aujourd'hui ni de demain. La République
attendra longtemps avant de reprendre l'idée de
Gambetta.

Cependant, l'importance de l'administration
des Beaux-Arts vient de s'augmenter encore par
sa fusion avec celle des Bâtiments civils. Sous
l'ancien régime, les deux ne faisaient qu'une.
En effet, les Beaux-Arts étant chargés de décorer
les édifices royaux, il était rationnel de les
comprendre dans le même ensemble que le service chargé de les construire. La Révolution les
avait séparés et, depuis, tandis que les Beaux-
Arts étaient retenus par la Couronne, les Bâtiments civils se promenaient de ministère en
ministère. Il ne résultait de cet état de choses

qu'antagonisme et tiraillements, au détriment du résultat général et de l'économie. La séparation avait cet autre désavantage de compromettre le principe souverain de l'unité de l'art, en mettant l'architecture d'un côté, la peinture et la sculpture de l'autre. Il est à remarquer que cette séparation s'était maintenue pendant la période où ce principe était méconnu. Elle prend fin au moment où la nécessité de rétablir un lien étroit entre les arts est universellement admise. Voici enfin les Bâtiments civils non seulement réunis aux Beaux-Arts, mais fondus avec eux.

C'est un grand bien. Outre l'économie considérable qui peut résulter de cette mesure sur le chapitre du personnel, au profit des constructions nouvelles et de l'entretien, très insuffisant jusqu'ici, des constructions anciennes, outre la simplification qu'elle permettra d'apporter dans les services d'architecture[1], l'action de l'État en

1. La *République française* du 7 juin 1890 publiait sur cette question une lettre qui dénote une information très sûre. Je la reproduis dans l'appendice. A ce moment, le service des Bâtiments civils cherchait plus, je crois, à s'annexer les Beaux-Arts que les Beaux-Arts ne visaient à s'augmenter des Bâti-

matière d'art peut désormais s'exercer d'ensemble sur tous les artistes — architectes, peintres et sculpteurs — pour le plus grand bien de l'art en général. On voudrait espérer que ce n'est là qu'un premier pas vers une unité plus complète, un moment réalisée par le ministère des Arts. Celui-ci avait emprunté au ministère des Cultes le service des édifices diocésains, cathédrales et églises, et au ministère des Travaux publics le Conservatoire et les Écoles d'arts et métiers. Ces deux mesures étaient rationnelles. La première complétait le service d'architecture en lui affectant les monuments religieux. La seconde plaçait les arts industriels sous la même direction que les arts proprement dits, en vertu du principe d'unité, souvent rappelé au cours de ces études.

Alors, pour la première fois depuis 1789, les services artistiques de l'État avaient reçu une organisation une et complète [1]. Ils se subdivisaient en trois sections : 1º enseignement, 2º con-

ments civils. C'est le contraire qui a eu lieu. Ce qui importe, c'est qu'il n'y ait plus qu'un seul service au lieu de deux.

1. Cette organisation rationnelle était déjà tracée en 1878 dans le rapport de Lambert de Sainte-Croix : « Si l'on se rend

servation, 3° construction et décoration. On peut
être assuré que le jour où le ministère des Arts
serait rétabli, le but de tout ministre — dévoué
aux intérêts de l'art français, désireux de faire
œuvre utile et d'y attacher son nom, capable de
servir l'enseignement de l'art comme Guizot,
Victor Duruy et Jules Ferry, pour ne citer
que des morts, ont servi celui des sciences et des
lettres, d'être vraiment un ministre de l'art,
comme d'autres ont été ministres de l'instruction publique — serait de rétablir l'organisation
éphémère de 1881.

Si le ministère de l'Instruction publique a pu,
depuis quinze ans, mener à bien tant de réformes
importantes et difficiles, c'est, en grande partie,
grâce à l'appui qu'il a trouvé dans le Conseil
supérieur réorganisé en 1880. Je sais toutes les

bien compte du but poursuivi par l'État en intervenant dans
les questions d'art, on peut résumer ainsi ses attributions :
réunir et conserver les chefs-d'œuvre du passé, préparer
l'avenir par la propagation de l'enseignement, développer par
une distribution intelligente de ses libéralités les productions
de l'art contemporain. Conservation, enseignement, production, tels sont, en effet, les termes qui nous semblent le plus
nettement déterminer les divisions entre lesquelles doivent
se répartir des diverses parties d'une administration des
Beaux-Arts. »

objections que l'on a faites à cette « assemblée
de fonctionnaires », dépendant de ceux qui leur
demandent des avis, et la préférence que l'on
accorde à l'ancien Conseil, où étaient représentées toutes « les forces sociales », directement
intéressées à ce que l'enseignement universitaire
leur fournît un bon recrutement. Il est facile de
répondre que, malheureusement, une part de
l'ancien Conseil, dans un moment où il fallait
aller de l'avant, était plus portée à la réaction
qu'au progrès; que des fonctionnaires, arrivés
pour la plupart au sommet de leur carrière, n'ont
plus grand'chose à attendre de la faveur ministérielle; que les catégories établies parmi eux
donnent une représentation nombreuse et éclairée
à toutes les forces sociales. Une seule de ces forces
a perdu sa représentation, plus considérable à
elle seule que toutes les autres réunies, mais
elle entendait l'intérêt public à sa manière et,
vraiment, était-il possible de la laisser dans la
place qu'elle assiégeait? Le nouveau Conseil,
nécessairement consulté sur toutes les mesures
importantes, avec une section permanente qui
lui donne la continuité et prépare les affaires,

a fourni le plus solide appui aux chefs de l'administration centrale.

Au-dessous du Conseil, le Comité consultatif de l'enseignement public — avec trois sections correspondant aux trois ordres d'enseignement, supérieur, secondaire et primaire — rend, pour les questions de détail et de personnes, les mêmes services que le conseil pour les questions générales et de principe. Ces deux corps permettent à l'administration non seulement de s'éclairer de leurs lumières, mais encore de se couvrir de leur avis. Bien des fois, elle a pu désarmer les résistances ou les plaintes des intérêts personnels, même appuyés dans le Parlement et la presse, en établissant que le conseil ou le comité avaient émis sur les mesures en question des votes inspirés par le bien du service et l'équité.

Cinq ans avant la réorganisation du Conseil supérieur de l'Instruction publique, en 1875, et par un simple décret, M. de Chennevières avait provoqué la création d'un Conseil supérieur des Beaux-Arts. On peut regretter aujourd'hui que cette création n'ait pas été opérée par une loi qui lui aurait donné plus d'autorité et de force. Un décret peut rester lettre morte; il est plus rare qu'une loi ne soit pas appliquée. Le Conseil était, du reste, composé de manière à offrir toutes les conditions de compétence et d'indépendance. Il n'était pas, comme devait l'être le Conseil supérieur de l'Instruction publique, recruté par l'élection; parmi ses cinquante-deux membres, quatorze l'étaient de droit et trente-huit nommés par le ministre. Mais tous avaient une situation personnelle qui les mettait au-dessus du soupçon de complaisance.

Dans la pensée de son fondateur, le Conseil était appelé à donner son avis sur toutes les questions de quelque importance relatives aux Beaux-Arts. Aussi devait-il se réunir tous les mois. Il fut ensuite décidé qu'il se réunirait chaque trimestre. Aujourd'hui, sauf exceptions très rares, il n'est plus convoqué qu'une fois par an, pour voter le prix du Salon. En dehors de ce vote annuel et solennel, je crois bien que, depuis dix ans, il n'a tenu vraiment qu'une session, en 1891, lorsqu'il fut consulté sur divers projets de réforme relatifs à l'Académie de France à Rome, à l'organisation d'un enseignement des

Beaux-Arts pour les femmes et à la création d'une caisse de musées [1]. Par l'autorité de ses avis, il permit alors à l'administration de faire des choses utiles et de n'en pas faire de nuisibles. Il avait fait de meilleur travail encore, et surtout en quantité beaucoup plus grande, dans les premières années qui suivirent sa création. Alors, il répondait véritablement à son titre et le ministre ne manquait pas, en toute circonstance un peu sérieuse, de s'appuyer sur lui. Il a grandement travaillé à l'organisation de l'enseignement du dessin, à la participation des Beaux-Arts à l'Exposition universelle de 1878, au règlement des expositions triennales qui, malheureusement, n'ont eu lieu que deux fois.

Il était divisé en commissions et sous-commissions qui correspondaient aux diverses parties du service : travaux d'art, manufactures, souscriptions. La première de ces sous-commissions, surtout, était éminemment utile; si le lecteur se rappelle ce que j'ai dit sur les achats de l'État, il comprendra quelle force elle donnait

1. Voir les rapports publiés à la suite de cette session et dont j'ai déjà cité plusieurs.

à l'administration pour résister aux manèges
variés de l'intérêt personnel. Étendues aux
monuments historiques, trop autonomes, et aux
théâtres, si exposés à l'imprévu, ces sous-commissions auraient été, pour les Beaux-Arts, ce
que le comité consultatif est pour l'Instruction
publique.

La période la plus laborieuse et la plus féconde
de l'administration des Beaux-Arts sous la République, celle où elle a pris conscience de ce
qu'elle devait être et où elle s'est mise résolu-
ment à l'œuvre pour s'adapter aux besoins d'un
pays démocratique, est celle où le Conseil supérieur des Beaux-Arts a vraiment siégé. Je viens
de dire à quoi se réduit aujourd'hui son fonctionnement. Depuis qu'il est peu convoqué, les commissions ont été gonflées outre mesure, sans autre
nécessité que de satisfaire le plus grand nombre
possible de ceux qui désirent toucher aux Beaux-
Arts. A côté de ces sous-commissions grossies,
d'autres, ordinaires ou extraordinaires, ont pul-
lulé. Revenir à l'idée première et complète du
Conseil supérieur serait donc un grand bien. Au
besoin, que l'administration demande une loi,

comme pour celui de l'Instruction publique. Cette assemblée, une fois investie d'une autorité légale, fournirait le plus ferme point d'appui pour accomplir des réformes; elle permettrait de dissoudre une grande part des commissions actuelles et de défendre le service contre les importances tracassières.

Restent la presse et les Chambres, c'est-à-dire l'opinion. Pour celle-ci, l'administration des Beaux-Arts n'a d'autre moyen de se la rendre favorable que de travailler au grand jour avec zèle et scrupule, pour une œuvre bien définie. Cette œuvre consiste à poursuivre avec une conviction toujours plus nette l'application des principes formulés depuis vingt-cinq ans. L'administration des Beaux-Arts est devenue un organe d'enseignement général par des moyens particuliers; elle ne peut plus être que cela. Tout son fonctionnement, tout son développement doivent tendre à ce but unique.

Je sais bien que l'on commence à lui reprocher, comme à l'Instruction publique, de trop enseigner, c'est-à-dire de préparer des déclassés. Mais, vraiment, entre l'instruction privilégiée et l'ignorance générale, y a-t-il un terme moyen que l'administration puisse fixer? Un État démocratique a le devoir d'ouvrir beaucoup d'écoles, pour mettre l'instruction à la portée du grand nombre. Il ne dépend pas de lui d'assurer des débouchés et une carrière à tous ceux qu'il instruit. Il ne peut rien contre les lois générales de la concurrence et de la sélection. Certes, l'instruction, comme toutes les choses humaines, engendre des maux et des souffrances, mais à sa cause est liée celle de la civilisation et de la liberté. La démocratie doit fournir à tous des armes pour la bataille de la vie. Elle ne peut rien contre les fatalités de la nature. La société idéale, où chacun trouvera l'emploi de ses aptitudes, celle où il n'y aura ni vainqueurs, ni vaincus, est un idéal encore lointain. L'application des principes démocratiques diminue les fatalités naturelles, elle ne saurait les supprimer. Parmi ces principes, il n'en est pas de supérieur à celui qui implique pour l'État le devoir d'enseigner.

En mettant sa raison d'être dans l'application de ce principe, l'Administration des Beaux-

Arts achèvera de perdre ce caractère de luxe coûteux que définissait Édouard Charton et qu'on lui reproche encore. Dans ces dernières années, ce reproche, quelque temps abandonné, a reparu sous diverses formes, notamment dans les discussions parlementaires. En général, la presse s'en abstient, car elle est rédigée par des Parisiens. Mais, à la Chambre, les attaques contre telle ou telle partie des Beaux-Arts ne sont pas rares. Parmi ces attaques, il y en a de niaises et qui font rire. Les ministres et les rapporteurs du budget des Beaux-Arts les ont, jusqu'ici, repoussées sans trop de peine. On aurait grand tort, cependant, de ne pas les prendre au sérieux, car elles dénotent un état d'esprit. Si, pendant dix-sept ou dix-huit ans, les Chambres ont beaucoup fait pour les Beaux-Arts — pas autant, à vrai dire, que pour d'autres services, et, surtout, pas autant qu'il aurait fallu, — depuis huit ou dix ans, cette bonne volonté s'est ralentie.

C'est que la Chambre des députés s'est en grande partie renouvelée, et il faut bien reconnaître que la culture intellectuelle et la largeur d'idées ont perdu quelque chose à cette arrivée d'un personnel nouveau. Un certain nombre de députés ne peuvent prendre leur parti que Paris ait le privilège d'institutions luxueuses, qui manquent aux chefs-lieux de canton ou même d'arrondissement. L'Opéra surtout a le privilège de leur porter sur les nerfs et quelques-uns se sont attribué la mission de réclamer contre des subventions dont leurs électeurs ne profitent pas. Ils ont eu des comparaisons inattendues entre la sueur du peuple et celle des danseuses, en adjurant leurs collègues de préférer la première. L'un d'eux, qui vient de mourir, M. Coussel, s'était fait de la sorte une réputation.

Si toutes les institutions d'État devaient justifier leur existence par les services immédiats et personnels qu'elles rendent à tous les contribuables, Paris n'aurait ni théâtres ni musées nationaux, mais Tulle et Guéret n'auraient ni chemins de fer ni lycées. L'absurdité de la théorie, faite d'envie et de petitesse, qui s'est exercée plusieurs fois contre les Beaux-Arts, doit être combattue, au temps présent, par des raisons positives. Montrer que, par l'enseignement, ils servent l'intérêt et l'honneur du pays et que, du plus haut au plus bas, du Louvre à la moindre école de dessin, comme de la Sorbonne à la moindre école primaire, toutes les parties du service sont solidaires, c'est le meilleur moyen de désarmer l'hostilité dont les Beaux-Arts sont parfois l'objet et même de leur ramener la faveur parlementaire.

Le plus souvent, ils trouvent dans les rapporteurs de leur budget des défenseurs gagnés à leur cause [1]. Parfois même, ces rapporteurs leur ont porté un intérêt dangereux par excès de conviction; ils avaient des systèmes et des projets, des regrets et des espérances. Il est arrivé que le service a pâti de ces dévouements, car le

1. La suite des rapports sur le budget des Beaux-Arts, depuis 1870 jusqu'au temps présent, est très utile à consulter. Ces rapports sont de valeur inégale; quelques-uns, par la précision des idées et des faits, restent de précieux répertoires; d'autres, superficiels ou chimériques, abondent en erreurs théoriques ou de fait. Il est rare, cependant, que les moins bons ne renferment pas des documents de première importance, fournis par l'administration, et qui ne se trouvent que là. Il serait à souhaiter que la direction des Beaux-Arts publiât, comme l'ont fait les autres directions du Ministère auquel elle appartient, une statistique de ses actes. Le crédit nécessaire fut demandé par elle en 1890, combattu par le rapporteur du budget des Beaux-Arts et repoussé par la Chambre.

rapporteur, identifiant avec ses préférences la cause de l'art et de l'État, préoccupé d'apologie personnelle et de soucis de clientèle, provoquait des mesures regrettables. D'autres fois, au lieu d'un spécialiste, le rapporteur des Beaux-Arts était un homme nouveau, qui s'improvisait une éducation artistique et découvrait le Louvre. Devant la première sorte de rapporteurs, les chefs de l'administration des Beaux-Arts défendaient leur service avec l'infériorité habituelle en pareil cas : l'homme du pouvoir est toujours un assiégé. Ils aidaient la seconde à se faire des opinions, et assez souvent ils rencontraient chez elle la reconnaissance de M. Jourdain pour ses maîtres : « Ah! que n'ai-je étudié plus tôt pour savoir tout cela! » Plaisanterie à part, il y a là un double inconvénient du régime parlementaire. Tous les services de l'État ont à compter avec son contrôle, tantôt bienveillant et tantôt taquin, tantôt éclairé et tantôt ignorant. Comme il n'y pas d'autre régime possible pour un pays libre, et que, avec ses abus, il vaut mieux encore que n'importe quelle forme de pouvoir personnel, les Beaux-Arts doivent s'accommoder

de ses inconvénients et profiter de ses avantages.

Ils le peuvent à la condition de prendre eux-
mêmes l'initiative des réformes utiles, de subordonner toujours les intérêts particuliers à l'intérêt général, d'être francs et nets avec les
Chambres, ce qu'ils n'ont pas toujours été. De
la sorte, non seulement ils désarmeront peu à
peu bien des hostilités, mais ils pourront même
obtenir l'argent dont ils ont besoin. Car il n'y a
pas à diminuer leurs crédits, il faudrait plutôt
les augmenter. Douze millions, au total, pour
toutes les branches de l'art français, ce n'est
pas assez. On peut les mieux répartir ou les
dépenser plus utilement, mais je ne crois pas
que, depuis vingt-cinq ans, une seule réduction
de crédit, sur les Beaux-Arts, ait été une bonne
mesure [1], et, pour y faire beaucoup de bien, il
suffirait d'un peu plus d'argent.

Dans ces études sur l'action de l'État français
en matière d'art, j'ai dû formuler des critiques.

1. Une des plus regrettables est celle qui, en 1891, a provoqué la suspension de l'*Inventaire des richesses d'art de la
France*. Le crédit des souscriptions aux ouvrages d'art a
subi également les plus fâcheuses diminutions.

21

Plus souvent j'ai pu, en exposant l'organisation du service des Beaux-Arts, le défendre contre des préjugés injustes. Dans les deux cas, je n'ai eu d'autre but que de dire ce que je crois être la vérité. Cela m'a été facile, car si je reste profondément dévoué à l'administration que j'ai dirigée, je n'ai ni regrets ni espérances. Je me suis efforcé de justifier ainsi ce que je devais à mes anciennes fonctions, à l'honneur que m'a fait le directeur du *Temps* et à l'intérêt qu'ont bien voulu me témoigner les lecteurs de ce journal.

21 septembre 1895.

APPENDICE

I

Le rôle et la neutralité artistique de l'État.

Discours prononcé à l'École des Beaux-Arts
le 25 novembre 1888.

. . . .

. . . .

.... Le Ministre a pensé que celui de ses collaborateurs auquel il a fait l'honneur de le placer à votre tête saisirait avec plaisir cette occasion de vous exprimer ses propres sentiments.

Ces sentiments, Messieurs, sont une grande estime pour l'enseignement que distribue cette École et le ferme désir de travailler avec vous pour maintenir la tradition dont elle est gardienne. En effet, l'art de notre époque doit à cette tradition un éclat et une vitalité sur lesquels, bien voisin du terme où le siècle va finir, nous pouvons dès maintenant porter un jugement impartial et fier.

Ne croyez pas qu'en parlant de la sorte je reprenne pour mon compte l'expression obligatoire de l'optimisme offi- ciel. J'exprime une conviction sincère et je crois remplir un devoir trop négligé de nos jours. Pendant une longue période de satisfaction personnelle, nous nous accordions l'éloge d'une main trop libérale; puis la phase du mécon-

tentement était venue et nous nous étions mis à nous
dénigrer avec une complaisance qui ne laissait rien à
faire pour nos ennemis et nos rivaux. Il serait temps de
mettre fin à ce second excès né du premier et de voir les
choses telles qu'elles sont, sans fade complaisance ni
parti pris de sévérité. Voilà bientôt cent ans que la
société française a changé ses conditions d'existence et
ouvert une nouvelle ère historique; encore quelques mois
et nous allons montrer au monde le résultat de nos efforts.
Il importe à notre honneur de ne plus nous amuser à ces
plaisanteries de plume ou de parole, où nous ne voyions
que jeux d'esprit et qui, en réalité, tournaient au détriment de notre bonne réputation et du respect de nous-
mêmes. Les peuples ont besoin de s'estimer, et, plus que
jamais, il importe de ne pas amoindrir notre confiance
dans les destinées de la patrie.

Cela est vrai dans toutes les manifestations de la vie
nationale; cela est surtout vrai dans le domaine artistique.
Pour l'enseignement des Beaux-Arts, en particulier, si l'on
compare ce qu'il était il y a cent ans à ce qu'il est aujour-
d'hui, on constate de grands progrès et on trouve qu'à ce
point de vue la nouvelle France est très supérieure à
l'ancienne. Je ne parle pas seulement de votre école : je
parle de l'enseignement à tous les degrés. Depuis dix-huit
ans surtout, que d'efforts et que de progrès! Aujourd'hui,
dans toute la France, de l'école primaire au lycée, de
l'humble commune à la grande ville, partout les écoles
et les musées se peuplent. Dès qu'au lendemain de l'année
terrible la nation voulut panser ses blessures et réparer
ses forces, tous les amis de l'art, ceux qui produisent et
ceux qui enseignent, ceux qui écrivent et ceux qui admi-
nistrent, tous se mirent à l'œuvre, et on jugera l'an prochain du résultat de leurs travaux, poursuivis avec une

suite vraiment admirable. Et puisque je constate ces
résultats, vous me reprocheriez de ne pas citer un nom
qui restera inséparable de ce grand travail, celui de l'éminent artiste qui fut un de mes prédécesseurs à la direction des Beaux-Arts et l'un des chefs de cette École : le
nom de M. Eugène Guillaume.

On nous dira que l'art français n'avait pas attendu
pour naître que l'État se fût chargé de l'enseigner. Sans
doute. En même temps que le goût des armes et de la
parole, suivant le mot du vieux Caton, nos pères avaient
reçu le don de représenter la nature par le contour et la
couleur, et il y eut un art français dès qu'il y eut une
France. Il importe même de le rappeler à ceux qui font
de nous les élèves éternels de l'étranger, les continuateurs
dociles de la tradition grecque et romaine. Mais il faut
bien reconnaître que notre épanouissement artistique date
surtout de la Renaissance, lorsque, les yeux éblouis des
merveilles italiennes, nos gentilshommes repassèrent les
Alpes avec un goût plus exigeant. Dès lors, l'État s'inquié-
tait de protéger l'art; bientôt il le faisait enseigner en son
nom, il absorbait peu à peu l'ancien apprentissage artistique. Lorsque la Révolution vint transformer la France,
elle ne renonça pas à cette tradition : elle la fortifia, au
contraire, en la complétant; elle nous légua le type du
système d'enseignement que nous appliquons encore.
Tous nos grands établissements artistiques ont été créés
ou préparés par elle avec une conception plus démocratique et plus large que celle des rois, mais inspirée toujours par une même idée du rôle de l'État en matière
d'art.

Avons-nous tort d'appliquer cette idée? Je crois pour
ma part que son abandon serait pour l'art français une
cause de prompte décadence.

En effet, Messieurs, l'art ne résulte pas chez nous, comme chez d'autres peuples, de l'influence nécessaire du sol, du climat et de la race. Il lui faut la culture, il lui faut une attention continuelle pour empêcher que les germes du génie ou du talent, disséminés çà et là, restent stériles et sèchent sur un terrain mal préparé. Nous sommes artistes de nature, à la condition d'être avertis sur le démon caché que nous portons en nous. Qu'il s'agisse de notre main, de notre œil, de notre oreille, il nous faut l'éducation. Nos facultés une fois éveillées, l'élan une fois donné, nous allons aussi loin, et plus loin que nos initiateurs : nous devenons maîtres à notre tour. C'est pour cela que jamais, chez nous, le dépositaire du patrimoine national, cet être abstrait et durable qui est l'État, ne s'est désintéressé de l'art; pour cela que tous nos gouvernements ont mis en action la fameuse métaphore de Lucrèce : ils ont reçu le flambeau sacré et l'ont transmis de génération en génération, le préservant, l'activant, lui donnant aliment et matière. Que de fois, sans cette tutelle, la vive lumière qu'il jette encore se fût éteinte ou obscurcie !

Prétendre qu'une éducation indépendante eût rendu l'art français plus original et plus souple, ce n'est pas seulement le méconnaître, c'est encore le calomnier. Une exposition rétrospective va s'ouvrir au 1er mai prochain; elle montrera dans son ensemble notre développement artistique. L'on pourra voir alors si notre race ne s'est pas exprimée tout entière, avec toutes ses facultés, dans le domaine de l'art plastique; si nous n'avons point parcouru toute la gamme des sentiments et des passions; si une seule des émotions que le spectacle de la nature et de la vie fait naître dans l'âme de l'artiste n'a pas trouvé chez nous ses interprètes immortels. Le génie de la France s'y montrera donc complet, avec son culte de l'antiquité et sa franchise gauloise, ses instincts de création héroïque et son goût d'observation familière, ses besoins d'ordre et de liberté, sa mesure et son ampleur, son élégance et sa force; qualités contradictoires, semble-t-il, mais qui se fondent chez nous en un ensemble plein d'harmonie. On sera forcé de reconnaître que toutes les influences qui ont soufflé sur lui des quatre coins de l'horizon, de Rome et d'Athènes, des Flandres et d'Espagne, n'ont servi qu'à favoriser son indépendance et son originalité.

Ce spectacle sera la réponse au reproche dont l'action de l'État français, en matière d'art, est encore le texte. On vous déclare inutiles, vous, Messieurs, qui enseignez au nom de l'État et qui le représentez officiellement dans ses corps savants et ses conseils; on nous déclare nuisibles, nous, auxquels il confie la direction de son enseignement, le développement de ses musées et la décoration de ses édifices. Écoutons ces reproches avec philosophie et n'en soyons pas troublés dans l'accomplissement de notre tâche respective. Si l'État se désintéressait de l'enseignement et de la protection artistique, il n'y aurait pas assez d'indignation ou d'ironie contre son indifférence béotienne. Mieux vaut, je crois, encourir le premier reproche que le second.

J'estime donc qu'à l'exemple de nos devanciers, nous pouvons remplir, avec la conscience que nous faisons œuvre utile, la double tâche que l'État nous confie. Je n'ai pas à vous rappeler vos devoirs à ce sujet, mais je sais quels sont les miens et je les résumerai en deux mots : l'impartialité et la sympathie.

Par l'impartialité, le représentant de l'État s'élève au-dessus des querelles d'écoles, des rivalités égoïstes, des

partis pris individuels. Il n'est sensible qu'au talent; il
s'efforce de le distinguer et de le consacrer partout où il
le rencontre. C'est le droit, c'est le devoir de l'artiste
d'être exclusif, de réaliser sa conception propre de la
nature et de la vie, d'opposer système à système, de
former des disciples et de recruter des partisans. Mais
celui qui s'occupe d'art au nom de l'État, c'est-à-dire au
nom de tous, s'il se permettait de batailler pour des préférences personnelles, celui-là deviendrait le plus dangereux des sectaires; il abuserait du pouvoir qui lui est
confié. Spectateur attentif des querelles qui s'agitent
autour de lui, il essaiera donc de dégager, au profit de
tous, la part de vérité que peuvent contenir les manifestes de guerre; il constatera la victoire, qui finit toujours, là comme ailleurs, par appartenir au plus brave
et au plus fort.

Mais surtout, Messieurs, il aimera ce que vous aimez
vous-mêmes; il nourrira dans son âme ce culte du beau
et du vrai, ce respect de la nature, sans lesquels il n'y a
ni vrais serviteurs, ni vrais amis de l'art. Il devra comprendre tout ce que vous mettez de générosité et de
courage dans vos luttes et dans vos œuvres; il réparera,
autant que possible, ces cruelles injustices nées de
l'aveugle fatalité des choses et de l'insuffisante éducation artistique du public, qui conduisent à la pauvreté et
à la souffrance un trop grand nombre d'entre vous, et
des plus méritants. Si la tutelle de l'État, en matière
d'art, avait besoin d'être justifiée, ne serait-ce point là un
argument décisif? On est bien obligé de reconnaître qu'il
soulage nombre d'infortunes; que, sans lui, le talent
aurait parfois reculé devant les exigences de la vie matérielle; que la rude main de la destinée eût saisi à la
gorge et impitoyablement étouffé bien des jeunes espé-

rances auxquelles il a donné l'essor; enfin que, par lui, nombre de vieillesses succédant à des existences de labeur sans profit ou de luttes sans gloire, mais embellies par le culte de l'art, ont pu finir d'une manière décente à l'abri des derniers besoins.................

. . . .

Discours prononcé à l'École des Beaux-Arts
le 22 décembre 1890.

. . . .

...Formés, depuis la Renaissance, par la tradition grecque et romaine, nous avons vécu longtemps dans le culte du passé, et nos chefs-d'œuvre sont longtemps sortis des idées et des thèmes qui avaient provoqué déjà ceux de l'antiquité. Aujourd'hui, la religion classique n'excite plus la même foi; elle a des sceptiques; elle a des incrédules et des négateurs. Enveloppés par la vie contemporaine et pénétrés de son esprit, beaucoup d'entre vous seraient portés à sacrifier le passé à un sentiment exclusif du présent. Ils déclarent que l'art, c'est avant tout l'observation directe de la réalité prochaine et que l'imitation tue l'originalité; ils s'efforcent de l'arracher à ses anciennes écoles, tandis que les défenseurs de la tradition la maintiennent avec énergie. Ces querelles vous troublent, Messieurs; vous vous demandez avec inquiétude où est la vérité, et vous la cherchez tantôt d'un côté, tantôt de l'autre, retenus par une éducation qui a fait ses preuves et entraînés par le penchant naturel de la jeunesse vers tout ce qui est jeune et hardi comme elle.

Comme toujours, la vérité se trouve entre ces deux extrêmes. Rompre avec le passé, ce serait renier nos pères et déchirer nos titres; ce serait commettre une des plus grandes fautes que puissent provoquer l'ignorance,

l'infatuation et l'ingratitude. Le sens de la tradition et
le respect de l'histoire sont la noblesse de l'humanité et
la cause première du progrès. Mais, pour valoir nos
pères, il ne faut pas se reposer sur ce qu'il nous ont
transmis et s'arrêter au point du chemin où ils ont poussé
leur marche; il faut créer à notre tour et faire nous-
même de l'histoire. Ils ont été grands en étant eux-
mêmes, c'est-à-dire en différant de ceux qu'ils avaient
précédés; ils ont réalisé des besoins et des aspirations
inconnus de leurs devanciers. Étudions-les, respectons-les,
mais soyons à notre tour les fils sincères de notre pays
et de notre temps.

Eh bien, Messieurs, il est certain que la vie s'est élargie
depuis deux siècles, que bien des choses sont mortes et
que d'autres sont nées, que des idées nouvelles mènent le
monde et distribuent les rangs. L'honneur de notre siècle
à nous, c'est l'amour énergique de la vérité, de la justice,
de la liberté. S'il y a toujours des genres, les vieilles hiérarchies ont disparu; l'art n'admet pas plus de privilèges
que la société n'admet de castes. Depuis Millet, Corot et
Barye, une prétendue noblesse des êtres et des choses ne
mesure plus la dignité de l'œuvre d'art à celle du sujet :
il y a autant de majesté dans un paysage, de poésie
dans une solitude naturelle, de beauté dans un animal
qu'il pouvait y en voir chez les seigneurs, dans les parcs
et dans les salons d'autrefois. Ces êtres que La Bruyère
décrivait avec un si poignant mélange de colère et de
pitié, ces paysans que ne regardait pas Lebrun, cette
nature sauvage que dédaignait Poussin, nous les étudions
avec un sentiment de fraternité d'où naissent la sympathie et l'admiration. Au milieu de nos angoisses nous
leur demandons le secret de leur tranquillité sereine et
nous calmons nos souffrances en nous rapprochant de

leur santé. Nous croyons que notre vie privée et les
scènes de nos rues sont aussi attachantes et aussi gran-
dioses que la vie antique et les révolutions d'autrefois;
nous croyons que l'art et l'histoire courent les rues
aujourd'hui comme jadis, qu'ils sont partout autour de
nous, et au moment où notre siècle finit, nous redou-
blons d'efforts pour donner au siècle de demain la preuve
que, nous aussi, nous avons fait notre œuvre indépendante, que nous avons réalisé les idées nouvelles lancées
dans le monde par la Révolution française et que nous
avons appliqué sa devise, dans l'art comme dans les
mœurs et les institutions.

. . . .

Quant à nous (représentants de l'État), nous espérons
rester fidèles à notre rôle, tel que j'ai déjà essayé de le
définir devant vous. L'État, vous disais-je il y a deux
ans, ne patronne aucun système et n'adopte aucune
école; partout, il est en dehors et au-dessus des partis,
qui ne sont qu'une part de la France, tandis qu'il est la
France elle-même. Dans votre domaine, il subordonne
les systèmes artistiques à l'intérêt général de l'art, il
s'efforce de voir le talent partout où il se trouve; il s'inquiète peu des théories pour s'attacher aux œuvres. C'est
vraiment faire preuve d'injustice et d'ignorance que
d'attaquer encore l'art officiel; c'est surtout prendre une
peine inutile, car c'est combattre une chimère. Quant à
l'enseignement de l'État, je crois pouvoir dire qu'à aucune
époque il ne fut plus libre, plus large et plus dégagé de
tout système exclusif. Parmi vos maîtres, je vois représentés toutes les écoles et tous les genres; vous pouvez
écouter tour à tour les maîtres de l'idéal et ceux de la
réalité; dans les œuvres qu'ils ont signées, je vois que le
sens de l'histoire et celui de la vie réelle s'affirment avec

la même énergie; âge héroïque de l'humanité, grandes scènes de l'antiquité grecque et latine, sentiment religieux, civilisations de Florence et de Venise, grandeur ou charme de l'ancienne France, aspects de la vie contemporaine, épreuves récentes de la patrie, ils ont parcouru tout le cycle de la création artistique. Chacun d'eux enseigne avec sa nature et avec son talent; mais tous ont un caractère commun, l'amour et le respect de l'art; chacun d'eux vous donne le double exemple de l'indépendance et de la sincérité.

Aussi, Messieurs, pouvons-nous écouter sans trop d'émotion les reproches divers adressés à tous ceux qui étudient ou servent l'art, au nom de l'État ou par ses soins. C'est un travers de notre esprit national, qui est charmant, mais qui, par cela même, n'est pas parfait. Nous passons notre temps à nous exalter et à nous dénigrer tour à tour, avec une égale complaisance. Nous ne savons pas toujours très bien ce que nous voulons, mais nous le voulons toujours avec fureur et nous appliquons volontiers à nos adversaires ce syllogisme incomplet : Tu ne penses pas comme moi, donc tu es un scélérat. Au demeurant, à travers ces critiques contradictoires, le progrès accomplit son œuvre patiente; ce qui mérite de durer dure et ce qui doit disparaître disparaît. Car il y a quelque chose de plus fort que tout pour affermir ou ruiner les institutions; c'est la force des choses. Or, c'est d'elle qu'est née votre école, fondée aussitôt que l'État moderne eut pris conscience de son rôle, comme aussi l'art nouveau de son existence, développée patiemment, modifiée souvent, mais, je le crois, toujours améliorée. Aussi, tous ceux qui lui appartiennent ou se rattachent à elle, qu'ils y enseignent ou qu'ils la dirigent, ont-ils la conscience de faire œuvre utile. . . . .

II

Rapport au Ministre de l'Instruction publique et des Beaux-Arts sur la décoration sculpturale du Panthéon.

Monsieur le Ministre,

En proposant à M. le Président de la République de constituer une Commission consultative des travaux d'art, vous vous inspiriez surtout du désir d'introduire un esprit de suite et de méthode dans la décoration des édifices publics et de consacrer la majeure partie du crédit annuellement voté par les Chambres, sous le titre de « Travaux d'art et décoration d'édifices publics », à des œuvres d'ensemble, capables de porter un jour bon témoignage sur l'action de l'État français en matière d'art.

Un des premiers projets que la nouvelle commission sera appelée à examiner est la continuation du travail de décoration intérieure commencé au Panthéon, et vous avez bien voulu me charger de tracer le plan qu'elle devra suivre pour mener à bien cette entreprise.

I

Déjà, en 1874, un de mes prédécesseurs à la direction des Beaux-Arts, M. de Chennevières, avait arrêté un projet complet de décoration du Panthéon, avec des œuvres de

peinture et de sculpture. Cette idée est, en grande partie,
réalisée par une suite de peintures murales en voie
d'achèvement et dont l'ensemble fera grand honneur à
l'école française. Elles ont ajouté à la gloire de noms
célèbres, elles en ont révélé d'autres et déjà elles offrent
aux regards le résultat d'un effort artistique qui peut supporter bien des comparaisons ou même qui est unique de
notre temps, si l'on considère l'importance du monument
et l'ampleur de l'idée réalisée. Quant aux œuvres de
sculpture qui devaient compléter ces peintures murales,
elles avaient été conçues sur un plan beaucoup plus restreint et ne comprenaient que douze statues.

Vous avez pensé que, non seulement cette décoration
sculpturale devait être élargie, mais encore qu'elle devait
être reprise à un point de vue entièrement nouveau.

En effet, lorsque le projet de M. Chennevières fut
conçu, le Panthéon était consacré au culte catholique et
la décoration picturale qui devait se dérouler autour de
ses murs s'inspirait d'une pensée exclusivement religieuse. Le point de départ de cette décoration était
emprunté à la légende de sainte Geneviève et le reste suivait le développement de l'esprit chrétien à travers notre
histoire. Depuis, le Panthéon a cessé d'être une église
pour redevenir, selon le vœu de la Constituante, le
temple de la reconnaissance nationale et s'ouvrir encore
aux restes de ceux qui ont illustré la patrie. Cette destination nouvelle n'est pas pour faire regretter le caractère
imprimé aux peintures murales : l'influence du christia-
nisme domine une partie de notre histoire et elle a sa
place nécessaire dans le vaste ensemble décoratif où l'art
doit retracer une image complète de la France; mais
cette influence n'explique qu'une partie de cette histoire,
et la France laïque, qui a pris possession de la basilique

jadis dédiée à sainte Geneviève, y succède légitimement
à la France chrétienne.

Vous avez donc pensé qu'une suite de sculptures retra-
çant la nouvelle destination du Panthéon, par des
groupes symboliques, des monuments funéraires et des
statues, pouvait continuer les peintures qui en recou-
vrent les murs, qu'il n'y aurait point là une antithèse
choquante, mais la suite logique d'un même ensemble,
enfin que c'était traduire la grande pensée qui animait la
Constituante et qu'Edgar Quinet développait en des
pages où respirent à la fois le sentiment de la solidarité
nationale et l'amour de la liberté [1].

II

L'hémicycle qui termine l'axe longitudinal du Panthéon
vous a paru ne pouvoir être destiné qu'à un monument
commémoratif de la Révolution française. C'est la place
d'honneur de l'édifice; il importait donc que la grande
époque qui termine l'ancien régime et commence les
temps nouveaux y figurât par un monument digne d'elle.

Les quatre piliers sur lesquels porte le dôme offrent de
larges pans coupés qui semblent destinés par l'architecte
lui-même à recevoir des hauts-reliefs. Ces piliers circons-
crivent le centre de l'édifice et forment comme un second
sanctuaire dans le temple. Vous avez pensé que notre
école de sculpture saurait employer ces surfaces à représenter les quatre époques entre lesquelles se distribue
l'histoire de France avant la Révolution, c'est-à-dire le
moyen âge, la Renaissance, le XVIIe siècle et le XVIIIe siècle.
Il ne s'agira pas pour nos maîtres contemporains de

1. Voir EDGAR QUINET, le *Panthéon*, dans *Paris Guide*, 1867.

22

revenir aux froides allégories qui se sont trop souvent imposées à l'art français, mais ils ne seront pas embarrassés pour revêtir d'une forme claire et vivante les idées qu'éveillent ces quatre noms : l'œuvre de Rude, sur l'arc de triomphe de l'Étoile, montre comment le sculpteur peut faire parler l'âme d'une époque et il suffirait, à la rigueur, de demander cette preuve au Panthéon lui-même, avec le fronton de David d'Angers.

Cinq monuments funéraires, consacrés aux grands hommes qui ont eu ou qui ont encore leur sépulture au Panthéon, rappelleraient ou consacreraient la présence de leurs restes. Ils serviraient aussi, par le choix des personnages, à compléter d'une façon concrète l'idée abstraite exprimée par les hauts-reliefs. Votre choix s'est arrêté sur Descartes, Voltaire, Jean-Jacques Rousseau, Mirabeau et Victor Hugo. Le cénotaphe de Descartes serait placé en face du monument de la Révolution, devant l'escalier qui conduit à l'hémicycle du chevet ; ceux de Voltaire et de Rousseau, entre les colonnes qui marquent l'entrée de cet hémicycle ; ceux de Mirabeau et de Victor Hugo, dans les deux bras du transept.

En choisissant cette place pour Descartes, vous avez considéré qu'il est le père de la pensée moderne, que la Révolution est le terme logique auquel devaient conduire les idées exprimées dans le *Discours de la méthode*, et aussi qu'une réparation était due en cet endroit par la France moderne à celui dont le cercueil, ramené de l'étranger, avait été exclu par un ordre royal de l'ancienne église Sainte-Geneviève.

Pour Voltaire et Rousseau, ils ont continué, chacun à sa manière, l'œuvre de Descartes ; ils ont directement causé le grand mouvement social qu'il avait préparé d'une manière inconsciente. Mirabeau c'est la Révolution à l'œuvre par l'éloquence. Quant à Victor Hugo, il est temps de remplir enfin l'engagement que prenaient envers sa mémoire les pouvoirs publics, le jour où ils rouvraient pour lui le Panthéon aux restes des grands hommes.

Les plafonds de l'édifice sont soutenus par des lignes de colonnes isolées ou géminées. Entre ces colonnes prendrait place une série de statues représentant les grands hommes qui ont honoré la France, dans tous les ordres de la pensée ou de l'activité humaines. Elles seraient choisies et disposées de manière à représenter, elles aussi, le développement de notre histoire et compléteraient la pensée exprimée tant par les peintures murales que par les hauts-reliefs et les cénotaphes. Ainsi les écrivains romantiques seraient groupés autour de Victor Hugo, les orateurs politiques autour de Mirabeau, les philosophes du XVIII° siècle entoureraient Voltaire et Rousseau. Quant aux hommes d'État et de guerre qui ont fait la France, de Charlemagne à Louis XIV et de 1789 à nos jours, ils traduiraient de façon individuelle les idées générales reproduites dans les hauts-reliefs. Les statues religieuses déjà exécutées, d'après le projet de M. de Chennevières, se placeraient devant les demi-colonnes engagées dans les murs et qui servent de cadres aux peintures murales.

Aux deux extrémités du transept figurent actuellement deux tapisseries qui ont leur mérite propre, mais qui, par leur tonalité foncée, s'accordent mal avec les teintes claires de la pierre et des peintures. Vous avez pensé qu'il serait bon de les remplacer par des monuments funéraires, disposés en hauteur contre le mur, dans l'espace limité par l'entre-colonnement central. L'un, placé dans la même enceinte que le monument de Mirabeau, serait consacré à Lazare Carnot, l'organisateur de la victoire ; ainsi, cette partie de l'édifice montrerait les deux aspects, civil et militaire, de la Révolution. L'autre, en arrière du monument de Victor Hugo, pourrait grouper les souvenirs des grandes luttes de la tribune et de la presse sous la Restauration et la monarchie de juillet, en s'inspirant des noms du général Foy, de Manuel et d'Armand Carrel, c'est-à-dire des trois hommes qui ont le plus vaillamment servi la cause des libertés publiques, dans le temps où le romantisme illustrait la pensée française.

III

Ainsi, Monsieur le Ministre, la décoration sculpturale du Panthéon comprendrait un groupe, quatre hauts-reliefs, cinq cénotaphes isolés, deux cénotaphes appliqués aux murs et environ quatre-vingts statues.

Ce ne sont là que les lignes essentielles d'un projet qui peut admettre bien des changements de détail. Il appartiendra donc à la Commission des travaux d'art d'en étudier l'application pratique. Elle devra notamment discuter le choix des statues, dresser une liste des artistes auxquels l'exécution des diverses œuvres pourra être confiée, examiner les maquettes proposées par eux, etc. J'espère être en mesure, après avoir proposé ce programme à ses délibérations, de vous soumettre à bref délai un plan complet d'exécution. Vous m'avez permis de compter sur le concours de la direction des Bâtiments civils ; elle donnera, j'en suis sûr, toute facilité à la direction des Beaux-Arts pour cette décoration sculpturale, de même qu'elle lui a déjà prêté une aide très empressée et très utile au point de vue de la décoration picturale.

Pour mener à bien ces travaux, il ne sera pas nécessaire de demander au Parlement de nouveaux crédits. Le budget ordinaire des Beaux-Arts peut y suffire, à la condition de s'inspirer de l'esprit de méthode qui a donné naissance à la commission. Le crédit total affecté aux travaux d'art est de 1 million, sur lequel 600 000 francs sont spécialement destinés par le législateur à la décoration des édifices publics. Ce ne sera point manquer à la justice distributive due à chacun des deux arts qui se partagent ce crédit que de prélever annuellement 150 000 francs environ pour la décoration sculpturale dont il s'agit; il resterait une somme égale pour continuer les décorations du même genre déjà commencées à Paris et dans les départements, et 300 000 francs pour les décorations picturales. La dépense totale exigée par le Panthéon pourrait être couverte en quinze annuités environ; ainsi les premières années du XXᵉ siècle verraient achever la décoration d'un édifice dont la partie architecturale était terminée dans les dernières années du XVIIIᵉ.

Si j'ai fidèlement traduit, Monsieur le Ministre, l'idée à laquelle vous m'avez fait l'honneur de m'associer, je vous prie d'honorer de votre approbation le présent rapport et de revêtir de votre signature le projet d'arrêté ci-joint.

Veuillez agréer, Monsieur le Ministre, etc.

Palais-Royal, le 10 février 1889.

Le Directeur des Beaux-Arts,

· GUSTAVE LARROUMET.

Approuvé :
*Le Ministre de l'Instruction publique
et des Beaux-Arts,*
ÉDOUARD LOCKROY.

Rapport au Ministre de l'Instruction publique et des Beaux-Arts sur les travaux de la sous-commission chargée d'étudier le projet de décoration sculpturale du Panthéon.

Monsieur le Ministre,

Dans la première réunion que la Commission des travaux d'art, constituée par décret du 12 février 1889, tenait sous votre présidence le 14 mars suivant, elle adoptait à l'unanimité le projet présenté à son examen sur la décoration sculpturale du Panthéon et décidait que sa sous-commission permanente [1] en étudierait immédiatement l'exécution en s'adjoignant, pour cet objet, outre M. Jules Comte, directeur des Bâtiments civils et des Palais nationaux, M. de Chennevières, membre de l'Institut, directeur honoraire des Beaux-Arts, qui avait pré-

---

1. Cette sous-commission est composée de MM. Gustave Larroumet, directeur des Beaux-Arts, *président*; Kaempfen, directeur des Musées nationaux; Lafenestre, conservateur au musée du Louvre; Yriarte, Burty, Henry Havard, inspecteurs des Beaux-Arts; Bonnat, artiste peintre, membre de l'Institut; Dalou, sculpteur; Dutert, architecte; Paul Mantz, directeur général honoraire des Beaux-Arts; Baumgart, chef du bureau des travaux d'art, *secrétaire*.

paré le projet de décoration picturale dont l'achèvement
touche à sa fin, MM. Bailly et Charles Garnier, architectes, MM. Chapu et Eugène Guillaume, sculpteurs.
M. Le Deschault, architecte de l'édifice, serait appelé à
siéger avec voix consultative.

Ainsi complétée, la sous-commission, réunie d'abord
au Panthéon, puis au Palais-Royal, n'a pas consacré, du
19 mars au 12 juin 1889, moins de neuf séances à
l'examen du projet. J'ai l'honneur de vous soumettre le
résultat de ses délibérations, dont je vous ai déjà entre-
tenu oralement, au fur et à mesure des séances. J'aurais
rempli ce devoir bien plus tôt, si le Parlement n'avait
eu à s'occuper incidemment du projet, et si, par suite,
je n'avais dû attendre, avec cette haute sanction, les
modifications qu'il pouvait être amené à y introduire.
Non seulement il a bien voulu approuver le projet de
l'administration des Beaux-Arts, mais elle peut se féli-
citer d'avoir, en quelque sorte, devancé le vœu du législateur.

I

La sous-commission a d'abord étudié les diverses parties du projet, au point du vue de l'idée à traduire, et,
constatant qu'il était possible de les réaliser, elle en a
voté successivement l'adoption, telles qu'elles étaient
présentées.

Il s'agissait, dès lors, de désigner les emplacements
définitifs des monuments et de tracer aux artistes qui en
seraient chargés un programme d'exécution, assez sommaire pour ne pas gêner leur liberté d'invention, assez
détaillé pour maintenir, avec le caractère propre de
chaque monument, l'unité de la conception générale.

Pour le monument commémoratif de la Révolution
française, le projet de l'administration lui assignait l'hémicycle qui termine l'axe longitudinal. Plusieurs membres émirent d'abord l'avis qu'il serait mieux en vue et
plus au large, soit au-dessous du dôme, soit dans le
bras supérieur de la croix. M. l'architecte Le Deschault
fit alors observer que ces deux parties de l'édifice étaient
soutenues par des voûtes trop faibles pour le poids qu'on
voulait leur imposer. Il fut constaté en outre que, si un
groupe important était placé dans l'axe longitudinal, il
altérerait gravement l'impression produite par la vue
d'ensemble du Panthéon, que l'œil doit pouvoir embrasser
dans toute sa longueur ou toute sa largeur. Il fut donc
décidé que le monument conserverait la place primitivement indiquée.

Quant à la forme de ce monument, elle devait nécessairement comprendre, comme motif principal, une image
de la France, entourée de la Liberté, de l'Égalité et de la
Fraternité. Sur le soubassement, une suite de bas-reliefs
pourraient représenter les trois phases principales de la
Révolution, c'est-à-dire la proclamation d'un nouveau
droit social, la défense du territoire et l'expansion des
idées nouvelles. On s'est même demandé si cette dernière
représentation ne serait pas mieux placée contre le mur
de l'hémicycle, sous forme de haut-relief circulaire, divisé
en trois compartiments par les colonnes engagées dans ce
mur. En ce cas, le monument isolé aurait moins d'importance en hauteur et en largeur et formerait, en avant du
haut-relief, comme un autel de la Patrie. Cette disposition
ingénieuse offrirait peut-être l'inconvénient de diminuer,
comme ampleur, le monument de la Révolution et de lui
enlever le caractère de motif principal qu'il a dans l'idée
générale de la décoration. Le mieux serait donc de laisser

à l'artiste chargé de l'exécution le soin de concilier, s'il le
peut, l'importance du motif isolé avec celle des bas-reliefs,
en décidant lui-même si ceux-ci doivent être séparés de
ce motif ou faire corps avec lui. La sous-commission
examinerait ensuite sa maquette, et un nouvel échange
d'idées, appuyé sur une représentation visible, achèverait
certainement de préciser un programme très net dans
son principe, mais dont une partie reste encore incer-
taine.

II

Les monuments destinés à s'élever en hauteur contre
les quatre pans coupés offerts par les piliers du dôme ne
pouvaient provoquer les mêmes divergences de vues au
sujet de leur emplacement ou de leur conception. Il y
avait seulement à se demander sous quel aspect seraient
envisagées les quatre époques de l'histoire de France
(moyen âge, Renaissance, XVIIe siècle, XVIIIe siècle), qu'il
s'agissait de représenter, et si l'on demanderait au sculpteur des hauts-reliefs ou des figures séparées. Ce dernier
programme a semblé préférable. Des groupes composés
de figures en ronde-bosse, qui iraient en pyramidant,
auraient en effet l'avantage d'accuser les lignes de l'édifice, tout en les respectant. Ces groupes, composés de
trois ou quatre figures, seraient supportés par des motifs
d'architecture rappelant, autant que possible, l'époque
figurée par le monument lui-même; le monument du
moyen âge aurait donc un caractère gothique, et ainsi du
reste. Cette conception présenterait l'avantage de mettre,
dans cette partie de la décoration, une variété expressive
et claire.

Quant au sens de la représentation, la sous-commission précise ainsi les idées que doit traduire chacun des quatre groupes :

1º Le groupe du moyen âge représentera la foi religieuse et son influence dans les diverses manifestations de la pensée et de l'activité humaine (art, poésie, héroïsme militaire);

2º Le groupe de la Renaissance représentera l'art et la littérature au XVIᵉ siècle, mais en indiquant que l'art (dans ses trois parties : architecture, sculpture, peinture) est la plus éclatante manifestation de ce temps;

3º Le groupe du XVIIᵉ siècle représentera la littérature (philosophie morale, poésie dramatique, éloquence), qui est alors la gloire de notre pays et l'école de l'Europe;

4º Le groupe du XVIIIᵉ siècle représentera la philosophie, c'est-à-dire la pensée française préparant, par la recherche abstraite et la science, un état social fondé sur la liberté et la justice.

Ces quatre grandes divisions de notre histoire offraient une abondante variété d'aspects dont chacun avait son intérêt propre; mais cette richesse même imposait l'obligation de tout ramener à quatre idées maîtresses, aussi simples que compréhensives, et capables de résumer dans une vaste synthèse les idées secondaires que dégage l'analyse. La sous-commission a pensé que ces idées maîtresses étaient la foi, l'art, la littérature et la philosophie. Elle n'avait pas à s'occuper d'un siècle, le nôtre, qui n'est pas encore terminé et qui trouvera sa glorification dans les monuments de l'avenir; mais si, comme on peut le dire dès maintenant, c'est la science qui doit être l'honneur du siècle de Cuvier, d'Ampère, d'Arago, de Leverrier, de Claude Bernard et de Pasteur, le Panthéon offrira une histoire singulièrement glorieuse et complète de la France jusqu'à la Révolution, en attendant l'ouverture du XXᵉ siècle.

III

Descartes devait primitivement recevoir la sépulture dans l'ancienne église Sainte-Geneviève; Voltaire, Rousseau et Mirabeau eurent la leur au Panthéon; Victor Hugo a inauguré la nouvelle consécration de l'édifice aux restes des grands hommes; Lazare Carnot, Marceau, La Tour d'Auvergne et Baudin y reposent, depuis le 4 août de la présente année, en vertu de la loi du 10 juillet 1889.

Dans le projet de l'administration des Beaux-Arts, préparé antérieurement à cette loi, Descartes, Voltaire, J.-J. Rousseau, Mirabeau et Victor Hugo devaient avoir chacun son monument distinct; un autre monument devait grouper les plus illustres généraux de la Révolution autour de Lazare Carnot. Cette dernière partie du programme se trouve, non pas modifiée, mais complétée et précisée par la loi du 10 juillet portant que : « Un monument commémoratif en l'honneur de Hoche et de Kléber sera élevé dans l'intérieur du temple ». Dans la pensée du législateur, cette disposition avait surtout pour but de suppléer à la présence effective des restes de ces deux généraux dans les caveaux du Panthéon.

La sous-commission des travaux d'art avait commencé par ratifier l'idée émise par le projet de décoration, en décidant que les monuments de Descartes, de Voltaire et de Rousseau seraient placés en avant et sur les côtés du monument de la Révolution, ceux de Mirabeau et de Carnot dans le bras droit de la croix, le premier au centre, le second contre le mur du fond. D'autre part, la commission spéciale, instituée par M. le ministre de l'Intérieur sous la présidence de M. Alphand, commissaire général des fêtes du Centenaire, pour préparer la cérémonie du 4 août, voulut bien, après avoir pris connaissance du même projet, le ratifier à son tour pour ce qui regardait le monument des généraux de la Révolution, en vertu des pouvoirs que la loi nouvelle donnait au ministère de l'Intérieur. Elle émit donc l'avis que le monument de Hoche et de Kléber, prévu par cette loi, serait élevé à l'emplacement déjà déterminé pour Lazare Carnot, et c'est là que la première pierre a été posée par M. le Président de la République.

Quant au monument de Victor Hugo, le projet le mettait au milieu du bras gauche de la croix; en arrière, contre le mur du fond, devait s'élever celui des orateurs et des publicistes de la Restauration, personnifiés par le général Foy, Manuel et Armand Carrel. La sous-commission des travaux d'art a ratifié aussi le choix de ces deux emplacements.

IV

Quel devait être le caractère de ces divers monuments? Ici des divergences de vues se sont d'abord produites.

Plusieurs membres de la sous-commission, considérant qu'il s'agissait de représenter des morts, dans l'édifice même où plusieurs d'entre eux ont leur sépulture, émettaient l'avis qu'il fallait donner un caractère funéraire aux monuments qui leur seraient consacrés, et ils rappelaient des exemples célèbres : le Richelieu de Girardon, sur son lit de mort, soutenu par la Religion et ayant à ses pieds l'Histoire en pleurs; le Mazarin de Coysevox, en prière sur un sarcophage, entre la Religion et la Charité, et attendant à genoux l'heure suprême, tandis que la Fidélité, la Prudence et l'Abondance expriment leur douleur au pied du monument; le maréchal de Saxe, de Pigalle, descendant l'escalier du

monument autour duquel sont réunis les trophées de
ses victoires, vers le tombeau que lui ouvre la Mort et
d'où la France s'efforce de l'écarter. D'autres objectaient
que l'on ne saurait comparer ces représentations, inspirées par des deuils alors récents et qui surmontaient
de vrais tombeaux, avec la célébration, faite par une postérité déjà reculée, de personnages entrés dans l'histoire
définitive et pour qui la mort n'est plus que la consécration de leur gloire; ils pensaient donc que ces monuments devaient revêtir un caractère d'apothéose sereine,
que les images funèbres devaient, sinon en être absentes,
du moins n'y pas dominer, qu'il y fallait surtout traduire
les idées toujours vivantes qui avaient inspiré ces grands
morts. La majorité s'est rangée à ce dernier avis.

En outre, d'après les emplacements choisis, le voisi-
nage des peintures murales, la disposition des autres
monuments, la nécessité de respecter l'aspect architec-
tural de l'édifice, la sous-commission trace aux artistes
le programme suivant :

Chacun des monuments devra comprendre, comme
figure principale, le personnage ou les personnages
auquel il est consacré. Un certain nombre de figures
secondaires devront y trouver place et former groupe
avec la figure principale.

Le monument de Descartes, placé au pied de l'escalier
conduisant à l'hémicycle du fond, devra être assez bas
pour ne pas masquer le monument de la Révolution française. Le philosophe sera donc représenté assis; autour
de lui figureront la Raison et la Méditation.

Les monuments de Mirabeau et de Victor Hugo, plus
isolés, pourront présenter leurs personnages debout, avec
deux ou trois figures allégoriques. Pour ceux-ci, monsieur
le Ministre, selon votre désignation et comme il va être

dit plus loin, deux artistes ont déjà préparé l'exécution
du projet, conformément au programme de la sous-commission, dont je les ai entretenus par votre ordre, et leur
maquette va lui être incessamment soumise.

Enfin le monument des généraux de la Révolution et
celui des orateurs et publicistes de la Restauration, disposés à l'aplomb de murs très élevés, devront offrir des
figures disposées en pyramide, en nombre proportionné
à l'objet du monument.

Restait le choix des statues isolées, au nombre de
quatre-vingts environ, qui doivent être placées contre les
colonnes qui soutiennent l'édifice et qui, groupées autour
des monuments des quatre époques de l'histoire de
France, de la Révolution et des monuments individuels,
doivent traduire par des représentations personnelles les
idées générales exprimées dans ces monuments. Il y avait
là un choix de noms assez long à établir, en raison de
leur grand nombre. La sous-commission a pris connaissance des belles pages que je signalais dans mon rapport
du 12 février et dans lesquelles Edgar Quinet examine
quels sont, entre nos grands hommes, ceux qui, par
l'étendue de leur génie, l'éclat de leurs œuvres et de leurs
services, leur dévouement aux idées de justice et de
liberté, méritent d'être admis dans le temple de la reconnaissance nationale. Elle a émis l'avis qu'avant de passer
à cet examen de détail, il importait de remplir d'abord
les grandes lignes du projet, c'est-à-dire d'exécuter les
groupes des quatre époques et les monuments isolés des
grands hommes. Ceux-ci une fois élevés, on pourra
prendre une époque déterminée, la période révolutionnaire ou la période romantique, par exemple, choisir
entre les personnages que ces périodes ont produits ceux
qui les résument le mieux et distribuer d'un seul coup

aux artistes les figures à représenter. De cette manière, les ressources dont dispose l'administration des Beaux-Arts, au lieu d'être éparpillées sur toute la surface de l'édifice, pourront être concentrées successivement sur chaque point et, peu à peu, la décoration totale se complétera par l'achèvement de chaque partie séparée.

V

Comme je le rappelais plus haut, les Chambres ont nettement indiqué le vœu que la décoration du Panthéon commençât au plus tôt. En effet, au cours de la dernière discussion du budget, dans la séance du 19 juin 1889, l'honorable M. Maurice Faure montait à la tribune de la Chambre des députés pour demander au Gouvernement où en était ce projet, dont il voulait bien faire un éloge ratifié par l'approbation de la Chambre. Je répondis, d'après vos instructions, que les études préparatoires touchaient à leur fin et que l'exécution allait commencer incessamment. Au Sénat, dans la séance du 1ᵉʳ juillet 1889, où fut discutée la loi sur la translation au Panthéon des restes de Lazare Carnot, Marceau, La Tour d'Auvergne et Baudin, l'honorable M. Hippolyte Maze, rapporteur du projet, exprimait la même pensée.

Vous avez voulu, monsieur le Ministre, répondre à ce double vœu et tenir, sans plus tarder, l'engagement pris, en décidant l'exécution immédiate des monuments de Mirabeau et de Victor Hugo. Ce qui vous a déterminé à commencer par eux, c'est qu'ils sont de dimensions moyennes, et que la dépense provoquée par eux, c'est-à-dire 75 000 francs environ pour chacun, n'excédera pas les ressources de l'exercice en cours; en outre, par leur emplacement, ils permettront de juger l'effet produit par la disposition de grandes masses sculpturales dans le Panthéon. Dès l'ouverture du prochain exercice, les deux monuments, plus coûteux, des généraux de la Révolution et des orateurs de la Restauration pourront être commencés et leur dépense répartie sur deux annuités. A ce moment, la Commission des travaux d'art aura pu être convoquée en séance plénière et aura examiné, dans leur ensemble, les décisions proposées par la sous-commission. Dans la discussion qui s'engagera alors, quelques questions de détail soulevées au cours de la première séance, notamment au sujet du monument des orateurs de la Restauration, et que la sous-commision n'a pas examinées, pourront être résolues.

Au cours de la discussion du projet, la sous-commission avait établi, sur votre demande, une liste des artistes auxquels l'exécution des grandes parties de ce projet pourrait être confiée. Sur cette liste, vous avez choisi les noms de M. Injalbert, pour le monument de Mirabeau, et de M. Rodin, pour celui de Victor-Hugo. Je n'ai pas à faire ici l'éloge de ces deux artistes ni à les comparer; mais je puis indiquer les motifs qui ont déterminé votre choix. Ils sont entièrement opposés d'origine et de tendances; par cela même il vous a semblé intéressant de leur donner, avec deux sujets également dignes de les inspirer, le moyen de réaliser l'idée que chacun d'eux se fait de son art, l'un ne relevant que de lui-même, l'autre conciliant l'originalité avec la tradition de ses maîtres. En matière d'art, en effet, l'État ne saurait plus avoir de préférences théoriques, sans manquer à son devoir de haute impartialité et se condamner à des injustices criantes : il doit se placer au-dessus des écoles rivales, qui ont toutes leurs petitesses et leurs insuffisances, et dominer leurs partis pris; il leur laisse donc le

champ libre, n'épouse aucune de leurs querelles et n'est
sensible qu'au talent attesté par les œuvres.

M. Injalbert se propose de représenter Mirabeau à la
tribune, au moment où le grand orateur achève le discours qui fut sa suprême victoire, épuisa ses dernières
forces et précéda sa mort de quelques jours. Au pied de
cette tribune, la France nouvelle écoute et s'éveille à la
liberté, les trois ordres de la nation se réunissent dans
une étreinte fraternelle, et, derrière l'orateur, l'Éloquence
l'inspire et le soutient.

M. Rodin a choisi, pour son monument, le Victor Hugo
de l'exil, celui qui eut la constance de protester pendant
dix-huit ans contre le despotisme qui l'avait chassé de la
patrie. Il a considéré que le grand poète n'avait jamais
possédé la plénitude plus complète de son génie que
durant cette période, où il retrouvait les plus gracieuses
comme les plus fortes inspirations de sa jeunesse, en y
joignant le génie de l'invective politique et l'expression
de la plus profonde pitié humaine. Il l'a donc représenté
assis sur le rocher de Guernesey; derrière lui, dans la
volute d'une vague, les trois muses de la Jeunesse, de
l'Âge mûr et de la Vieillesse, lui soufflent l'inspiration.

VI

Il importe de donner à tous ces monuments un caractère qui maintienne l'unité de l'ensemble dans la variété
des détails. Aussi les maquettes seront-elles soumises à
la sous-commission au fur et à mesure de leur achèvement, et ceux des inspecteurs des Beaux-Arts qui, en
qualité de membres de cette sous-commission, ont pris
part à toute l'étude du projet, rempliront leurs fonctions

ordinaires et assureront l'observation des idées émises,
en suivant la marche des travaux.

Mon collègue, M. Jules Comte, directeur des Bâtiments
civils et des Palais nationaux, a bien voulu m'autoriser,
dès le début, à m'entendre avec M. Le Deschault, architecte du Panthéon, et prêter à mon administration le concours de cet artiste aussi habile que dévoué. M. Le Deschault avait été chargé, pour la décoration picturale, de
tous les travaux d'échafaudages et de mise en place.
C'est, naturellement, sous sa direction qu'auraient lieu
tous les travaux du même genre nécessités par la décoration sculpturale. Il aurait, en outre, une part de collaboration plus directe. Chacun des monuments projetés
comprend une partie d'architecture plus ou moins considérable. Les artistes restant libres de l'établir eux-mêmes
ou en collaboration avec tel architecte qu'il leur con-
viendra de choisir, ils devront s'entendre avec M. Le Deschault pour que leurs conceptions ne risquent pas ou
d'altérer l'architecture du Panthéon ou d'être en désac-
cord avec elle.

Je n'ai pas besoin de dire, monsieur le Ministre, que
tous les membres de la sous-commission des travaux
d'art ont apporté le même soin et les mêmes lumières à
l'examen du projet dont j'ai l'honneur de vous soumettre
aujourd'hui les résultats et que l'administration leur doit
à tous la même reconnaissance. Mais je trahirais, j'en
suis sûr, le désir de la sous-commission elle-même, si je
ne faisais une mention spéciale du concours particulièrement utile que lui a prêté M. Charles Garnier, en représentant sous une forme visible, au fur et à mesure de la
discussion, les projets proposés et leurs divers changements, par une série de croquis où la richesse d'invention et le sens décoratif de l'éminent architecte ont fait

de lui comme un secrétaire artistique, apportant à chaque séance le procès-verbal dessiné de la séance précédente.

Je vous demande, monsieur le Ministre, de vouloir bien honorer de votre approbation le présent rapport et revêtir de votre signature les projets d'arrêtés qui l'accompagnent.

Veuillez agréer, Monsieur le Ministre, etc.

Palais-Royal, le 10 septembre 1889.

Le Directeur des Beaux-Arts,
GUSTAVE LARROUMET.

Approuvé :
Le Ministre de l'Instruction publique
et des Beaux-Arts,
A. FALLIÈRES.

III

Lettre de M. Eugène Guillaume sur la réforme de l'enseignement du dessin.

19 juillet 1895.

Mon cher confrère et ami,

..... Permettez-moi de vous donner quelques renseignements sur la réforme de l'enseignement du dessin, à laquelle je me trouve mêlé depuis bientôt trente ans.

Ce n'est pas précisément de la direction des Beaux-Arts que l'initiative en est partie. Il faut se rappeler que l'Union centrale des Beaux-Arts appliqués à l'Industrie, frappée, depuis longtemps, des raisons qui rendaient cette réforme nécessaire, eut l'idée, en 1865, d'ouvrir une exposition et un concours auxquels participeraient tous les établissements d'instruction publique et autres où l'on montrait à dessiner. Grâce à la bienveillance des différents ministres dont les institutions visées dépendaient, celles-ci répondirent à l'appel qui leur était adressé : on vit les dessins, les maîtres furent entendus; et, dès ce moment, l'enquête, préalable à toute action, fut faite.

Les résultats en furent consignés premièrement dans un discours que je lus à la distribution des prix du concours, en novembre 1865, et, en second lieu, dans une conférence publiée au printemps de 1866. Dans ces docu-

ments vous trouverez la constatation de l'état de choses
alors existant, et un plan de réorganisation de l'enseignement du dessin dans les établissements de tout ordre où
il est nécessaire.

M. Duruy, qui avait assisté à notre distribution des
prix, fut extrêmement frappé des idées que j'avais émises.
Il me le témoigna. Peu après, j'étais nommé directeur de
l'École des Beaux-Arts et membre du Conseil supérieur de
l'Instruction publique. M. Duruy voulait fonder une sorte
d'école spéciale destinée à former des professeurs de
dessin et des maîtres d'art de tout ordre. S'il fût resté
au ministère quelque temps encore, la réorganisation à
laquelle nous songions, eût été faite, à peu près dans la
forme où elle s'est produite de 1878 à 1880.

Néanmoins, après qu'il se fut retiré, ces idées ne furent
pas abandonnées. Elles eurent leur foyer à l'École des
Beaux-Arts et, plus tard, à l'École des Arts décoratifs.
Voyez, entre autres renseignements à ce sujet, le décret
organique et le règlement de l'École des Beaux-Arts en
1874. La sympathie montrée dès lors à notre œuvre sco-
laire par la direction des Beaux-Arts n'eut point de
résultat. Les directeurs de l'Enseignement primaire et
de l'Enseignement secondaire ne nous apprirent rien de
nouveau.

La question était ainsi posée depuis longtemps. C'est
pendant mon passage à la direction des Beaux-Arts que
l'organisation actuelle commença à prendre forme. Je
créai le bureau de l'enseignement. M. Bardoux obtint des
Chambres la somme de 50 000 francs nécessaire pour
constituer le corps des inspecteurs du dessin. Ce corps fut
composé; ses attributions furent déterminées. En 1879,
M. Jules Ferry convoqua et présida une commission
nombreuse dans laquelle la méthode fut définitivement

discutée; et, après qu'elle eut été adoptée (à l'unanimité moins une voix), nos programmes et règlements, prêts depuis longtemps, furent présentés au Conseil supérieur de l'Instruction publique. Appuyés par M. le comte Dela-borde, ils furent acceptés et mis en vigueur.

Voilà, mon cher confrère et ami, l'historique de la réforme de l'enseignement du dessin. J'ai cru intéressant de vous le faire connaître, dans la pensée que vous trouverez sans doute à en tirer parti.

Croyez..., etc.

EUGÈNE GUILLAUME.

IV

Les services d'architecture.

Nous recevons la lettre suivante :

Monsieur le rédacteur,

Tous les journaux se sont occupés des récentes décisions que la commission du budget a prises au sujet de divers services du ministère des Beaux-Arts. Vous avez publié des documents et des appréciations d'un caractère tout à fait probant au sujet de la transformation de la manufacture de Sèvres en une École de céramique.

Dans une *interview* qui a été donnée à *l'Estafette*, l'ancien et éminent directeur de cet établissement, M. Lauth, s'est prononcé dans le même sens que vous-même et que M. Antonin Proust. Permettez-moi de vous soumettre aujourd'hui quelques observations au sujet des services d'architecture de l'État.

On imaginerait volontiers, dans un pays de logique et de hiérarchie comme le nôtre, qu'en dehors des organisations municipales et départementales l'État possède un service central qui comprend tous les édifices non affectés à la guerre ou à la marine, où les travaux s'exécutent d'après des règles communes, où le contrôle s'exerce partout d'une façon fixe et identique, dont les agents sont soumis à des conditions uniformes d'avancement, où la centralisation produit ses effets habituels d'ordre, de méthode et d'économie.

Fort de cette hypothèse, allez-vous-en à Lyon, à Toulouse, à Bordeaux, etc.; vous découvrirez que le même jour, si le hasard s'y prêtait, vous pourriez vous rencontrer avec sept architectes inspecteurs généraux venus de Paris afin d'examiner sept affaires pour lesquelles un seul d'entre eux eût suffi.

Nous disons sept; suivez plutôt : le premier est venu pour l'École vétérinaire : il représente les Bâtiments civils; le second, pour la restauration d'une église : il est envoyé par les Monuments historiques; le troisième, pour une autre église, peut-être pour la même : il est le délégué de la direction des Cultes; le quatrième vient savoir à quoi attribuer le dépassement qui s'est produit dans la construction du lycée : il est le mandataire de la direction de l'Enseignement secondaire; le cinquième est chargé de recevoir, au nom de la direction de l'Enseignement primaire, une école qui vient de s'achever; le sixième vient visiter les travaux de la prison : c'est le ministère de l'Intérieur qui l'envoie; enfin le septième doit rendre compte au ministre du Commerce d'une réparation entreprise dans une école d'enseignement technique.

Ne riez pas : c'est incroyable, mais c'est vrai; et ne confondez pas : il ne s'agit pas de sept architectes dirigeant les travaux de sept édifices différents, ce qui pourrait s'expliquer dans une certaine mesure, mais bien de sept architectes délégués de l'État, venant inspecter sept confrères, architectes en chef, et recevant pour cela un traitement annuel et des indemnités de déplacement. Ces dernières varient suivant les ministères; elles peuvent être, en moyenne, évaluées au double du prix du voyage en chemin de fer, augmenté d'une vingtaine de francs par jour; multipliez par sept les quelques centaines de francs allouées pour chaque mission à chaque délégué, vous aurez un joli total au bout de l'année!

Ce n'est pourtant là qu'un côté de la question : avant le départ des sept délégués, il y a eu examen de projets, autorisation de dépense, ordre de départ; en un mot, toutes les formalités de sept administrations paperassières, au sein desquelles fonctionnent sept commissions qui ont délibéré chacune de leur côté, qui ont chacune leurs ambitions, leurs intérêts, et, ne l'oublions pas, leur budget.

On devine, au travers de cet entrecroisement de rivalités, quel désordre, quelles fausses manœuvres doivent s'ensuivre et quelles dépenses inutiles. On aurait beau jeu à citer des exemples; mais je ne veux chagriner personne, et il suffit d'avoir montré la nécessité d'une réforme; le gaspillage auquel ont donné lieu les constructions de ces dernières années est, du reste, connu de tout le monde.

D'où vient le mal? Du goût naturel à chaque administration d'avoir son homogénéité et de s'affranchir de toute tutelle; de la faiblesse des ministres qui se laissent endoctriner par leurs subordonnés.

Comment y remédier? En théorie, ce serait bien simple : il n'y aurait qu'à reprendre les arguments donnés par Barrère à la Convention nationale et à organiser de toutes pièces un grand service d'État, sur le modèle de celui qui fonctionne à la Ville de Paris.

Mais ce serait peut-être trop demander à la fois, et on se heurterait à trop de difficultés si on voulait mettre tant de ministères en mouvement. La pensée de la Commission du budget, telle qu'elle m'apparaît, a été plus

simple et plus pratique; elle a vu que, dans le seul
ministère de l'Instruction publique et des Beaux-Arts, il y
avait quatre services d'architecture distincts, et la conclusion naturelle est que ces services soient groupés en
un seul, comme ils l'avaient été autrefois.

Il n'y a dans un tel vœu rien de révolutionnaire; il n'a
même pas le mérite de la nouveauté, car on en retrou-
verait l'expression dans le rapport de M. Burdeau sur le
budget de l'Instruction publique.

La Commission du budget a donc bien fait d'appeler
sur cette question l'attention du Parlement et du ministre
avec une énergie nouvelle. Il ne reste qu'à souhaiter que
le ministre et le Parlement s'entendent pour faire passer,
le plus promptement possible, le vœu exprimé dans le
domaine des faits réalisés. Et s'ils le veulent sincèrement,
comme on doit le croire, rien de plus facile.

Agréez, etc.

(*La République française*, 7 juin 1890.)

V

Lettre du ministre de l'Instruction publique et des Beaux-Arts au directeur du Conservatoire national de musique et de déclamation.

Palais-Royal, le 25 janvier 1890.

Monsieur le Directeur,

Le Conservatoire national de musique et de déclamation n'a pas reçu, jusqu'à présent, de programmes détaillés. Dans un ordre d'études où les mêmes règles ne sauraient s'appliquer à des enseignements très divers, l'Administration supérieure a voulu laisser à chaque maître la liberté d'appliquer sa méthode, d'après son expérience personnelle et la nature de son talent; l'autorité et la compétence des artistes éminents qui se sont succédé dans la direction ont toujours suffi pour maintenir l'unité générale de tendances et de résultats.

Je ne songe pas à rompre avec une tradition qui a donné beaucoup de souplesse à l'enseignement du Conservatoire. mais, selon votre désir, je tiens à fixer par des prescriptions formelles le régime des concours de fin d'année qui, en constatant les résultats des études, exercent sur elles tant d'influence.

L'enseignement musical et dramatique du Conserva-

toire doit être fondé sur l'étude de notre répertoire classique. Consacrées par le temps, les œuvres qui le composent ont fait leurs preuves d'excellence et restent au-dessus
des variations du goût; elles offrent un caractère commun
de simplicité, de justesse et de mesure qui résument les
qualités essentielles de notre génie national; elles sont
les meilleurs guides pour la formation et la direction
premières des talents; elles ne risquent jamais d'égarer
et peuvent suffire à toutes les variétés d'aptitudes. Nos
compositeurs et nos auteurs contemporains ajoutent
incessamment à ce répertoire nombre d'œuvres dont
beaucoup sont destinées à devenir classiques. Mais, avant
de leur accorder une place prédominante, il importe que
le temps leur ait donné sa consécration.

Les élèves du Conservatoire sont trop portés à mécon-
naitre cette nécessité. Ils croient trouver des succès plus
faciles en s'essayant dans des œuvres que le public vient
d'applaudir. Ils négligent de plus en plus le répertoire
classique et, dans les programmes des derniers concours,
le nombre des morceaux empruntés à des auteurs vivants
était très supérieur à celui des morceaux classiques. C'est
le contraire qui devrait être.

J'ai donc chargé le Conseil supérieur d'enseignement
institué près le Conservatoire d'étudier la question et de
me proposer les mesures qu'il croirait les plus capables
de ramener les élèves à la vraie notion de leurs études.
Après avoir pris connaissance des procès-verbaux de ses
séances, j'ai arrêté un certain nombre de dispositions qui
s'appliquent également à l'enseignement musical et à
l'enseignement dramatique. Elles ne visent pas à exclure
le répertoire moderne de l'enseignement et des concours.
Il doit y conserver sa place légitime; mais il sera désormais nécessaire que tous les élèves aient étudié le réper-

toire classique et, s'ils le négligent, vous aurez le moyen de les y ramener.

Ces dispositions sont les suivantes :

1° Les scènes ou morceaux d'examens et de concours doivent être soumis au directeur du Conservatoire. Ils sont proposés par les professeurs de chaque classe, un mois avant l'épreuve; la liste générale est arrêtée par le directeur.

2° Pour les examens semestriels, chaque élève doit présenter une liste comprenant quatre scènes ou morceaux dont deux peuvent être modernes. Le Comité d'examen des classes choisit la scène ou morceau sur lequel l'élève sera examiné.

3° Pour les concours publics, la liste doit comprendre deux scènes ou morceaux : l'un ancien, l'autre moderne. L'élève peut indiquer ses préférences et, après avis du professeur, le comité d'examen des classes décide dans lequel de ces scènes ou morceaux l'élève doit concourir.

4° Les élèves qui concourent pour la première fois ne peuvent passer que dans une scène ou morceau ancien.

5° Les scènes de déclamation lyrique et dramatique ne peuvent être choisies que dans les ouvrages joués sur l'un des théâtres nationaux et dont la première représentation remonte au moins à dix ans.

Ces dispositions, Monsieur le Directeur, seront exécutoires pour les examens et concours de 1890; je vous invite donc à les porter immédiatement à la connaissance de MM. les professeurs et à tenir la main à leur application. J'apprécierai, sur votre rapport, à la fin de la présente année, les résultats obtenus et je verrai quelles modifications peuvent être apportées à ce règlement provisoire avant de lui donner la forme d'un arrêté définitif.

Pour la déclamation dramatique, il convient d'entendre

par morceaux anciens ceux qui sont empruntés aux auteurs des XVIIe et XVIIIe siècles, et de la première moitié du XIXe, en s'attachant de préférence aux œuvres de premier rang.

Quant aux morceaux de musique et de déclamation lyrique, il serait à souhaiter, afin de guider le choix des professeurs et des élèves, qu'un catalogue de scènes et de morceaux fût dressé par le Conseil d'enseignement. La variété de connaissances et de talent des maîtres qui composent le Conseil donnerait à ce catalogue toute la largeur désirable et écarterait certains morceaux trop faciles ou trop difficiles, surannés ou conventionnels, qui offrent des inconvénients de diverses natures, et ne prouvent pas assez.

Je charge le directeur des Beaux-Arts de s'entendre avec vous pour que ce catalogue soit dressé le plus tôt possible. Dès qu'il aura été revêtu de mon approbation, les morceaux de concours ne pourront plus être choisis en dehors de lui.

Veuillez agréer, Monsieur le Directeur, etc.

Le Ministre de l'Instruction publique et des Beaux-Arts,

A. FALLIÈRES.

FIN

TABLE DES MATIÈRES

DEUXIÈME PARTIE

APRÈS LE SALON

I

L'ENSEIGNEMENT DES ARTS DU DESSIN

II

LES MUSÉES

III

LE CONSERVATOIRE ET LES THÉÂTRES NATIONAUX

IV

RAPPORTS GÉNÉRAUX DE L'ART ET DE L'ÉTAT

L'art et le roi sous l'ancien régime; l'art et l'État depuis
la Révolution. — L'administration des Beaux-Arts. —

Coulommiers. — Imp. PAUL BRODARD. — 628-95.

LIBRAIRIE HACHETTE ET Cie

BOULEVARD SAINT-GERMAIN, 79, A PARIS

LES

GRANDS ÉCRIVAINS FRANÇAIS

ÉTUDES SUR LA VIE
LES ŒUVRES ET L'INFLUENCE DES PRINCIPAUX AUTEURS
DE NOTRE LITTÉRATURE

Chaque volume, format in-16, est consacré à un écrivain différent et se vend séparément.

Prix du volume broché, avec un portrait en photogravure, **2 fr.**

VOLUMES DE LA COLLECTION DÉJA PARUS

DANS L'ORDRE DE LA PUBLICATION

(Octobre 1895.)

MONTESQUIEU, par M. *Albert Sorel*, de l'Académie française.

GEORGE SAND, par M. *E. Caro*, de l'Académie française.

TURGOT, par M. *Léon Say*, député, de l'Académie française.

THIERS, par M. *P. de Rémusat*, sénateur, de l'Institut.

D'ALEMBERT, par M. *Joseph Bertrand*, de l'Académie française, secrétaire perpétuel de l'Académie des sciences.

VAUVENARGUES, par M. *Maurice Paléologue*.

MADAME DE STAEL, par M. *Albert Sorel*, de l'Académie française.

THÉOPHILE GAUTIER, par M. *Maxime Du Camp*, de l'Académie française.

BERNARDIN DE SAINT-PIERRE, par M. *Arvède Barine*.

MADAME DE LAFAYETTE, par M. le comte *d'Haussonville*, de l'Académie française.

MIRABEAU, par M. *Edmond Rousse*, de l'Académie française

RUTEBEUF, par M. *Clédat*, professeur de Faculté.

STENDHAL, par M. *Édouard Rod*.

ALFRED DE VIGNY, par M. *Maurice Paléologue*.

BOILEAU, par M. *G. Lanson*.

CHATEAUBRIAND, par M. *de Lescure*.

FÉNELON, par M. *Paul Janet*, de l'Institut.

SAINT-SIMON, par M. *Gaston Boissier*, secrétaire perpétuel de l'Académie française.

RABELAIS, par M. *René Millet*.

J.-J. ROUSSEAU, par M. *Arthur Chuquet*, professeur au Collège de France.

LESAGE, par M. *Eugène Lintilhac*.

DESCARTES, par M. *Alfred Fouillée*, de l'Institut.

VICTOR HUGO, par M. *Léopold Mabilleau*, professeur de Faculté.

ALFRED DE MUSSET, par M. *Arvède Barine*.

JOSEPH DE MAISTRE, par M. *George Cogordan*.

FROISSART, par Mme *Mary Darmesteter*.

DIDEROT, par M. *Joseph Reinach*, député.

GUIZOT, par M. *A. Bardoux*, de l'Institut.

MONTAIGNE, par M. *Paul Stapfer*, professeur de Faculté.

LA ROCHEFOUCAULD, par M. *J. Bourdeau*.

LACORDAIRE, par M. le comte *d'Haussonville*, de l'Académie française.

ROYER-COLLARD, par M. *E. Spuller*.

LA FONTAINE, par M. *G. Lafenestre*, membre de l'Institut.

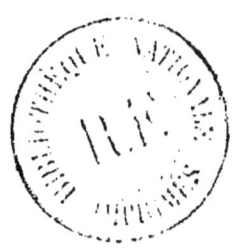

Coulommiers. — Imp. Paul BRODARD. — 10-95.

BIBLIOTHÈQUE VARIÉE, IN-16, 3 FR. 50 LE VOLUME
Études sur les littératures française et étrangères

ALBERT (Paul) : *La poésie*, études sur les chefs-d'œuvre des poètes de tous les temps et de tous les pays; 9ᵉ édit. 1 vol.
— *La prose*, études sur les chefs-d'œuvre des prosateurs de tous les temps et de tous les pays; 8ᵉ édition. 1 vol.
— *La littérature française, des origines à la fin du XVIᵉ siècle*; 8ᵉ édition. 1 vol.
— *La littérature française au XVIIᵉ siècle*; 9ᵉ édition. 1 vol.
— *La littérature française au XVIIIᵉ siècle*; 8ᵉ édition. 1 vol.
— *La littérature française au XIXᵉ siècle*; les origines du romantisme; 6ᵉ édit. 2 vol.
— *Variétés morales et littéraires*. 1 vol.
— *Poètes et poésies*; 2ᵉ édition. 1 vol.
BERTRAND (J.), de l'Académie française : *Éloges académiques*. 1 vol.
BOSSERT (A.), inspecteur général de l'instruction publique : *La littérature allemande au moyen âge et les origines de l'épopée germanique*; 3ᵉ édition. 1 vol.
— *Gœthe et Schiller*; 4ᵉ édition. 1 vol.
— *Gœthe, ses précurseurs et ses contemporains*; 3ᵉ édition. 1 vol.
BRUNETIÈRE : *Études critiques sur l'histoire de la littérature française*. 5 vol.
— *L'évolution des genres dans l'histoire de la littérature*. 1 vol.
— *L'évolution de la poésie lyrique en France au XIXᵉ siècle*. 2 vol.
CARO : *La fin du XVIIIᵉ siècle* : études et portraits; 2ᵉ édition. 2 vol.
— *Mélanges et portraits*. 2 vol.
— *Poètes et romanciers*. 1 vol.
— *Variétés littéraires*. 1 vol.
DELTOUR, inspecteur général de l'instruction publique : *Les ennemis de Racine au XVIIᵉ siècle*; 5ᵉ édition. 1 vol.
Ouvrage couronné par l'Académie française.
DESPOIS (E.) : *Le théâtre français sous Louis XIV*; 3ᵉ édition. 1 vol.
FILON (Aug.) : *Mérimée et ses amis*. 1 vol.
GRÉARD (Oct.) : *Edmond Scherer*. 1 vol.
— *Prévost Paradol*. 1 vol.
LA BRIÈRE (L. de) : *Madame de Sévigné en Bretagne*; 2ᵉ édition. 1 vol.
Ouvrage couronné par l'Académie française.
LARROUMET (G.), de l'Institut : *Marivaux, sa vie et ses œuvres*; nouvelle édition. 1 vol.
Ouvrage couronné par l'Académie française.
— *La comédie de Molière*; 4ᵉ édition. 1 vol.
— *Études d'histoire et de critique dramatiques*. 1 vol.
— *Études de littérature et d'art*. 1 vol.
— *Nouvelles études de littérature et d'art*.
— *Études de littérature et d'art*, 3ᵉ série. 1 vol.
LE BRETON : *Le roman au XVIIᵉ siècle*. 1 vol.
LENIENT, professeur à la Faculté des lettres de Paris : *La satire en France au moyen âge*; 4ᵉ édition. 1 vol.
Ouvrage couronné par l'Académie française.

LENIENT (suite) : *La satire en France au XVIᵉ siècle*; 3ᵉ édition. 2 vol.
— *La comédie en France au XVIIIᵉ siècle*. 2 vol.
— *La poésie patriotique en France au moyen âge et dans les temps modernes*. 2 v.
LICHTENBERGER : *Étude sur les poésies lyriques de Gœthe*; 2ᵉ édition. 1 vol.
Ouvrage couronné par l'Académie française.
MÉZIÈRES (A.), de l'Académie française : *Gœthe*. 2 vol.
— *Pétrarque*. 1 vol.
— *Shakespeare, ses œuvres et ses critiques*; 5ᵉ édit. 1 vol.
— *Prédécesseurs et contemporains de Shakespeare*; 3ᵉ édition. 1 vol.
— *Contemporains et successeurs de Shakespeare*; 3ᵉ édition. 1 vol.
Ouvrages couronnés par l'Académie française.
— *En France* : XVIIIᵉ et XIXᵉ siècles; 2ᵉ édition. 1 vol.
— *Hors de France* : Italie, Espagne, Angleterre, Grèce moderne; 2ᵉ édit. 1 vol.
— *Vie de Mirabeau*. 1 vol.
MONTÉGUT (E.) : *Poètes et artistes de l'Italie*. 1 vol.
— *Types littéraires et fantaisies esthétiques*. 1 vol.
— *Essais sur la littérature anglaise*. 1 vol.
— *Nos morts contemporains*. 2 vol.
— *Les écrivains modernes de l'Angleterre*. 3 vol.
— *Livres et âmes des pays d'Orient*. 1 vol.
— *Choses du Nord et du Midi*. 1 vol.
— *Mélanges critiques*. 1 vol.
— *Dramaturges et romanciers*. 1 vol.
— *Heures de lecture d'un critique*. 1 vol.
— *Esquisses littéraires*. 1 vol.
PARIS (G.) : *La poésie du moyen âge* (1ʳᵉ et 2ᵉ séries). 2 vol.
PELLISSIER : *Le mouvement littéraire au XIXᵉ siècle*; 3ᵉ édit. 1 vol.
PRÉVOST-PARADOL : *Études sur les moralistes français*; 7ᵉ édition. 1 vol.
SAINTE-BEUVE : *Port-Royal*; 5ᵉ édition, revue et augmentée. 7 vol.
STAPFER (P.) : *Molière et Shakespeare*; 3ᵉ édition. 1 vol.
Ouvrage couronné par l'Académie française.
— *Des réputations littéraires*. 1 vol.
TAINE (H.) : *Histoire de la littérature anglaise*; 9ᵉ édition. 5 vol.
— *La Fontaine et ses fables*; 13ᵉ édit. 1 vol.
— *Essais de critique et d'histoire*; 7ᵉ édit.
— *Nouveaux Essais de critique et d'histoire*; 5ᵉ édit. 1 vol.
— *Derniers essais de critique et d'histoire*.
TEXTE (J.) : *J.-J. Rousseau et les origines du cosmopolitisme littéraire*. 1 vol.
WALLON, de l'Institut : *Éloges académiques*. 2 vol.

Coulommiers. — Imp. PAUL BRODARD. — 658-10-95.

www.ingramcontent.com/pod-product-compliance
Lightning Source LLC
Chambersburg PA
CBHW051350220526

45469CB00001B/186